독학사

2단계

심리학과

이상심리학

SD에듀
(주)시대고시기획

KB091413

머리말

학위를 얻는 데 시간과 장소는 더 이상 제약이 되지 않습니다. 대입 전형을 거치지 않아도 '학점은행제'를 통해 학사학위를 취득할 수 있기 때문입니다. 그중 독학학위제도는 고등학교 졸업자이거나 이와 동등 이상의 학력을 가지고 있는 사람들에게 효율적인 학점 인정 및 학사학위 취득의 기회를 줍니다.

학습을 통한 개인의 자아실현 도구이자 자신의 실력을 인정받을 수 있는 스펙으로서의 독학사는 짧은 기간 안에 학사학위를 취득할 수 있는 가장 빠른 지름길로 많은 수험생들의 선택을 받고 있습니다.

독학학위취득시험은 1단계 교양과정 인정시험, 2단계 전공기초과정 인정시험, 3단계 전공심화과정 인정시험, 4단계 학위취득 종합시험의 1~4단계 시험으로 이루어집니다. 4단계까지의 과정을 통과한 자에 한해 학사학위 취득이 가능하고, 이는 대학에서 취득한 학위와 동등한 지위를 갖습니다.

이 책은 독학사 시험에 응시하는 수험생들이 단기간에 효과적인 학습을 할 수 있도록 다음과 같이 구성하였습니다.

01 빨리보는 간단한 키워드
핵심적인 이론만을 꼼꼼하게 정리하여 수록한 '빨리보는 간단한 키워드'로 전반적인 내용을 한눈에 파악할 수 있습니다.
→ '빨리보는 간단한 키워드' 무료 동영상 강의 제공

02 기출복원문제
'기출복원문제'를 수록하여 최근 시험 경향을 파악하고 이에 맞춰 공부할 수 있도록 하였습니다.
→ 기출복원문제 해설 무료 동영상 강의 제공

03 핵심이론
시험에 출제될 수 있는 내용을 '핵심이론'으로 수록하였으며, 이론 안의 '더 알아두기' 등을 통해 내용 이해에 부족함이 없도록 하였습니다. (2022년 시험부터 적용되는 평가영역 반영)

04 실전예상문제
앞서 공부한 이론이 머릿속에 잘 정리되었는지 확인해 볼 수 있도록 해당 출제 영역에 맞는 핵심포인트를 분석하여 '실전예상문제'를 수록하였습니다.

05 최종모의고사
최신 출제 유형을 반영한 '최종모의고사(2회분)'로 자신의 실력을 점검해 볼 수 있으며, 실제 시험에 임하듯이 시간을 재고 풀어 본다면 시험장에서의 실수를 줄일 수 있을 것입니다.

시간 대비 학습의 효율성을 높이기 위해 이론 부분을 최대한 압축하려고 노력하였습니다. 문제들이 실제 기출 유형에 맞지 않아 시험 대비에 만족하지 못하는 수험생들이 많은데, 이 책은 그러한 문제점을 보완하여 수험생들에게 시험에 대한 확신을 주고, 단기간에 고득점을 획득할 수 있도록 노력하였습니다. 끝으로 이 책으로 독학학위취득의 꿈을 이루고자 하는 수험생들이 반드시 합격하기를 바랍니다.

편저자 드림

BDES

독학학위제 소개

독학학위제란?

「독학에 의한 학위취득에 관한 법률」에 의거하여 국가에서 시행하는 시험에 합격한 사람에게 학사학위를 수여하는 제도

- ✓ 고등학교 졸업 이상의 학력을 가진 사람이면 누구나 응시 가능
- ✓ 대학교를 다니지 않아도 스스로 공부해서 학위취득 가능
- ✓ 일과 학습의 병행이 가능하여 시간과 비용 최소화
- ✓ 언제, 어디서나 학습이 가능한 평생학습시대의 자아실현을 위한 제도
- ✓ 학위취득시험은 4개의 과정(교양, 전공기초, 전공심화, 학위취득 종합시험)으로 이루어져 있으며 각 과정별 시험을 모두 거쳐 학위취득 종합시험에 합격하면 학사학위 취득

독학학위제 전공 분야 (11개 전공)

국어
국문학

영어
영문학

심리학

경영학

컴퓨터
공학

간호학

법학

행정학

가정학

유아
교육학

정보
통신학

※ 유아교육학 및 정보통신학 전공 : 3, 4과정만 개설
   (정보통신학의 경우 3과정은 2025년까지, 4과정은 2026년까지만 응시 가능하며, 이후 폐지)
※ 간호학 전공 : 4과정만 개설
※ 중어중문학, 수학, 농학 전공 : 폐지 전공으로 기존에 해당 전공 학적 보유자에 한하여 응시 가능

※ SD에듀는 현재 4개 학과(심리학과, 경영학과, 컴퓨터공학과, 간호학과) 개설 완료
※ 2개 학과(국어국문학과, 영어영문학과) 개설 진행 중

독학학위제 시험안내

과정별 응시자격

단계	과정	응시자격	과정(과목) 시험 면제 요건
1	교양	고등학교 졸업 이상 학력 소지자	• 대학(교)에서 각 학년 수료 및 일정 학점 취득 • 학점은행제 일정 학점 인정 • 국가기술자격법에 따른 자격 취득 • 교육부령에 따른 각종 시험 합격 • 면제지정기관 이수 등
2	전공기초		
3	전공심화		
4	학위취득	• 1~3과정 합격 및 면제 • 대학에서 동일 전공으로 3년 이상 수료 (3년제의 경우 졸업) 또는 105학점 이상 취득 • 학점은행제 동일 전공 105학점 이상 인정 (전공 28학점 포함) ➜ 22.1.1. 시행 • 외국에서 15년 이상의 학교교육과정 수료	없음(반드시 응시)

응시방법 및 응시료

- 접수방법 : 온라인으로만 가능
- 제출서류 : 응시자격 증빙서류 등 자세한 내용은 홈페이지 참조
- 응시료 : 20,400원

독학학위제 시험 범위

- 시험 과목별 평가영역 범위에서 대학 전공자에게 요구되는 수준으로 출제
- 시험 범위 및 예시문항은 독학학위제 홈페이지(bdes.nile.or.kr) ➜ 학습정보 ➜ 과목별 평가영역에서 확인

문항 수 및 배점

과정	일반 과목			예외 과목		
	객관식	주관식	합계	객관식	주관식	합계
교양, 전공기초 (1~2과정)	40문항×2.5점 =100점	–	40문항 100점	25문항×4점 =100점	–	25문항 100점
전공심화, 학위취득 (3~4과정)	24문항×2.5점 =60점	4문항×10점 =40점	28문항 100점	15문항×4점 =60점	5문항×8점 =40점	20문항 100점

※ 2017년도부터 교양과정 인정시험 및 전공기초과정 인정시험은 객관식 문항으로만 출제

합격 기준

■ 1~3과정(교양, 전공기초, 전공심화) 시험

단계	과정	합격 기준	유의 사항
1	교양	매 과목 60점 이상 득점을 합격으로 하고, 과목 합격 인정(합격 여부만 결정)	5과목 합격
2	전공기초		6과목 이상 합격
3	전공심화		

■ 4과정(학위취득) 시험 : 총점 합격제 또는 과목별 합격제 선택

구분	합격 기준	유의 사항
총점 합격제	• 총점(600점)의 60% 이상 득점(360점) • 과목 낙제 없음	• 6과목 모두 신규 응시 • 기존 합격 과목 불인정
과목별 합격제	• 매 과목 100점 만점으로 하여 전 과목 (교양 2, 전공 4) 60점 이상 득점	• 기존 합격 과목 재응시 불가 • 1과목이라도 60점 미만 득점하면 불합격

시험 일정

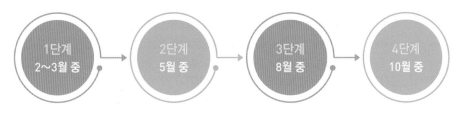

■ 심리학과 2단계 시험 과목 및 시간표

구분(교시별)	시간	시험 과목명
1교시	09:00~10:40(100분)	이상심리학, 감각 및 지각심리학
2교시	11:10~12:50(100분)	사회심리학, 생물심리학
중식 12:50~13:40(50분)		
3교시	14:00~15:40(100분)	발달심리학, 성격심리학
4교시	16:10~17:50(100분)	동기와 정서, 심리통계

※ 시험 일정 및 세부사항은 반드시 독학학위제 홈페이지(bdes.nile.or.kr)를 통해 확인하시기 바랍니다.

※ SD에듀에서 개설되었거나 개설 예정인 과목은 빨간색으로 표시하였습니다.

독학학위제 단계별 학습법

1단계 평가영역에 기반을 둔 이론 공부!

독학학위제에서 발표한 평가영역에 기반을 두어 효율적으로 이론을 공부해야 합니다. 각 장별로 정리된 '핵심이론'을 통해 핵심적인 개념을 파악합니다. 모든 내용을 다 암기하는 것이 아니라, 포괄적으로 이해한 후 핵심내용을 파악하여 이 부분을 확실히 알고 넘어가야 합니다.

2단계 시험 경향 및 문제 유형 파악!

독학사 시험 문제는 지금까지 출제된 유형에서 크게 벗어나지 않는 범위에서 비슷한 유형으로 줄곧 출제되고 있습니다. 본서에 수록된 이론을 충실히 학습한 후 '실전예상문제'를 풀어 보면서 문제의 유형과 출제의도를 파악하는 데 집중하도록 합니다. 교재에 수록된 문제는 시험 유형의 가장 핵심적인 부분이 반영된 문항들이므로 실제 시험에서 어떠한 유형이 출제되는지에 대한 감을 잡을 수 있을 것입니다.

3단계 '실전예상문제'를 통한 효과적인 대비!

독학사 시험 문제는 비슷한 유형들이 반복되어 출제되므로, 다양한 문제를 풀어 보는 것이 필수적입니다. 각 단원의 끝에 수록된 '실전예상문제'를 통해 단원별 내용을 제대로 학습하였는지 꼼꼼하게 확인하고, 실력을 점검합니다. 이때 부족한 부분은 따로 체크해 두고, 복습할 때 중점적으로 공부하는 것도 좋은 학습 전략입니다.

4단계 복습을 통한 학습 마무리!

이론 공부를 하면서, 혹은 문제를 풀어 보면서 헷갈리고 이해하기 어려운 부분은 따로 체크해 두는 것이 좋습니다. 중요 개념은 반복학습을 통해 놓치지 않고 확실하게 익히고 넘어가야 합니다. 마무리 단계에서는 '최종모의고사'와 '빨리보는 간단한 키워드'를 통해 핵심개념을 다시 한 번 더 정리하고 마무리할 수 있도록 합니다.

COMMENT

합격수기

저는 학사편입 제도를 이용하기 위해 2~4단계를 순차로 응시했고 한 번에 합격했습니다. 아슬아슬한 점수라서 부끄럽지만 독학사는 자료가 부족해서 부족하나마 후기를 쓰는 것이 도움이 될까 하여 제 합격전략을 정리하여 알려드립니다.

#1. 교재와 전공서적을 가까이에!

학사학위 취득은 본래 4년을 기본으로 합니다. 독학사는 이를 1년으로 단축하는 것을 목표로 하는 시험이라 실제 시험도 변별력을 높이는 몇 문제를 제외한다면 기본이 되는 중요한 이론 위주로 출제됩니다. SD에듀의 독학사 시리즈 역시 이에 맞추어 중요한 내용이 일목요연하게 압축·정리되어 있습니다. 빠르게 훑어보기 좋지만 내가 목표로 한 전공에 대해 자세히 알고 싶다면 전공서적과 함께 공부하는 것이 좋습니다. 교재와 전공서적을 함께 보면서 교재에 전공서적 내용을 정리하여 단권화하면 시험이 임박했을 때 교재 한 권으로도 자신 있게 시험을 치를 수 있습니다.

#2. 시간확인은 필수!

쉬운 문제는 금방 넘어가지만 지문이 길거나 어렵고 헷갈리는 문제도 있고, OMR 카드에 마킹까지 해야 하니 실제로 주어진 시간은 더 짧습니다. 1번에 어려운 문제가 있다고 해서 시간을 많이 허비하면 쉽게 풀 수 있는 마지막 문제들을 놓칠 수 있습니다. 문제 푸는 속도도 느려지니 집중력도 떨어집니다. 그래서 어차피 배점은 같으니 아는 문제를 최대한 많이 맞히는 것을 목표로 했습니다.
① 어려운 문제는 빠르게 넘기면서 문제를 끝까지 다 풀고 ② 확실한 답부터 우선 마킹한 후 ③ 다시 시험지로 돌아가 건너뛴 문제들을 다시 풀었습니다. 확실히 시간을 재고 문제를 많이 풀어 봐야 실전에 도움이 되는 것 같습니다.

#3. 문제풀이의 반복!

여느 시험과 마찬가지로 문제는 많이 풀어 볼수록 좋습니다. 이론을 공부한 후 실전예상문제를 풀다 보니 부족한 부분이 어딘지 확인할 수 있었고, 공부한 이론이 시험에 어떤 식으로 출제될지 예상할 수 있었습니다. 그렇게 부족한 부분을 보충해가며 문제 유형을 파악하면 이론을 복습할 때도 어떤 부분을 중점적으로 암기해야 할지 알 수 있습니다. 이론 공부가 어느 정도 마무리되었을 때 시계를 준비하고 최종모의고사를 풀었습니다. 실제 시험시간을 생각하면서 예행연습을 하니 시험 당일에는 덜 긴장할 수 있었습니다.

학위취득을 위해 오늘도 열심히 학습하시는 동지 여러분에게도 합격의 영광이 있으시길 기원하면서 이만 줄입니다.

이 책의 구성과 특징

기출복원문제

※ 온라인(www.sdedu.co.kr)을 통해 기출문제
무료 동영상 강의를 만나 보세요.

※ 본 문제는 다년간 독학사 심리학과 2단계 시험에서 출제된 기출문제를 복원한 것입니다. 문제의 난이도와 수험경향 파악용으로 사용하시길
권고드립니다. 본 기출복원문제에 대한 무단복제 및 전재를 금함며 저작권은 SD에듀에 있음을 알려드립니다.

01 이상심리학의 역사에 대한 설명으로 가장 적절하지 않은 것은?

① 프랑스의 필립 피넬은 정신질환자의 인권을 중시한 의사였다.

② 독일의 크레펠린은 정신병을 조울증과 조발성 치매로 구분
하여 설명하였다.

③ 독일의 웨이어는 정신질환자가 마녀가 아님을 주장하며 발
병운동을 시작하였다.

④ 고대 그리스의 히포크라테스는 4체액설을 주장하였다.

01 르네상스 시대에 살았던 웨이어는
정신질환자를 치료하기 위한 수용시
설을 인정하고 수용하였다.

02 용어와 그에 대한 정의를 연결한 것으로 옳지 않은 것은?

① 신뢰도 : 측정하려는 것을 얼마나 안정적으로 일관성 있게
측정했느냐의 정도

02 타당도는 측정하고자 하는 변인을
검사가 제대로 측정하였는지에 대한
정도를 말한다.

핵심이론

제 **1** 장 **이상심리학의 이해**

제1절 **이상심리학의 역사**

1 이상심리학의 정의

(1) 이상심리학이란

이상심리학(異常心理學)이란 인간의 이상행동이나 정신장애를 과학적으로 연구하는 학문이다. 인간이
살아가면서 겪을 수 있는 적응문제 및 생활에서의 어려운 문제도 넓게 보면 이상심리학에서 연구하는
대상에 포함될 수 있다. 이상심리학에서 주로 다루는 문제는 다음과 같은 것들이 있다.

① **이상행동 및 정신장애의 발견과 기술**

㉠ 새로운 이상행동 및 정신장애를 발견하여 체계적 관찰을 통해 객관적으로 기술

㉡ 정신장애의 핵심적 증상 및 수반되는 여러 가지 특성, 새로운 하위유형 및 비전형적인 독특한
유형, 다른 정신장애와의 관련성 등 연구

㉢ 다양한 이상행동과 정신장애를 체계적으로 분류ㆍ범주화

㉣ 이상행동과 정신장애로, 고통받는 사람들의 분포양상에 대한 연구

㉤ 역학연구 : 유병률, 발병률, 위험요인 등 조사

② **이상행동 및 정신장애의 원인규명**

㉠ 유발요인

㉡ 재발원인은 매우 다양하고 그 발생과정이 복잡

③ **이상행동 및 정신장애의 치료와 예방**

㉠ 이상행동과 정신장애의 원인에 대한 이론적 이해에 근거

→ 요인들을 제거하거나 변화시킴

㉡ 현재의 과제

• 현재 적용되거나 새롭게 개발된 치료방법의 치료적 효과검증

• 효과적이고 구체적인 다양한 치료방법의 개발이 요구됨

01 '기출복원문제'를 풀어 보면서 독학사
심리학과 2단계 시험의 기출 유형과 경
향을 파악해 보세요.

02 평가영역을 바탕으로 꼼꼼하게 정리된
'핵심이론'을 통해 꼭 알아야 하는 내용을
명확히 파악해 보세요.

03 실전예상문제

제 1 장 실전예상문제

01 다음 중 이상심리학에 대한 설명으로 옳지 않은 것은?
 ① 오직 인간의 이상행동만을 다루는 학문이다.
 ② 인간이 살아가면서 겪을 수 있는 적응문제도 다루고 있다.
 ③ 인간의 정신장애를 과학적으로 연구한다.
 ④ 이상행동 및 정신장애를 치료하고 예방하고자 한다.

01 이상심리학은 인간의 이상행동이나 정신장애를 과학적으로 연구하는 학문이다. 인간이 살아가면서 겪을 수 있는 적응문제 및 생활면에서의 어려운 문제도 넓게 보면 이상심리학에서 연구하는 대상에 포함될 수 있고 이 밖에도 매우 다양한 주제를 포괄하여 다루고 있다.

'핵심이론'에서 공부한 내용을 바탕으로
'실전예상문제'를 풀어 보면서 문제를
해결하는 능력을 길러 보세요.

04 최종모의고사

제1회 최종모의고사 | 이상심리학

제한시간: 50분 | 시작 ___시 ___분 ~ 종료 ___시 ___분

🗂 정답 및 해설 250p

01 정상행동과 이상행동을 구별하는 기준 중 특정범위에서 벗어나게 될 시 이상행동으로 간주하는 것은?
 ① 무능력 또는 역기능
 ② 예측불가능성
 ③ 개인의 주관적 고통
 ④ 통계적 기준

03 신경발달장애에 대한 설명으로 옳지 않은 것은?
 ① 투렛장애는 1개 이상의 음성틱과 2개 이상의 운동틱을 보인다.
 ② 주의력결핍 및 과잉행동장애의 핵심증상은 부주의 또는 과잉행동-충동성이다.
 ③ 하위유형인 신경인지장애는 아동기에 나타나는 대표적인 장애이다.
 ④ 발달기에 시작되는 장애로 전형적으로 초기 발달단계인 학령전기에 발현되기 시작한다.

'최종모의고사'를 실제 시험처럼 시간을
정해 놓고 풀어 보면서 최종점검을 해
보세요.

+ P / L / U / S +

시험 직전의 완벽한 마무리!

빨리보는 간단한 키워드

'빨리보는 간단한 키워드'는 핵심요약집으로 시험 직전까지
해낭 과목의 중요 핵심이론을 체크할 수 있도록 합니다.
또한, SD에듀 홈페이지(www.sdedu.co.kr)에 접속하시면
해당 과목에 대한 핵심요약집 무료 강의도 제공하고 있으니
꼭 활용하시길 바랍니다!

목차

핵심이론 + 실전예상문제

CONTENTS

목차

빨리보는 간단한 키워드

시/험/전/에/보/는/ 핵/심/요/약/ 키/워/드/

홀륭한 가정만한 학교가 없고, 덕이 있는 부모만한 스승은 없다.

– 마하트마 간디 –

제1장　이상심리학의 이해

제1절 이상심리학의 역사

■ 이상심리학은 인간의 이상행동이나 정신장애를 과학적으로 연구하는 학문

■ 건강한 심리기능을 가진 인간의 특징

① 현실을 정확히 파악 및 인식하는 것이 가능
② 스스로의 능력과 심리적 상태·동기 등을 통찰하는 것이 가능
③ 자신의 행동을 의지대로 통제하는 것이 가능
④ 자신을 있는 그대로 받아들이며 존중하는 것이 가능
⑤ 타인과 원만한 인간관계를 형성하는 것이 가능
⑥ 자신의 능력을 생산적인 활동으로 전환시키는 것이 가능

■ 이상심리학의 목적

① 인간의 심리적 불행의 원인과 해결방법에 관심
② 이상행동과 정신장애를 현상적으로 기술 및 분류
③ 치료방법 및 예방방안 강구

■ 시대적 흐름

① **고대 귀신론** : 천공술(Trephination)
② **그리스·로마 시대** : 히포크라테스(Hippocrates)의 체액론(Humor Theory)
③ **중세 유럽** : 악마론 혹은 귀신론
④ **근대(중세 말과 르네상스)** : 인도주의적 치료의 필요성 대두
⑤ **19세기** : 인도주의적 치료
⑥ **20세기 초** : 신체적 원인론 vs 심리적 원인론
　　㉠ 신체적 원인론(히포크라테스의 전통 계승) : 그래펠린
　　㉡ 심리적 원인론 : 메즈머(최면술), 프로이트(무의식)
⑦ **현재(이상심리학의 발전)** : 신체-심리 상호작용(통합적) 측면에서 접근

제2절 이상행동 및 정신장애의 판별기준

■ 이상행동과 정신장애

① **이상행동** : 심리기능 손상으로 인해 생긴 측정 가능한 개인의 부적응적인 행동
② **정신장애** : 특정한 이상행동의 집합체

■ 이상행동의 판별기준

① **통계적 기준** : 기준을 중심으로 정상범위에서 벗어나는 경우
② **주관적 불편감과 개인적 고통** : 호소되는 개인의 주관적 불편감
③ **사회문화적 규범으로부터의 일탈** : 규범으로부터 일탈된 행동
④ **법적 기준** : 금치산자 등의 법리적 용어로 이상행동 구분
⑤ **전문적 기준** : 심리학자 및 정신의학자 등에 의해 판별

제3절 이상행동 및 정신장애의 분류

■ 크레펠린(Kraepelin)의 현대적인 정신장애 분류

① 정신장애의 증상에 대하여 객관적으로 기술하여 같은 증상이면 동일 질병으로 가정
② 전문가들이 서로 의사소통할 수 있는 언어를 제공하여 효과적인 치료법의 발견이 가능

■ 분류체계

① 국제질병분류 10판[International Classification of Diseases-10th ed.(ICD-10)]
② 정신장애진단 및 통계편람 5판[Diagnostic & Statistical Manual of Mental Disorders-5th ed.(DSM-5)]
③ **DSM-5의 일반적인 개정사항** : 개정판 숫자의 변경, 다축체계의 폐지, 차원적 평가의 도입

제4절 이상행동 평가

■ 심리적 평가 : 면접법, 행동평가, 심리검사

■ 생리적 측정법 : 심장혈관계(Cardiovascular System) 측정, 근육활동(Muscle Activity) 측정, 피부 (Skin) 측정, 두뇌활동(Brain Activity) 측정

제2장   이상심리학의 이론적 입장

제1절 정신분석적 입장

■ 의의 및 특징

① **심리장애 · 이상행동** : 심리적 결정론에 의하여 발생
② 원초아, 자아, 초자아 구조의 균형이 깨지면 이상이 발생
③ 방어기제 사용이 부적응적인 경우 심리장애로 발현
④ 연구자의 주관성이 과도하게 개입되므로 객관성을 확보하기 어려움

■ 이론에 대한 평가

① 연구자의 주관성이 과도하게 개입되므로 객관성을 확보하기 어려움
② 성적 충동의 억압에 따른 신경증 환자들을 대상으로 한 임상적 경험에 기초하므로 인간에 대한 보편적 이론으로 일반화하는 데 한계
③ 개인 내부의 성격구조 간 역동적 갈등에 초점을 둘 뿐 대인관계적인 측면이나 사회문화적인 요인을 고려하지 않음
④ 정신장애에 있어서 어린 시절의 경험을 강조할 뿐 아동기의 발달과정에 대한 연구 빈약

제2절 행동주의적 입장

■ 의의 및 특징

① 이상행동은 학습된 행동
② 행동치료를 통해 이상행동을 치료하는 것 가능
③ 반두라는 이상이 관찰을 통해 모방될 수 있다고 주장
④ 인간행동이 환경에 의해 결정된다고 강조, 인간의 자유의지 부정
⑤ 인간 내면의 심리적 과정을 무시, 행동의 다양성과 복잡성을 설명하는 데 한계
⑥ 대부분의 정신장애들의 경우 학습이론으로 설명하기 어려움
⑦ 동물 대상 실험을 통해 발전된 이론이므로, 인간의 행동에 그대로 적용하는 데 한계

■ 이론에 대한 평가

① 인간행동이 환경에 의해 결정된다고 강조함으로써 인간이 자신의 행동을 스스로 선택 및 결정하는 데 있어서 자유의지가 있음을 부정
② 인간행동에 대한 객관적 관찰에 집중한 나머지 인간행동을 자극과 반응의 관계로 지나치게 단순화
③ 인간 내면의 심리적 과정을 무시하므로, 외현적으로 드러나는 인간행동의 다양성과 복잡성을 설명하는 데 한계

④ 공포증이나 불안증 등 일부 정신장애의 경우를 제외하고는 사실상 대부분 정신장애들의 경우 학습이
론으로 설명하기 어려움

⑤ 주로 동물을 대상으로 한 실험을 통해 발전된 이론이므로, 이를 지적인 존재인 인간의 행동에 그대로
적용하는 데 한계

제3절 인지적 입장

■ 의의 및 특징

① 심리장애는 경험한 사건을 잘못 해석하거나 잘못된 신념체계 때문에 발생

② 엘리스 : 이상행동에 선행하여 부정적 사건이 있게 되나 이 사건 자체가 이상행동을 유발하는 것이
아니라 그 사건을 어떻게 받아들이고 해석하는지, 즉 사건에 대한 그 사람의 신념체계에 따라서 이상
행동이 유발된다고 가정

③ 벡의 인지삼제(Cognitive Triad) : 자기 자신, 자신의 경험, 미래에 대한 비관적인 기대와 평가를 수
반한 독특한 사고 경향성

④ 역기능적 사고와 신념이 어떻게 형성되는지에 대한 구체적인 설명이 결여

⑤ 인지적 요인을 과도하게 강조함으로써 정서나 동기의 중요성을 간과

■ 이론에 대한 평가

① 경험적 연구결과를 통해 심리장애의 발생기제에 대한 구체적인 이론 및 치료기법들을 제시하고 있으
나, 인지적 요인을 과도하게 강조함으로써 정서나 동기의 중요성을 간과하고 있음

② 역기능적 사고와 신념 등 부적응적인 인지적 활동을 이상행동이나 정신장애의 유발원인으로 제시하
고 있으나 정작 그와 같은 역기능적 사고와 신념이 어떻게 형성되는지에 대한 구체적인 설명이 결여

③ 인지치료의 경우 적용대상에 한계가 있음. 특히 내담자가 지능이나 학력이 낮은 경우, 심각한 정신병
적 증상이나 성격장애를 가지고 있는 경우 적합하지 않음

제4절 생물학적 입장

■ 의의 및 특징

① 유전적, 뇌의 손상과 생화학적 이상을 원인으로 봄

② 생물학적 측면 외에 심리사회적 요인이 정신장애에 미치는 영향을 간과

③ 뇌의 이상이나 신경조직의 손상이 정신장애의 유발원인인지 확인하기 어려움

④ 신경전달물질 이상

■ 이론에 대한 평가

① 생물학적 측면 외에 심리사회적 요인이 정신장애에 미치는 영향을 간과하고 있음
② 뇌의 생화학적 이상이나 신경조직의 손상이 정신장애의 직접적인 유발원인인지 명확히 확인하기 어려움
③ 생물학적 입장의 주된 치료방법으로서 약물치료는 정신장애의 근본적인 치료가 아닌 단순히 증상을 완화시키기 위한 방편에 불과하며 약물로 인한 부작용이 나타날 수 있음

제5절 통합적 입장

■ 의의 및 특징

① 행동주의, 인지주의, 실존주의 등 각 이론들의 기법 및 접근법상의 차이에도 불구하고 치료적 개입의 공통적인 목표에 따라 다양한 기법들을 조합하는 것이 치료에 효과적이라는 사실이 경험적으로 입증
② 최근에는 환자의 임상적·병리적 문제에 대해 생물학적·심리학적·사회학적 요인들을 통합한 접근방법이 부각되고 있음

■ 주요이론

① 취약성-스트레스 모형(Vulnerability-Stress Model)
② 생물심리사회적 모델(Biopsychosocial Model)

제3장　　조현병(정신분열증)

제1절 임상적 특징과 하위유형

■ DSM-5의 주요진단기준

① 망상, 환각, 와해된 언어, 심하게 와해된 행동 또는 긴장증적 행동, 음성증상들 중 2가지 이상이 1개월의 기간 동안 상당 부분의 시간 동안 나타남(2가지 중 하나는 망상, 환각, 와해된 언어이어야 함)
② 상당 부분의 시간 동안 직업, 대인관계 혹은 자기관리와 같은 주요영역 중 한 가지 이상에서 기능수준이 장애 이전 성취된 수준보다 현저히 저하
③ 장애의 징후가 최소 6개월 동안 지속
④ 조현(분열)성동상애와 성신증석 특성을 가신 우울 또는 잉극성 장애는 배세

■ **양성증상**

① **양상** : 정상적·적응적 기능의 과잉 또는 왜곡
② **종류** : 망상, 환각, 환청, 와해된 언어나 행동, 긴장성 운동행동 등

■ **음성증상**

① **양상** : 정상적·적응적 기능의 결여
② **종류** : 감정의 둔화(정서적 둔마), 무논리증 또는 언어의 빈곤(무언어증), 사회적 철수(무욕증), 대인관계의 무관심 등

■ **조현병(정신분열증)의 하위유형(DSM-IV 기준)** : 망상형 또는 편집형(Paranoid Type), 해체형 또는 혼란형(Disorganized Type), 긴장형(Catatonic Type), 감별불능형 또는 미분화형(Undifferentiated Type), 잔류형(Residual Type)

제2절 기타 정신증적 장애

■ **단기 정신병적 장애** : 조현병의 주요 증상 중 한 가지 이상이 하루 이상 1개월 이내

■ **조현(정신분열)양상장애** : 조현병과 동일한 임상적 증상, 지속기간이 1개월 이상 6개월 이하

■ **조현(분열)정동장애** : 조현병의 증상과 동시에 기분삽화(주요우울 또는 조증삽화)가 일정한 기간 동안 지속적으로 나타나는 경우

■ **망상장애** : 한 가지 이상의 망상이 최소 1개월 이상 지속

제3절 조현병(정신분열증)의 원인과 치료

■ **원인**

① **생물학적 요인** : 유전적 요인, 뇌의 구조적 혹은 기능적 결함, 신경전달물질의 이상
② **심리적 요인** : 심리적 혼란, 인지적 기능의 결함, 작업기억의 손상 등
③ **정신분석적 입장** : 갈등모델, 결손모델, 자아경계의 붕괴, 대상관계이론
④ 가족관계 및 사회·환경적 요인

■ **치료** : 입원치료 및 약물치료, 심리치료, 행동치료, 사회기술훈련, 자기지시훈련, 집단치료 및 가족치료 등

제4장   기분장애

제1절 우울증의 임상적 특징과 하위유형

■ **주요우울장애 : 주요증상**

① 우울한 기분이 거의 매일, 하루 중 대부분의 시간에 주관적인 보고(예 슬픈 느낌, 공허감 또는 절망감)나 객관적인 관찰(예 울 것 같은 표정)에 의해 나타남(주의 : 아동 및 청소년의 경우 과민한 기분으로 나타날 수 있음)

② 모든 또는 거의 모든 일상활동에서 거의 매일, 하루 중 대부분 흥미나 즐거움이 현저히 저하되어 있음

③ 체중조절을 하지 않음에도 불구하고 체중에 의미 있는 감소(예 1개월 이내에 신체의 5% 이상 체중변화가 나타남)가 나타나거나, 거의 매일 식욕감소 또는 증가를 느낌(주의 : 아동의 경우 체중증가가 기대치에 미치지 못한 것에 주의할 것)

■ **지속성 우울장애 : 주요증상**

① 식욕부진 또는 과식

② 불면 또는 수면과다

③ 기력저하 또는 피로감

④ 자존감 저하

⑤ 집중력의 감소 또는 결정의 어려움

⑥ 절망감

■ **월경 전 불쾌감 장애 : 주요증상**

① 현저하게 불안정한 기분(갑자기 울고 싶거나 슬퍼진다거나 거절에 대해 민감해지는 것)

② 현저한 과민성, 분노 또는 대인관계에서 갈등 증가

③ 현저하게 우울한 기분, 절망감 또는 자기비난의 사고

④ 현저한 불안, 긴장, 신경이 곤두섬 또는 과도한 긴장감

■ **파괴적 기분조절곤란장애 : 주요증상**

① 고도의 재발성 분노발작이 언어적 또는 행동적으로 나타나며 상황이나 도발자극에 비해 그 강도나 지속기간이 극도로 비정상적

② 분노발작이 발달수준에 부합하지 않음

③ 분노발작이 평균적으로 일주일에 3회 이상 발생

제2절 우울증의 원인과 치료

■ 주요우울장애

① 원인
- ㉠ 부정적인 환경적 요인 : 가족의 사망, 실직이나 사업실패, 사소한 부정적 생활사건의 장기간에 걸친 누적 등
- ㉡ 정신분석적 입장 : 분노의 내향화에 따른 자기가치감 손상, 자아기능 약화
- ㉢ 행동주의적 입장 : 긍정적 강화의 약화, 학습된 무기력 등
- ㉣ 인지적 입장 : 인지삼제, 인지적 오류 등

② **치료** : 인지치료(소크라테스식 질문의 활용), 정신역동적 치료(무의식적 좌절과 대인관계방식에 대한 이해), 중요인물에 대해 억압하고 있던 분노감정의 자각, 약물치료

■ 지속성 우울장애

① 원인
- ㉠ 유전적 요인
- ㉡ 기질적 취약성 요인
- ㉢ 감정표현 불능증

② **치료** : 약물치료, 인지행동치료, 신체운동과 수면패턴의 개선

■ 월경 전 불쾌감 장애

① 원인
- ㉠ 생활습관 혹은 사회적 요인
- ㉡ 생물학적 요인

② **치료** : 식습관 개선, 약물치료 및 적절한 운동

■ 파괴적 기분조절곤란장애

① 원인
- ㉠ 전측 대상회피질(ACC, Anterior Cingulate Cortex)의 이상
- ㉡ 사이가 좋지 않은 부모, 양육방식 등

② **치료** : 놀이치료, 가족치료, 약물치료

제3절 양극성 장애의 임상적 특징과 하위유형

■ 제1형 양극성 장애 및 제2형 양극성 장애 : DSM-5의 주요진단기준

① 제1형 양극성 장애
- ㉠ 최소 1회 이상 조증삽화의 기준(조증삽화의 진단기준 1~4까지)을 충족

ⓛ 조증과 주요우울증삽화의 발생이 조현(분열)정동장애, 조현병(정신분열증), 조현(분열)형 장애, 망상장애, 달리 분류된 혹은 분류되지 않는 조현병 스펙트럼 및 기타 정신병적 장애로 더 잘 설명되지 않음

② 제2형 양극성 장애

ㄱ 최소 1회 이상 경조증삽화(경조증삽화의 진단기준 1~6까지)의 기준과 함께 최소 1회 이상 주요우울증삽화(주요우울증삽화의 진단기준 1~3까지)의 기준을 충족

ㄴ 조증삽화는 단 1회도 없어야 함

ㄷ 경조증삽화와 주요우울증삽화의 발생이 조현(분열)정동장애, 조현병(정신분열증), 조현(분열)형 장애, 망상장애, 달리 분류된 혹은 분류되지 않는 조현병 스펙트럼 및 기타 정신병적 장애로 더 잘 설명되지 않음

■ 순환성 장애 또는 순환감정장애 : DSM-5의 주요진단기준

① 최소 2년 동안(아동과 청소년은 1년) 다수의 경조증 기간(경조증삽화의 진단기준을 충족하지 않는)과 우울증 기간(주요우울증삽화의 진단기준을 충족하지 않는)이 있음

② 최소 2년 동안(아동과 청소년은 1년) 경조증 기간과 우울증 기간이 절반 이상 차지해야 하고, 증상이 없는 기간이 2개월 이상 지속되어서는 안 됨

③ 주요우울증삽화, 조증삽화, 경조증삽화를 한 번도 경험한 적이 없음

제4절 양극성 장애의 원인과 치료

■ 제1형 양극성 장애 및 제2형 양극성 장애

① 원인

ㄱ 생물학적 입장 : 유전적 요인, 신경전달물질 및 신경내분비 기능 이상

ㄴ 정신분석적 입장 : 상실이나 자존감 손상에 대한 방어 또는 보상반응, 조증환자는 부인의 방어기제 사용, 아동기에 선한 내적 대상을 자기 마음속에 표상하는 데 실패

ㄷ 인지적 입장 : 현실 해석의 인지적 왜곡, 과잉일반화, 선택적 추상화

② **치료** : 입원치료 및 약물치료, 심리치료

■ 순환성 장애 또는 순환감정장애

① 원인

ㄱ 유전적 요인 : 대략 30% 정도에서 제1형 양극성 장애의 가족력

ㄴ 정신분석적 입장 : 구강기 동안의 고착에 원인

② **치료** : 약물치료 및 심리치료

제5장 불안장애

제1절 주요 불안장애

■ **범불안장애**

① 일반화된 불안장애라고도 하며, 과도한 불안과 긴장을 지속적으로 경험하는 상태
② 불안의 대상이 분명하지 않은 부동불안(Free-Floating Anxiety)을 특징으로 함
③ 일상생활의 다양한 상황이나 사건에서 만성적인 불안과 지나친 걱정으로 인해 현실적인 부적응 상태를 경험함
④ 평소 불안감과 초조감을 느끼며, 항상 과민하고 긴장된 상태

■ **특정 공포증**

① 어떠한 특정한 공포 대상이나 상황에 노출되는 경우 심각한 두려움과 비합리적인 회피행동을 동반하는 공포증의 한 유형
② 특정 공포증은 상황형(Situational Type), 자연환경형(Natural Environment Type), 혈액-주사-손상형 또는 혈액-주사-상처형(Blood-Injection-Injury Type), 동물형(Animal Type)으로 구분
③ 특정 공포증의 유형으로서 '상황형 > 자연환경형 > 혈액-주사-손상형(상처형) > 동물형' 순으로 많이 나타나며, 동물형은 초기 아동기에, 혈액-주사-손상형(상처형)은 후기 아동기에, 상황형은 20대 중반에 발병하는 경우가 많음
④ 특정 공포증의 치료에는 체계적 둔감법과 노출치료가 효과적인 것으로 보고되고 있음

■ **사회불안장애**

① 사람들과 상호작용을 해야 하는 사회적 상황에서 심한 불편감이나 불안을 경험하는 공포증의 한 유형
② 어떠한 특정한 사회적 상황이나 활동 상황에 노출되는 경우 발생
③ 환자는 사회적 기술의 결여 등으로 인해 상황을 회피하려는 양상을 보임
④ 여러 사람들 앞에 나설 때 발생하는 무대공포나 적면공포 등으로 나타나며, 다른 사람들에게서 부정적인 평가를 받을지 모른다는 불안과 함께 자신이 당황하게 되는 것에 대한 두려움을 느낌
⑤ 사회공포증의 치료에는 불안유발상황에 직면하도록 하는 노출훈련(Exposure Training)과 함께 인지행동적 집단치료가 효과적인 것으로 보고되고 있음

■ **광장공포증**

① 고대 그리스어로 시장을 의미하는 'Agora'에서 비롯된 용어
② 공황발작의 위험에서 이를 피하기 어려운 특정한 장소나 상황에 처해 있는 경우 나타나는 공포증의 한 유형

③ 광장공포증을 가진 사람은 엘리베이터, 버스나 지하철 등 탈출하기 어려운 공간 또는 백화점, 영화관 등 급작스러운 공황발작에 빠지는 경우 도움을 받기 곤란한 공간에 대해 과도한 공포심을 가짐

④ 어지러움, 질식할 것 같은 느낌, 가슴 답답함, 구토감, 현기증, 죽거나 미칠 것 같은 두려움 등 신체적·심리적 증상을 수반

⑤ 광장공포증의 치료에는 잘못된 인지과정을 수정하고 신체감각에 대한 민감성을 둔화시키는 인지행동 치료가 효과적인 것으로 보고되고 있음. 특히 광장공포증 치료에서는 공포유발 상황에 대한 실제적 노출치료(In Vivo Exposure)가 필수적임

■ 공황장애

① 공황장애는 통제 상실에 대한 강렬한 불안, 즉 공황발작(Panic Attack)이 반복적으로 나타나는 장애

② 공황발작은 급작스러운 두려움과 공포감이 불시에 비정기적으로 나타나 강렬한 불안을 동반함

③ 공황발작의 증상은 급작스럽게 나타나 10분 이내에 최고조에 도달하며, 대개 10~20분 동안 지속된 후 사라짐

④ 발작이 없는 중간시기에는 그와 같은 증상들이 다시 나타날지 모른다는 예기불안(Anticipatory Anxiety)을 느끼기도 하며, 발작이 일어난 장소나 상황을 가급적 피하려는 습성으로 인해 여러 가지 회피행동을 보이기도 함

⑤ 세로토닌(Serotonin) 재흡수 억제제, 삼환식 항우울제, 벤조디아제핀(Benzodiazepine)계 약물 등의 약물치료 외에도 긴장이완훈련, 인지수정, 점진적 노출(Graded Exposure) 등의 인지행동치료가 활용됨. 또한 이른바 작은 공황발작에 노출시켜 그것에 익숙해지도록 하는 공황통제치료(Panic Control Treatment) 등을 적용함

제2절 기타 불안장애

■ 분리불안장애

① 분리불안장애는 DSM-IV의 분류기준에서 유아기, 아동기 또는 청소년기의 기타 장애(Other Disorders of Infancy, Childhood or Adolescence)에 해당한 것이나, DSM-5의 분류기준에서 불안장애(Anxiety Disorders)의 하위유형으로 편입되었음

② 애착대상과 떨어지는 것에 대해 심한 불안 반응을 보이는 정서적 장애에 해당함

③ 주로 18세 이전에 발병하며, 나이가 어릴수록 부모와 떨어져 있는 것에 대해, 나이가 많을수록 납치나 강도 등 특정 위험의 공포에 대해 분리불안을 나타내는 경향이 있음

④ 분리불안장애는 성인에게서도 나타날 수 있는데, 이사나 결혼 등의 새로운 변화가 기녀 또는 배우자와 헤어지는 것에 대한 과도한 불안으로 나타남

⑤ 부모의 부적절한 양육행동, 즉 과잉보호적인 양육행동이 아동의 독립성을 약화시키고 의존성을 강화하여 분리불안장애를 유발하는 것으로 보고되고 있음

⑥ 행동치료나 인지행동치료, 놀이치료에 의해 호전될 수 있으며, 특히 점진적 노출법(Graded Exposure) 이 가장 효과적인 방법으로 보고되고 있음

■ 선택적 무언증(= 선택적 함구증)

① 언어적인 장애가 없어 부모나 가까운 친구 등과는 말을 하는 데 아무 문제가 없지만, 어떤 장소나 상황에서는 전혀 말을 하지 못하는 증상을 의미함

② 선택적 무언증 환자는 수줍어하거나 불안해하고, 고집이 세고, 나이에 맞지 않게 유아처럼 철없게 행동하거나, 지나치게 의존적이고, 화를 잘 내고, 이익을 위해 거짓말을 자주 하는 등의 모습이 있을 수 있음. 특히 집에서는 대들고 부정적인 모습으로 일관하다가 낯선 환경에서는 수줍어하고, 두려워하는 이중적인 모습을 보이기도 함

③ 남아보다 여아가 함묵증이 생길 확률이 더 높고 유병률은 1% 미만으로 아주 낮은 편이며, 발병하는 나이는 보통 3~4세이지만 진단과 치료는 학교를 다니면서 문제가 가시화되면서 시작하게 되는 경우가 많음

④ 연령이 증가하면서 없어질 수도 있는 증상이지만, 장기간의 증상이 이어질 경우 학교에 적응이나 학습에 장애가 올 수 있음

제3절 불안장애의 원인과 치료

■ 범불안장애

① **원인**
　　㉠ 생물학적 입장 : 억제신경전달물질인 GABA의 이상
　　㉡ 정신분석적 입장 : 성격구조 간의 역동적 불균형 상태에서의 부동불안
　　㉢ 행동주의적 입장 : 불안반응의 잘못된 학습

② **치료**
　　㉠ 약물치료 : 벤조디아제핀계 약물사용
　　㉡ 인지행동치료

■ 특정 공포증

① **원인**
　　㉠ 행동주의적 입장 : 공포반응을 학습하게 됨(이요인이론 등)
　　㉡ 인지적 입장 : 사회적 수행·평가에 대한 왜곡된 인지

② **치료**
　　㉠ 행동치료 : 체계적 둔감법, 노출치료, 이완훈련 등
　　㉡ 인지행동치료 : 인지적 재구성

■ **사회불안장애**

① **원인**

ㄱ 정신분석적 입장 : 무의식적 갈등에 의함

ㄴ 인지적 입장 : 잘못된 신념

② **치료**

ㄱ 인지행동치료

ㄴ 약물치료

■ **광장공포증**

① **원인**

ㄱ 정신분석적 입장 : 유아기 분리불안의 재현 등

ㄴ 인지행동적 입장 : 공포에 대한 공포

ㄷ 통합적 입장

② **치료**

ㄱ 인지행동치료

ㄴ 약물치료

■ **공황장애**

① **원인**

ㄱ 생물학적 입장 : 과잉호흡이론, 질식오경보이론

ㄴ 정신분석적 입장 : 방어기제의 작동실패, 유아기 분리불안의 재현 등

ㄷ 인지적 입장 : 파국적 오해석

② **치료**

ㄱ 약물치료

ㄴ 인지행동치료

제6장   강박장애

제1절 강박장애

■ **의의 및 특징**

① 원하지 않는 생각과 행동을 반복하게 되는 장애로, 극심한 불안이나 고통을 유발하는 강박사고 (Obsessions)와 이를 중화하기 위한 강박행동(Compulsions)을 특징으로 함

② 강박사고는 음란하거나 근친상간적인 생각, 공격적 혹은 신성 모독적인 생각, 오염에 대한 생각, 반복적인 의심, 물건을 순서대로 정리하려는 충동 등 다양한 주제를 포함함

③ 강박행동은 씻기, 청소하기, 정돈하기, 반복 확인하기 등 외현적 행동으로 나타날 수도 있고, 숫자 세기, 기도하기, 속으로 단어를 반복하기 등 내현적 행동으로 나타날 수도 있음

④ 강박장애를 가진 사람은 자신의 강박적인 사고나 행동이 비합리적이라는 사실을 인식하고 있음

⑤ 강박장애를 가진 사람은 사고-행위융합(Thought-Acting Fusion)을 특징으로 함. 사고-행위융합은 사고와 행위를 연결함으로써, 사고한 바의 것이 직접적인 행위와 다르지 않다고 믿는 경향을 말함. 강박장애를 가진 사람은 단순히 생각하는 것, 그것이 바로 중요하며 의미 있다고 믿음

제2절 기타 강박장애

■ **신체변형장애**

① 자신의 주관적인 신체결함에 대해 과도하고 왜곡되게 집착하는 장애

② 외모에 대한 높은 미적 민감성을 통해 자기 외모를 평가

③ 심리치료를 거부하며, 성형수술을 원하는 경향

■ **저장장애**

① 불필요한 물건을 버리지 못한 채 이를 보관하고자 하는 강한 충동을 느끼며 물건을 버리는 것 자체를 고통으로 받아들이는 장애

② 강박적 저장(Compulsive Hoarding)과 강박적 수집(Compulsive Collecting)이 특징

③ 유목화/조직화의 결함, 기억의 결함, 손실의 과장된 평가 등 인지기능상의 결함

■ **모발뽑기장애**

① 머리카락을 뽑는 행동을 통해 쾌감과 만족감을 느낌

② 행위로 인해 사회적·직업적 적응에 심각한 어려움을 경험

■ 피부벗기기장애

① 반복적으로 피부를 문지르거나 긁거나 벗기거나 뜯는 등의 행동을 보임

② 다양한 심리적인 문제와 함께 나타나는 장애

제7장   외상 및 스트레스 사건 관련 장애

제1절 외상 후 스트레스 장애

■ 의의 및 특징

① 충격적인 외상사건을 경험하고 난 후 다양한 심리적 부적응 증상이 나타나는 장애

② 외상, 즉 트라우마(Trauma)는 발생횟수에 따라 일회적 외상(Single-Blow Trauma)과 반복적 외상(Repeated Trauma)으로 구분됨

③ 외상은 인간 외적 외상(Impersonal Trauma), 대인관계적 외상(Interpersonal Trauma), 애착외상(Attachment Trauma)으로 구분됨

④ 충격적인 경험을 한 후 예민한 각성상태가 지속되고 고통스러운 기억에서 완전히 벗어나지 못하며, 그로 인해 관련된 생각을 회피하려고 함

⑤ 외상 후 스트레스 장애를 가진 사람은 재현성 환각이나 악몽을 통해 과거의 외상사건에 대한 생각에서 쉽게 벗어나지 못하며, 사건 당시의 경험을 회상하도록 하는 다양한 자극들에 대해 극도의 불안과 두려움을 느낌

⑥ 장애의 징후는 외상사건 직후부터 나타나는 경우가 대부분이지만, 수개월이 지난 후에 혹은 몇 해가 지난 후에 나타나기도 함

⑦ 공황장애와 마찬가지로 약물치료와 인지행동치료가 활용됨. 특히 포아(Foa)에 의해 개발된 지속적 노출치료(Prolonged Exposure)가 가장 효과적인 것으로 보고되고 있음

제2절 외상 후 스트레스 장애의 원인과 치료

■ 원인

① **외상사건**: 외상 전 요인, 외상 중 요인, 외상 후 요인으로 구분

② **생불학적 입장**: 신제석 취약성, 신경선날불실 이상

③ **정신분석적 입장**: 유아기 미해결된 무의식적 갈등

④ **행동주의적 입장**: 외상사건에 불안반응이 조건형성 됨

⑤ **스트레스반응이론**: '외상 후 절규 → 회피 → 동요 → 전이 → 통합'의 단계

⑥ **인지적 입장**: 박살난 가정이론(세상과 자신에 대한 가정 혹은 신념의 파괴)

■ **치료**

① **정신역동적 치료** : 카타르시스를 통한 외상사건의 재구성 및 심리 내적 갈등의 해소
② **약물치료** : SSRI, 삼환식 항우울제 등
③ **지속적 노출법** : 외상사건의 기억에 대한 반복적 노출, 관련된 공포의 둔감화
④ **인지처리치료** : 외상사건에 대한 재평가, 외상사건에 부여한 부정적 의미의 수정
⑤ **안구운동 둔감화 및 재처리 치료** : 외상사건의 괴로운 기억내용을 떠올리도록 하는 동시에 치료자의 손가락 움직임을 눈으로 따라가게 함

제3절 급성 스트레스 장애와 적응장애

■ **급성 스트레스 장애**

① 심한 트라우마적 사건 바로 이후에 나타나는 단기간의 불편한 기억
② 외상성 사건 발생 후 4주 이내에 시작되고, 지속 기간은 3일에서 1개월
③ 외상 후 스트레스 장애와 유사

■ **적응장애**

① 어떤 스트레스 혹은 충격적 사건 발생 3개월 이내에 우울, 불안, 감정조절의 어려움, 불면 증상이 일어남
② 증상으로 인해 일상생활이 어려움

제4절 반응성 애착장애와 탈억제성 사회적 유대감장애

■ **반응성 애착장애**

① 생후 9개월 이상 만 5세 이전의 아동에게서 주로 발병
② 양육자와의 애착 외상(Attachment Trauma)으로 인해 위축된 대인관계 패턴
③ 양육자에게서 충분한 애정을 받지 못하거나 학대 혹은 방임 상태로 양육된 경우 발생

■ **탈억제성 사회적 유대감장애**

① 양육자로부터 학대나 방임을 당한 경험이 있음
② 위축 대신 무분별한 사회성과 과도한 친밀감을 나타내는 경우

제8장　성격장애

제1절 A군 성격장애

■ **편집성 성격장애(Paranoid Personality Disorder)**

① 충분한 근거 없이 타인이 자신을 이용하거나 해를 입히거나 속인다고 의심함

② 친구나 동료의 진실성이나 신뢰성에 대한 부당한 의심에 집착되어 있음

③ 정보가 자신에게 악의적으로 사용될 수 있다는 두려움으로 인해 타인에게 자신의 속내를 드러내지 않음

④ 타인의 사소한 말이나 사건 속에 자신에 대한 비하와 위협의 의도가 있는지 파악하고자 함

■ **조현(분열)성 성격장애(Schizoid Personality Disorder)**

① 가족의 일원이 되는 것을 포함하여 친밀한 관계를 원하지도 즐기지도 않음

② 거의 항상 혼자서 하는 활동을 선택함

③ 다른 사람과 성경험을 갖는 일에 거의 흥미가 없음

④ 만약 있다고 하더라도, 소수의 활동에만 즐거움을 얻음

⑤ 직계가족 이외에는 가까운 친구나 마음을 털어놓는 친구가 없음

⑥ 타인의 칭찬이나 비평에 무관심해 보임

⑦ 정서적인 냉담, 무관심 또는 둔마된 감정반응을 보임

■ **조현(분열)형 성격장애(Schizotypal Personality Disorder)**

① 관계망상과 유사한 사고

② 행동에 영향을 미치는 괴이한 믿음이나 마술적 사고

③ 신체적 착각을 포함한 유별난 지각 경험

④ 괴이한 사고와 언어

⑤ 의심이나 편집증적인 사고

⑥ 부적절하거나 메마른 정동

⑦ 괴이하고 엉뚱하거나 특이한 행동이나 외모

제2절 B군 성격장애

■ **반사회성 성격장애(Antisocial Personality Disorder)**

① 사회의 규범이나 법을 지키지 않으며, 무책임하고 폭력적인 행동을 반복적으로 나타내어 사회적 부적응을 초래하는 성격장애

② 행동화(Acting-Out)의 방어기제를 주로 사용

■ **연극(히스테리)성 성격장애(Histrionic Personality Disorder)**

① 극적인 감정표현, 타인의 관심을 끌려는 과도한 행동양상을 보임

② 감정적·외향적·자기주장적·자기과시적인 성격을 특징으로 하며, 타인의 주의를 끌고자 외모에 신경을 씀

③ 자기 외에 관심의 대상이 되는 사람에 대해서는 시기와 질투, 강한 경쟁심을 느낌

■ **경계성 성격장애(Borderline Personality Disorder)**

① 실제적이거나 가상적인 유기를 피하기 위해 필사적으로 노력함

② 대인관계에 있어서 상대방에 대한 이상화와 평가절하의 교차가 극단적이고 반복적으로 나타남

③ **정체감 혼란** : 자기상(Self-Image)이나 자기지각(Sense of Self)이 지속적으로 심각한 불안정성을 보임

■ **자기애성 성격장애(Narcissistic Personality Disorder)**

① 자신의 중요성에 대해 과장된 지각을 가지고 있음

② 무제한적인 성공, 권력, 탁월함, 아름다움 혹은 이상적인 사랑에 대한 공상을 자주 함

③ 자신은 매우 특별하고 독특하다고 믿고, 특별하거나 지위가 높은 사람(또는 기관)만이 자신을 이해할 수 있으며, 자신 또한 그런 사람(기관)과 어울려야 한다고 생각함

④ 타인으로부터 과도한 찬사를 요구함

제3절 C군 성격장애

■ **회피성 성격장애(Avoidant Personality Disorder)**

① 비판, 비난 또는 거절을 두려워하여 의미 있는 대인적 접촉을 포함한 직업적 활동을 회피함

② 자신에 대해 호감을 가지고 있다는 확신이 서지 않는 사람과는 만남을 피함

③ 창피당하고 조롱당할까봐 두려워하여 친밀한 관계를 제한함

④ 사회적 상황에서 비판이나 거절당할 것이라는 생각에 사로잡혀 있음

■ **의존성 성격장애(Dependent Personality Disorder)**

① 일상적인 결정에 대해서도 타인의 많은 충고와 보장을 필요로 함

② 자기 인생의 중요한 부분까지도 떠맡길 수 있는 타인을 필요로 함

③ 자신이 의지하는 사람에게서 지지와 칭찬을 상실할지도 모른다는 두려움으로 인해 반대의견을 제시하지 못함(현실적인 보복의 두려움은 포함되지 않음)

■ 강박성 성격장애(Obsessive-Compulsive Personality Disorder)

① 세부사항, 규칙, 목록, 순서, 조직, 시간계획에 집착하여 일을 큰 틀에서 전체적으로 보지 못함
② 완벽주의 성향으로 인해 오히려 과제를 완수하기 어려움
③ 일과 생산성에 지나치게 몰두하여 여가활동을 즐기거나 가까운 사람들과 즐거운 시간을 가지지 못함 (이는 분명한 경제적 필요성 때문이 아님)

제9장 신체증상 및 관련 장애

제1절 신체증상장애

■ **임상적 특징**

① 주된 증상은 통증(Pain)으로, 이는 특정 신체부위의 통증과 같이 구체적인 것일 수도, 막연히 피로감을 나타내는 것일 수도 있음
② 주된 특징은 질병에 대한 과도한 걱정 혹은 건강염려로, 환자들은 자신의 증상의 심각성을 강조하여 삶의 중심 주제로 다룸

제2절 질병불안장애

■ **임상적 특징**

① 과거에 건강염려증(Hypochondriasis)으로 불린 것으로, 자신이 심각한 질병에 걸렸다는 집착과 공포를 나타내는 경우를 말함
② 심각한 질병을 가지고 있거나 심각한 질병에 걸렸다는 생각에 과도하게 집착하며 건강에 대해 매우 높은 수준의 불안증상을 보이며, 개인적 건강 상태에 대해 매우 민감한 반응을 보임

제3절 전환장애

■ **임상적 특징**

① 운동기능이나 감각기능상의 장애가 나타나지만 그와 같은 기능 상의 장애를 설명할 수 있는 신체적 혹은 기질적 이상이 발견되지 않는 장애를 말함
② 과거 히스테리성 신경증(Hysterical Neurosis)이라고도 불린 것으로, 특히 신경학적 손상을 시사하는 한 가지 이상의 신체적 증상을 나타내므로 기능성 신경증상 장애(Functional Neurological Symptom Disorder)로 불리기도 함

제4절 허위성 장애

- ■ **임상적 특징**

  ① 환자의 역할을 하기 위하여 신체적 또는 심리적 증상을 의도적으로 만들어 내거나 위장하는 경우를 의미함
  ② 꾀병처럼 어떤 목적이 있는 것이 아닌 단순히 환자가 되고 싶어서 의도적으로 증상을 만들어 내거나 가장하는 경우에 해당함

제10장	해리장애

제1절 해리성 기억상실증

- ■ **임상적 특징**

  ① 개인의 중요한 과거경험이나 정보를 기억하지 못하는 것으로, 과거에는 심인성 기억상실증(Psychogenic Amnesia)으로도 불렸음
  ② 핵심증상은 통상적인 망각과는 일치하지 않는 중요한 자서전적 정보에 대한 회상능력의 상실임

제2절 해리성 정체감 장애

- ■ **임상적 특징**

  ① 과거에 다중인격장애 또는 다중성격장애(Multiple Personality Disorder)로도 불렸음
  ② 한 사람 안에 서로 다른 정체성과 성격을 가진 여러 사람이 존재하면서 상황에 따라 각기 다른 사람이 의식에 나타나서 말과 행동을 하는 모습을 보임

제3절 이인증/비현실감 장애

- ■ **임상적 특징**

  ① 이인증은 자기 자신이 평소와 다르게 낯선 상태로 변화되었다고 느끼는 것인 반면, 비현실감은 자신이 아닌 외부세계가 이전과 다르게 변화되었다고 느끼는 것임
  ② 이인증이나 비현실감을 경험하는 동안에도 현실검증력은 손상되지 않은 채 유지됨

제11장　섭식장애

제1절 신경성 식욕부진증

■ 의의

① 끊임없이 마른 몸매를 추구하며, 왜곡된 신체상(사실 말랐는데 뚱뚱하다고 생각하는 등)을 가지고 있음. 비만을 극도로 두려워하며, 음식섭취를 제한하여 체중이 현저하게 적게 나감
② 청소년기에 시작되며, 여성에게 더 흔하게 나타남

제2절 신경성 폭식증

■ 의의

① 반복적으로 다량의 음식을 빠르게 섭취(폭식)하고 나서, 과도하게 섭취한 음식에 대한 보상행동을 하려는 행동이 나타남
② 보상행동으로 구토를 유도하거나, 설사제를 사용하거나, 다이어트를 하거나, 금식하거나, 과도한 운동을 함

제12장　물질 관련 장애

제1절 알코올 관련 장애

■ 알코올 사용장애

① **알코올 의존** : 잦은 음주로 인해 알코올에 대한 내성이 생김으로써 알코올의 사용량 및 사용빈도가 증가하는 경우를 말함
② **알코올 남용** : 잦은 과음으로 인해 가정, 학교, 직장에서 자신의 역할을 제대로 수행하지 못하거나 법적인 문제를 반복적으로 유발하는 경우를 말함

■ 알코올 유도성 장애

① 알코올 사용으로 인해 나타나는 부적응적인 후유증과 연관됨
② 알코올 중독, 알코올 금단, 그 밖에 알코올 사용으로 인한 다양한 정신장애들이 포함됨

제13장　성 관련 장애

제1절 성도착장애

- **의의** : 성적 욕구를 충족시키는 대상이나 방식, 행위나 상황에서의 비정상적인 양상을 특징으로 함

- **주요하위유형**
  ① 관음장애(Voyeuristic Disorder)
  ② 노출장애(Exhibitionistic Disorder)
  ③ 접촉마찰장애 또는 마찰도착장애(Frotteuristic Disorder)
  ④ 성적 피학장애(Sexual Masochism Disorder)
  ⑤ 성적 가학장애(Sexual Sadism Disorder)
  ⑥ 아동성애장애 또는 소아애호장애(Pedophilic Disorder)
  ⑦ 성애물장애 또는 물품음란장애(Fetishistic Disorder)
  ⑧ 의상전환장애 또는 복장도착장애(Transvestic Disorder)

제2절 성기능장애

- **의의** : 원활한 성행위를 방해하는 기능적 문제를 의미하는 것으로, 성적 욕구의 장애와 함께 성반응의 주기를 특징으로 하는 정신생리적 변화상의 장애

제3절 성불편증

- **의의** : 자신의 생물학적·해부학적 성과 성역할에 대해 지속적이고 심각한 불편감을 호소하면서, 반대의 성에 대해 자신을 동일시하거나 반대의 성이 되기를 희망하는 경우를 말함

제14장　신경발달장애

제1절 지적 장애

- 지능이 비정상적으로 낮아서 학습 및 사회적응에 어려움을 나타내는 장애임. 특히 18세 이전에 표준화된 지능검사 결과 지능지수(IQ)가 70점 미만을 나타냄

■ 주요원인으로 유전자 이상, 임신 중 태내환경 이상, 임신 및 출산 과정에서의 이상, 후천성 아동기 질환, 그 밖에 열악한 환경요인 등이 제시되고 있음. 특히 지적 장애의 약 5% 정도가 다운증후군(Down's Syndrome), 취약 X 증후군(Fragile X Syndrome), 클라인펠터증후군(Klinefelter's Syndrome) 등의 염색체 이상에 의해 유발되는 것으로 알려져 있음

제2절 주의력결핍 및 과잉행동장애

■ 부주의 및(혹은) 과잉행동-충동성의 지속적인 패턴이 개인의 기능 또는 발달을 저해함

■ 원인은 뇌손상, 중추신경계손상, 신경전달물질인 도파민과 노르에피네프린의 이상 등 주로 유전적인 요인인 것으로 알려져 있음

제3절 자폐 스펙트럼 장애

■ 다양한 맥락에 걸쳐 사회적 의사소통 및 사회적 상호작용에 지속적인 결함을 보이며, 행동이나 흥미, 또는 활동에 있어서 제한적이고 반복적인 패턴을 나타냄

■ 원인으로는 유전적 요인과 함께 다른 생물학적 요인이나 환경적 요인 등이 복합적으로 작용한다는 견해가 지배적임

제15장　파괴적 충동통제 및 품행장애

제1절 적대적 반항장애

■ 어른에게 거부적·적대적·반항적인 행동을 지속적으로 나타내는 장애로, 청소년기에는 알코올, 담배, 흡입제 등을 남용하기 쉬우며, 품행장애나 기분장애로 발전하기도 함

제2절 품행장애

■ 특히 아동 및 청소년기에 나타나며, 다른 사람의 기본권리나 나이에 적합한 사회 규준 및 규율을 위반하는 행동양상이 반복적이고 지속적으로 나타나는 장애임. 4가지 핵심증상으로 사람과 동물에 대한 공격성, 재산파괴, 사기 또는 절도, 중대한 규칙위반을 제시하고 있음

| 제16장 | 신경인지장애 |

제1절 섬망

■ 기억, 언어, 현실판단 등 인지기능에서의 일시적인 장애를 나타내는 경우로, 그 증상은 단기간(보통 몇 시간 혹은 며칠)에 걸쳐 나타나며, 하루 중 그 심각도가 변동하는 경향이 있음

■ 보통 노년기에 흔히 나타나는 장애로, 의식이 혼미해지고 현실감각에 혼란을 보이며, 시간 및 장소에 대한 인식의 장애가 나타남

제2절 주요 신경인지장애

■ 인지적 영역, 즉 복합주의력(Complex Attention), 실행기능(Executive Function), 학습 및 기억력(Learning and Memory), 언어능력(Language), 지각-운동기능(Perceptual Motor), 사회인지(Social Cognition) 등에서 한 가지 이상 과거 수행수준에 비해 심각한 인지적 저하가 나타나 일상생활을 독립적으로 영위하기 힘든 경우 진단됨

제3절 경도 신경인지장애

■ 주요 신경인지장애에 비해 증상의 심각도가 비교적 경미하여 일상생활을 독립적으로 영위할 수 있는 경우 진단됨

이상심리학

기출복원문제

출/ 제/ 유/ 형/ 완/ 벽/ 파/ 악/

교육은 우리 자신의 무지를 점차 발견해 가는 과정이다.

– 윌 듀란트 –

※ 본 문제는 다년간 독학사 심리학과 2단계 시험에서 출제된 기출문제를 복원한 것입니다. 문제의 난이도와 수험경향 파악용으로 사용하시길 권고드립니다. 본 기출복원문제에 대한 무단복제 및 전제를 금하며 저작권은 SD에듀에 있음을 알려드립니다.

01 이상심리학의 역사에 대한 설명으로 가장 적절하지 **않은** 것은?

① 프랑스의 필립 피넬은 정신질환자의 인권을 중시한 의사였다.

② 독일의 크레펠린은 정신병을 조울증과 조발성 치매로 구분하여 설명하였다.

③ 독일의 웨이어는 정신질환자가 마녀가 아님을 주장하며 탈병원운동을 시작하였다.

④ 고대 그리스의 히포크라테스는 4체액설을 주장하였다.

01 르네상스 시대에 살았던 웨이어는 정신질환자를 치료하기 위한 수용시설을 인정하고 수용하였다.

02 용어와 그에 대한 정의를 연결한 것으로 옳지 **않은** 것은?

① 신뢰도 : 측정하려는 것을 얼마나 안정적으로 일관성 있게 측정했느냐의 정도

② 발병률 : 대상 집단에서 일정 기간 동안 특정 질병 등을 새롭게 지니게 된 대상의 수적 비율

③ 유병률 : 대상 집단에서 특정 상태를 지닌 대상의 수적 비율

④ 타당도 : 측정하고자 하는 변인을 검사가 동일하게 측정하였는지에 대한 정도

02 타당도는 측정하고자 하는 변인을 검사가 제대로 측정하였는지에 대한 정도를 말한다.

정답 01 ③ 02 ④

03 현재 정신장애의 판별에 대한 다른 기준들은 한계점을 갖고 있으며, 전문적 기준에 의한 판별이 가장 적절하고 보편적인 수단으로 활용되고 있다.
①・③・④ 이상행동을 판별하는 여러 조건들인데, 그 조건들은 진단기준이 되지 못하고 전문가의 기준(DSM-5, ICD-11 등)이 진단기준이 되어, 현재는 병원에서 정신건강의학과 의사가 DSM-5, ICD-11 등에 따른 진단코드를 부여하고 있다.

03 이상행동 및 정신장애의 판별기준에 대한 설명으로 가장 적절한 것은?

① 개인이 사회문화적 규범에 적응하지 못하고 과도하게 일탈하는 경우 정신장애로 판별할 수 있다.
② 전문가에 의해 수립된 기준(DSM-5 등)에 해당하는 경우 정신장애로 판별할 수 있다.
③ 통계적으로 평균을 중심으로 정상범위를 벗어난 경우 정신장애로 판별할 수 있다.
④ 개인이 스스로 경험하는 고통이 현저한 경우 정신장애로 판별할 수 있다.

04 DSM-5에서는 범주적 진단체계와 차원적 진단체계를 사용하고 있으며, 다축진단체계를 폐지하였다.

04 이상행동의 분류에 대한 설명으로 가장 적절하지 <u>않은</u> 것은?

① DSM-5에서는 범주적 진단체계를 폐지하였다.
② DSM-IV의 자폐성장애, 아스퍼거장애, 아동기붕괴성장애 등이 DSM-5에서는 자폐스펙트럼장애로 통합되었다.
③ DSM-IV에서 불안장애 범주에 있던 강박장애와 외상후스트레스장애가 각각의 범주로 분리되었다.
④ DSM-5에서 도박장애가 물질 관련 및 중독장애로 새롭게 들어갔다.

05 선택적 함구증은 DSM-IV에서 아동 및 청소년 관련 장애로 분류되었다가, 사회불안장애의 한 유형으로 개념화하는 것이 바람직하다는 전문가의 주장에 따라 DSM-5에서 불안장애로 범주가 바뀌었다.

05 DSM-IV에서 아동 및 청소년 관련 장애였다가 DSM-5에서 불안장애에 포함된 장애는?

① 적응장애
② 특정 공포증
③ 선택적 함구증
④ 질병불안장애

정답 (03 ② 04 ① 05 ③)

06 이상행동의 평가에 대한 설명으로 가장 적절하지 <u>않은</u> 것은?

① 자기관찰법은 결과의 왜곡 가능성이 가장 적다고 할 수 있다.

② 생리적 측정법은 객관적인 자료를 얻는 데 용이하다.

③ 구조화된 면접은 신뢰도가 상대적으로 높다.

④ 유사관찰법은 자주 관찰되기 어려운 행동을 관찰하는 데 용이하다.

06 자기관찰법은 자신의 모습을 왜곡해서 보고할 가능성이 높아 왜곡 가능성이 적다고 할 수 없다.

07 다음 중 정신상태검사에서 측정되지 <u>않는</u> 범주는?

① 외모 및 면담행동

② 가족력

③ 감정과 정서

④ 감각과 지각

07 정신상태검사에서는 '외모 및 면담행동, 태도, 정신운동 활동, 감정과 정서, 언어와 사고, 감각과 지각, 기억력' 등 현재 나타나는 환자의 심리적 기능을 관찰한다.

08 이상행동의 행동주의 관점에 대한 설명으로 가장 적절하지 않은 것은?

① 이상행동은 학습된 것이라는 전제를 갖는다.

② 자신의 행동을 스스로 선택하고 결정하여 학습한다고 본다.

③ 공포증과 불안장애를 비교적 잘 설명하고 있다.

④ 우울증을 학습된 무기력의 결과로 본다.

08 행동이 스스로의 선택이 아닌 환경에 의해 결정된다고 보는 것이 행동주의의 전제이다.

정답 06 ① 07 ② 08 ②

09 자극은 기능적이든 역기능적이든 인지모델에서는 중요한 원인이 되지 못한다. 자극에 대한 해석에 문제가 있다고 보는 것이 인지모델의 특징이다.

10 스키너는 강화와 처벌을 사용한 조작적 조건형성 이론을 주장하였다. 얄롬은 실존주의 심리학자, 아들러는 개인 심리학자, 로저스는 인간중심 심리학자이다.

11 생물학적 모델에서는 이상행동을 연구하기 위해 '유전적 요인(가계연구, 쌍생아연구 등), 뇌손상, 뇌의 생화학적 이상' 등을 연구하고 있다.
① 생물학적 모델은 이상행동의 심리사회적 요인보다 유전적 요인의 중요성을 강조한다.
② 생물학적 모델은 뇌의 신경조직 이상으로 이상행동이 발생하는 경우도 이상행동에 포함한다.
③ 생물학적 모델은 이상행동이 뇌의 생화학적 이상, 유전, 신경조직 이상 등의 원인으로 발생한다고 본다.

정답 09 ③ 10 ① 11 ④

---

09 인지모델에 의한 이상행동의 원인으로 옳은 것을 모두 묶은 것은?

> ㄱ. 비합리적 신념
> ㄴ. 당위적 사고
> ㄷ. 역기능적 자극
> ㄹ. 인지적 오류

① ㄱ, ㄷ
② ㄴ, ㄷ, ㄹ
③ ㄱ, ㄴ, ㄹ
④ ㄱ, ㄴ, ㄷ, ㄹ

10 이론가와 그가 사용한 개념이 옳게 짝지어진 것은?

① 스키너 – 강화와 처벌
② 얄롬 – 사회적 관심
③ 아들러 – 내적 준거체계
④ 로저스 – 해결할 수 없는 실존적 문제

11 이상행동의 생물학적 모델에 대한 설명으로 가장 적절한 것은?

① 이상행동의 유전적 요인보다는 심리사회적 요인의 중요성을 강조한다.
② 이상행동이 뇌의 신경조직 이상으로 발생하는 경우를 부정한다.
③ 이상행동의 발생은 뇌의 생화학적 이상으로만 발생한다고 본다.
④ 이상행동을 연구하기 위해 쌍생아연구 및 가계연구 등을 활용하고 있다.

12 조현병의 음성증상으로 옳게 묶인 것은?

> ㄱ. 무욕증
> ㄴ. 와해된 언어
> ㄷ. 정서적 둔마
> ㄹ. 환각

① ㄱ, ㄷ
② ㄴ, ㄷ
③ ㄷ, ㄹ
④ ㄴ, ㄹ

13 조현병의 치료에 대한 설명으로 가장 적절한 것은?

① 증상이 심각하므로 집단치료는 적절하지 않다.
② 문제 증상의 원인을 자각할 수 있도록 분석하는 접근이 효과적이다.
③ 음성증상이 많은 경우 약물치료가 효과적이지 않은 경우가 많다.
④ 가족은 부정적 영향을 미치기 때문에 무조건 치료에 참여하지 않는 것이 좋다.

14 DSM-5에서 파괴적 기분조절곤란장애에 대한 설명으로 옳지 <u>않은</u> 것은?

① 주로 초기 성인기에 발병하는 경향이 있다
② 발달수준에 맞지 않는 분노발작이 반복해서 나타난다.
③ 분노발작은 평균적으로 일주일에 3회 이상 발생한다.
④ DSM-5에서 처음 생긴 진단명이다.

---

12 망상, 환각, 와해된 언어 등은 조현병의 대표적인 양성증상이다.

13 조현병의 음성증상의 경우 약물치료가 효과적이지 못하고, 양성증상의 경우 약물치료가 효과적이다.
정신병원에서는 집단치료로 조현병의 치료를 진행하는 경우가 흔하다.
또한 조현병은 가족치료에서 보다 연구가 많이 이루어진 정신질환으로, 가족이 변해야 조현병의 근본적인 치료가 된다고 보는 이론들이 많다.

14 파괴적 기분조절곤란장애는 청소년 우울증이라고 부를 정도로 청소년기에 주로 발생하는 경향이 있다.

정답 12 ① 13 ③ 14 ①

15 행동의 활성화는 인지행동치료 기법 중 내담자에게 긍정적인 활동을 격려하고 희망을 불어넣는 절차를 말한다.

15 다음 중 '우울증을 치료할 때 환자가 좋아하는 활동을 격려하고 환자에게 희망을 갖도록 하는 것'을 의미하는 용어는 무엇인가?

① 인지삼제
② 대안 만들기
③ 행동 활성화
④ 소크라테스식 질문법

16 우울장애에 대한 생물학적 입장은 우울장애가 카테콜라민(도파민, 에피네프린, 노르에피네프린 등)이 부족해서 생기는 문제라고 본다.

16 우울장애의 원인론에 대한 설명으로 가장 적절하지 <u>않은</u> 것은?

① 분노가 내향화하여 자신을 공격해서 생기는 문제이다.
② 귀인이 부적절하여 생기는 문제이다.
③ 부정적 생활사건이나 지지의 부족 때문에 생기는 문제이다.
④ 신경전달물질 중 카테콜라민이 과다해서 생기는 문제이다.

17 조증삽화가 나타나면 목표지향적 활동이 증가한다.

17 조증삽화의 특징으로 가장 적절하지 <u>않은</u> 것은?

① 목표지향적 활동이 감소한다.
② 증상의 지속기간을 제외하고는 경조증삽화와 거의 동일하다.
③ 수면에 대한 욕구가 감소한다.
④ 과대감 또는 자존감 증가가 나타난다.

정답 15 ③ 16 ④ 17 ①

18 제2형 양극성 장애의 특징으로 가장 적절한 것은?

① 비정상적으로 들뜨거나, 의기양양하거나, 과민한 기분이 나타나거나, 활동과 에너지가 증가하는 증상이 적어도 일 주일간 거의 매일 하루 중 대부분 지속되는 기간이 있다.

② 심각도를 경도, 중등도, 고도, 최고도로 명시해야 한다.

③ 남성보다는 여성의 유병률이 높다.

④ 1회 이상 경조증삽화와 1회 이상 주요우울삽화가 반복된다.

19 공황장애의 임상적 특징으로 가장 적절한 것은?

① 특정한 장소에서 반복적으로 공황발작 증상을 경험한다.

② 남성보다는 여성의 유병률이 높다.

③ 공황발작은 급작스러운 두려움과 공포감이 주기적으로 나타나 강렬한 불안을 동반한다.

④ 공황발작을 관찰한 후 공황발작에 대한 예기불안이 상시적으로 존재한다.

20 사회불안장애에 대한 설명으로 옳지 않은 것은?

① 증상이 1개월 이상 지속되면 진단을 내린다.

② 인지적 입장에서는 자기초점적 주의가 주된 문제라고 본다.

③ 자신이 관찰될 수 있는 사회적 상황에서 극도의 공포나 불안을 느낀다.

④ 무대공포, 적면공포 등으로도 부른다.

---

18 제2형 양극성 장애는 1회 이상의 경조증삽화, 1회 이상의 주요우울삽화가 있어야 하고, 조증삽화를 경험해서는 안 된다.

① 비정상적으로 들뜨거나, 의기양양하거나, 과민한 기분이 나타나거나, 활동과 에너지가 증가하는 증상이 적어도 4일 이상 거의 매일 하루 중 대부분 지속되는 기간이 있다.

② 심각도를 경도, 중등도, 고도로 명시해야 한다.

③ 주요우울장애와 달리 양극성 장애의 유병률은 남녀가 비슷하다.

19 남성보다는 여성에게서 2~3배 정도 많이 나타난다.

① 특정 장소에서 반복적으로 공황발작 증상을 경험하면 상황형 특정공포증 또는 광장공포증으로 진단된다.

③ 공황발작은 급작스러운 두려움과 공포감이 예기치 않고 급작스럽게 발생한다.

④ 공황장애는 공황발작을 관찰해서 발생하는 것이 아니라 자신이 공황장애를 경험한 후 공황발작에 대한 예기불안이 상시적으로 존재할 때 진단된다.

20 증상이 6개월 이상 지속되면 진단을 내린다.

정답 18 ④ 19 ② 20 ①

21 DSM-5의 개정과정에 신경생물학적 연구의 결과가 많이 반영되었다.
① 정신장애는 유전, 체질, 나이, 성별 등의 영향을 받는다.
② 정신장애는 사회문화적 원인, 심리적 원인 등의 영향을 모두 받는다.
④ 정신장애의 진단은 원인보다는 증상에 초점을 두고 있다.

21 정신장애에 대한 설명으로 가장 적절한 것은?

① 정신장애는 유전, 체질 등의 영향을 받지만 나이나 성별의 영향은 제한적이다.
② 정신장애는 사회문화적 원인보다는 심리적 원인의 영향이 훨씬 더 크다.
③ 최근 정신장애 진단에 신경생물학적 연구가 많은 영향을 주고 있다.
④ 정신장애는 증상 자체보다는 원인에 초점을 더 두고 있다.

22 범불안장애는 생활하는 거의 모든 것에 대해 걱정하고 염려하는 것이 주요 증상이며, 이러한 과도한 걱정과 염려로 피로감, 우유부단, 근육경직 등을 경험하는 장애이다.

22 다음 사례 속 A에 대한 적절한 진단은?

> 40대 주부인 A씨는 평소 피로감을 많이 호소하고 정신이 없다는 소리를 많이 한다. A씨는 아침이면 아이들이 등굣길에 무슨 일이 생기지 않을까 걱정을 하고, 저녁에 남편이 연락이 안 되면 교통사고가 났는지 염려하느라 아무것도 못하고 남편이 오기만을 기다린다. A씨 자신도 남들보다 정도가 심하다는 것을 알지만 큰 문제가 될 것이라고는 생각하지 않고 있다.

① 범불안장애
② 신체이형장애
③ 신체증상장애
④ 허위성장애

정답 21 ③ 22 ①

23 DSM-5의 외상 후 스트레스장애의 진단기준에서 말하는 외상사건에 해당하지 <u>않는</u> 것은?

① 수철이는 응급대원으로서 여러 차례 응급상황에 달려가서 잔인하게 살해된 장면을 목격하였다.

② 혜민이는 하굣길에 집으로 돌아오다가 공사현장에서 떨어져 피를 흘리는 사람을 보았다.

③ 우식이는 최근 전쟁에서 잔인하게 사망한 사람들에 대한 동영상을 반복해서 시청하였다.

④ 철민이는 수학여행 중 버스가 낭떠러지로 떨어져서 함께 탔던 친구들이 죽거나 다친 경험을 했다.

23 사건에 대한 노출이 전자미디어, 텔레비전, 영화, 사진 등을 통해 이루어진 경우에는 외상사건으로 간주하지 않는다.

24 외상 후 스트레스장애에 대한 설명으로 가장 적절하지 <u>않은</u> 것은?

① 7세 이상 아동이 놀이를 통해 반복해서 표현하는 것도 증상으로 간주할 수 있다.

② 증상은 3일 이상 지속되어야 진단할 수 있다.

③ 외상사건과 관련 있는 침투증상을 경험한다.

④ 외상사건과 관련 있는 인지 및 감정의 부정적 변화를 경험한다.

24 외상 후 스트레스장애는 증상은 1개월 이상 지속되어야 진단할 수 있다.

25 반응성 애착장애에 대한 설명으로 가장 적절하지 <u>않은</u> 것은?

① 주 양육자가 자주 교체되어 안정된 애착을 형성할 기회가 제한되었을 때 주로 발생한다.

② 타인에 대해 최소한의 사회적 · 감정적 반응을 보인다.

③ 발달연령의 경우 최소 9개월 이상, 5세 이전에 시작된다.

④ 낯선 성인에게 접근하고 소통하는 데 주의가 약하거나 없다.

25 낯선 성인에게 접근하고 소통하는 데 주의가 약하거나 없는 것은 탈억제성 사회적 유대감장애이다.

정답 23 ③ 24 ② 25 ④

26 강박성 성격장애는 완벽주의를 키워드로 하는 C군 성격장애이다.
① A군 – 조현성 성격장애 – 항상 혼자서 하는 행위를 한다.
② B군 – 연극성 성격장애 – 감정이 빠른 속도로 변화하고, 감정을 피상적으로 표현한다.
③ B군 – 경계성 성격장애 – 만성적인 공허감을 경험한다.

26 '성격장애군 – 장애명 – 주요 증상'의 연결이 옳은 것은?

① A군 – 조현형 성격장애 – 항상 혼자서 하는 행위를 한다.
② B군 – 경계성 성격장애 – 감정이 빠른 속도로 변화하고, 감정을 피상적으로 표현한다.
③ B군 – 자기애성 성격장애 – 만성적인 공허감을 경험한다.
④ C군 – 강박성 성격장애 – 완벽함을 보이기는 하지만 이것이 일의 완수를 방해한다.

27 청소년기 인지오류인 개인화오류에 해당한다.

27 자기애성 성격장애에서 나타나는 신념과 가장 관련이 적은 것은?

① 내가 경험하는 이 경험은 아무도 이해할 수 없어.
② 나는 존경받을 만하고 위대해.
③ 나는 매우 특별하며 특권을 가진 사람이야.
④ 나는 어떤 규율이나 관습, 윤리도 초월할 수 있어.

28 15세 이전에 품행장애 진단 경력이 있을 경우, 18세 이후에 진단할 수 있다.

28 반사회성 성격장애에 대한 설명으로 가장 적절하지 않은 것은?

① 좌절에 대한 인내심이 낮다.
② 행동화 방어기제를 주로 사용한다.
③ 15세 이후에 진단할 수 있다.
④ 도구적 공격성을 특징으로 한다.

정답 26 ④ 27 ① 28 ③

29 DSM-5의 C군 성격장애에 대한 설명으로 가장 적절한 것은?

① 분열성 성격장애, 의존성 성격장애, 강박성 성격장애로 구성되어 있다.

② 불안과 우울이라는 공통된 정서적 특징을 보인다.

③ 의존성 성격장애의 경우 보통 여성환자의 비율이 더 높다.

④ 강박성 성격장애는 근면하고 유능한 면이 있으나, 치밀성과 자발성이 부족하다.

30 정신장애에 대한 설명으로 가장 적절하지 <u>않은</u> 것은?

① 취약성–스트레스 모형에서는 개인이 정신장애에 걸리기 쉬운 취약성과 스트레스 경험이 상호작용하여 정신장애가 발생한다고 본다.

② 생물심리사회적 모형에서는 생물학적·심리학적·사회적 요인의 다차원적 상호작용으로 인해 정신장애가 발생한다고 본다.

③ 취약성–스트레스 모형은 체계이론에 근거한다.

④ 생물심리사회적 모형은 건강심리학의 태동에 중요한 근거를 제공하였다.

31 다음 사례 속 B에 대한 가장 적절한 진단은?

> 직장인인 B씨는 일과 관련된 극심한 스트레스를 경험한 후 어느 날부터 마치 자신이 거품 속에 있는 듯이 느껴지고, 사방에 안개가 끼어 있는 것 같아서 불편함을 느끼고 있다. 실제 그렇지 않다는 것을 알지만 자신이 현실로부터 동떨어져 있는 듯 느껴지는 기분이 너무 불편하여 어려움을 경험하고 있다.

① 해리성 기억상실증

② 해리성 정체감 장애

③ 이인증

④ 비현실감 장애

---

29 의존성 성격장애는 보통 남성보다는 여성에게서 더 많이 볼 수 있다.
① C군 성격장애는 회피성 성격장애, 의존성 성격장애, 강박성 성격장애로 구성되어 있다.
② C군 성격장애는 불안이라는 공통된 정서적 특징을 보인다.
④ 강박성 성격장애는 근면하고 유능한 면이 있으나, 융통성과 자발성이 부족하다.

30 생물심리사회적 모형이 기본적으로 체계이론에 근거한다.

31 비현실감 장애는 비현실적인 경험을 하는 장애로, 마치 꿈속에 있거나 안개가 낀 것처럼 느껴지는 장애이다.

정답 29 ③   30 ③   31 ④

32 자신이 유명한 어떤 사람과 사랑에 빠졌다고 생각하는 경우는 망상장애 중 색정형에 해당한다.

32 개념과 그에 대한 설명의 연결로 옳지 <u>않은</u> 것은?

① 관계망상 – 자신이 유명한 어떤 사람과 사랑에 빠졌다고 생각하는 경우

② 기면증 – 충분한 수면을 취했음에도 주간에 갑자기 참을 수 없는 졸음에 빠지는 경우

③ 내성 – 동일한 양을 섭취했을 때 예전과 같은 효과를 볼 수 없거나, 동일한 효과를 보기 위해서 양을 늘려야 하는 경우

④ 금단 – 중독적 행동 및 물질섭취를 중단하거나 양을 줄인 후 경험하는 불쾌하고 조절하기 어려운 증상

33 특정한 시간 동안 객관적으로 과도히 많은 양을 통제력 상실감을 경험한 상태에서 먹는 폭식삽화를 경험한다.

33 DSM-5에서 신경성 폭식증의 진단기준으로 옳지 <u>않은</u> 것은?

① 체중증가를 막기 위한 보상행동을 한다.

② 체중과 체형이 자기평가에 과도하게 영향을 준다.

③ 특정한 시간 동안 주관적으로 과도히 많은 양을 통제력 상실감을 경험한 상태에서 먹는 폭식삽화를 경험한다.

④ 심각도는 '경도, 중등도, 고도, 최고도'의 4단계로 명시할 수 있다.

34 진전섬망은 알코올 금단 증상 중 가장 심각한 형태로, 알코올 금단 증상을 보이는 환자 중 약 5% 정도에서 발생한다.

34 알코올 관련 장애의 임상적 특징으로 옳지 <u>않은</u> 것은?

① 알코올 섭취 중 또는 직후에 불안정한 보행, 혼미나 혼수 등의 증상이 나타나면 알코올 중독으로 볼 수 있다.

② 알코올 문제가 있는 사람은 진전섬망을 흔히 경험하게 된다.

③ 알코올의 영향으로부터 정상상태로 회복하는 데 많은 시간을 허비하는 것은 알코올 사용장애의 진단기준 중 하나로 볼 수 있다.

④ 알코올 섭취 중단 후 불면, 오심 및 구토, 불안, 대발작 등의 증상이 나타나면 알코올 금단으로 볼 수 있다.

정답 32 ① 33 ③ 34 ②

35 품행장애의 핵심증상과 내용의 연결로 틀린 것은?

① 사람과 동물에 대한 공격성 – 다른 사람에게 성적 행위를 강요한다.

② 재산파괴 – 심각한 손해를 입히려는 의도로 고의적으로 불을 지른다.

③ 사기 또는 절도 – 피해자가 보는 앞에서 도둑질을 한다.

④ 중대한 규칙위반 – 종종 무단결석을 하는 행위가 13세 이전부터 시작되었다.

36 변태성욕장애의 하위장애가 <u>아닌</u> 것은?

① 복장도착장애

② 성애물장애

③ 노출장애

④ 성정체성장애

37 정신장애에 대한 설명으로 옳은 것은?

① 정신분석에서는 아동이 성장과정에서 잘못된 학습을 한 결과로 정신장애가 생긴다고 본다.

② 행동주의에서는 개인이 가진 역기능적 생각과 비합리적 신념체계 때문에 정신장애가 생긴다고 본다.

③ 인지주의에서는 초기 아동기의 무의식적 갈등의 결과로 정신장애가 생긴다고 본다.

④ 현실요법에서는 개인이 자신의 기본적인 욕구를 충족하기 위해 비건설적인 방향의 선택을 해서 정신장애가 생긴다고 본다.

38 아스퍼거장애는 DSM-Ⅳ에서 진단하던 장애로, DSM-5에서는 자폐 스펙트럼 장애로 통합되었다.

38 의사소통장애에 해당하지 <u>않는</u> 것은?

① 말소리장애
② 아동기발병 유창성장애
③ 언어장애
④ 아스퍼거장애

39 DSM-Ⅳ의 자폐성 장애, 아동기붕괴성 장애, 아스퍼거장애가 DSM-5에서는 자폐 스펙트럼 장애로 통합되었다.

39 자폐 스펙트럼 장애에 대한 설명으로 가장 적절하지 <u>않은</u> 것은?

① DSM-Ⅳ의 자폐성 장애, 아동기붕괴성 장애, 레트장애가 DSM-5에서는 자폐 스펙트럼 장애로 통합되었다.
② 사회적 의사소통 및 상호작용에 지속적인 결함이 있다.
③ 행동, 흥미, 활동이 제한적이고 반복적인 패턴을 보인다.
④ 증상은 초기 발달기에 나타난다.

40 섬망은 주의장애, 자각장애를 핵심 증상으로 한다.

40 섬망에 대한 설명으로 가장 적절하지 <u>않은</u> 것은?

① 증상이 급격히 나타났다가 원인이 제거되는 경우 갑자기 사라진다.
② 증상은 하루 중 심각도가 변동하는 경향이 있다.
③ 증상은 보통 단기간에 걸쳐 나타난다.
④ 기억장애를 핵심증상으로 한다.

정답 (38 ④ 39 ① 40 ④)

제 1 장

이상심리학의 이해

교육이란 사람이 학교에서 배운 것을 잊어버린 후에 남은 것을 말한다.

– 알버트 아인슈타인 –

제 1 장 | 이상심리학의 이해

1 이상심리학의 정의

(1) 이상심리학이란

이상심리학(異常心理學)이란 인간의 이상행동이나 정신장애를 과학적으로 연구하는 학문이다. 인간이 살아가면서 겪을 수 있는 적응문제 및 생활에서의 어려운 문제도 넓게 보면 이상심리학에서 연구하는 대상에 포함될 수 있다. 이상심리학에서 주로 다루는 문제는 다음과 같은 것들이 있다.

① **이상행동 및 정신장애의 발견과 기술**
　㉠ 새로운 이상행동 및 정신장애를 발견하여 체계적 관찰을 통해 객관적으로 기술
　㉡ 정신장애의 핵심적 증상 및 수반되는 여러 가지 특성, 새로운 하위유형 및 비전형적인 독특한 유형, 다른 정신장애와의 관련성 등 연구
　㉢ 다양한 이상행동과 정신장애를 체계적으로 분류·범주화
　㉣ 이상행동과 정신장애로 고통받는 사람들의 분포양상에 대한 연구
　㉤ 역학연구 : 유병률, 발병률, 위험요인 등 조사

② **이상행동 및 정신장애의 원인규명**
　㉠ 유발요인
　㉡ 재발원인은 매우 다양하고 그 발생과정이 복잡

③ **이상행동 및 정신장애의 치료와 예방**
　㉠ 이상행동 및 정신장애의 원인에 대한 이론적 이해에 근거
　　→ 요인들을 제거하거나 변화시킴
　㉡ 현재의 과제
　　• 현재 적용되거나 새롭게 개발된 치료방법의 치료적 효과검증
　　• 효과적이고 구체적인 다양한 치료방법의 개발이 요구됨

(2) 건강한 심리기능을 가진 인간의 특징

① 현실을 정확히 파악 및 인식하는 것이 가능
② 스스로의 능력과 심리적 상태·동기 등을 통찰하는 것이 가능
③ 사신의 행동을 의시대로 통세하는 섯이 가능
④ 자신을 있는 그대로 받아들이며 존중하는 것이 가능
⑤ 타인과 원만한 인간관계를 형성하는 것이 가능

⑥ 자신의 능력을 생산적인 활동으로 전환시키는 것이 가능
　　→ 위의 기능이 원활하지 않은 경우를 이상심리라고 판단

(3) 이상심리학의 목적

① 인간의 심리적 불행의 원인과 해결방법에 관심
② 이상행동과 정신장애를 현상적으로 기술 및 분류
③ 치료방법 및 예방방안 강구

2　이상심리학의 역사　기출

현재의 이상심리의 개념은 조현병(정신분열증) 등과 같이 심각한 정신장애부터 신경증, 성격장애 그리고 일시적인 적응장애를 포함하는 포괄적인 분야에서의 인간의 정서·인지·행동의 장애를 일컫는다. 하지만 이것의 역사는 정신장애를 중심으로 말하는 경우가 일반적이다.

(1) 고대 귀신론 : 천공술(Trephination)

① **이상행동** : 초자연적 현상, 귀신·악령의 짓, 행성의 영향 등
② **치료법** : 귀신·악령을 몰아내는 것
　　㉠ 트레퍼인(Trephine) : 두개골을 절개하는 데 사용하는 도구
　　㉡ 엑소시즘(Exorcism) : 이상행동의 치료법 중 하나로 활용

(2) 그리스·로마 시대 : 히포크라테스(Hippocrates)의 체액론(Humor Theory)

① **이상행동** : 신체적 요인의 불균형으로 인한 것
② **체액론** : 인체를 구성하는 네 가지 체액인 혈액(Blood), 흑담즙(Black Bile), 황담즙(Yellow Bile), 점액(Phlegm)의 불균형 상태
　　㉠ 혈액 : 다혈질, 낙천적
　　㉡ 흑담즙 : 우울한 기질 → 우울증
　　㉢ 황담즙 : 화를 잘 내는 기질
　　㉣ 점액 : 흥분·격분이 적고 활발하지 못함
③ **치료법**
　　㉠ 환자 본인에게서 원인을 찾고자 함
　　㉡ 체액(= 담즙)의 균형을 맞추는 것이 치료의 일환
　　㉢ 심리적 안정, 식이요법, 사혈 등으로 치료

[히포크라테스]

(3) 중세 유럽 : 악마론 혹은 귀신론

① **이상행동** : 인간의 영혼을 중간에 두고 신과 악마가 다투고 있는 상태
② **환자** : 마녀 혹은 사탄·악령에 사로잡힌 사람
③ 오늘날의 조현병(정신분열증)으로 진단되는 환자 등은 악마 혹은 귀신이 사로잡힌 것으로 파악 → 수많은 정신질환자들이 마녀사냥에 의해 희생

(4) 근대 : 중세 말과 르네상스

① 인도주의적 치료의 필요성 대두
② **웨이어(Weyer)** : 마녀가 아닌 정신질환자임을 분명히 밝힘
③ **치료법** : 마녀가 아닌 정신질환자이므로 의사가 고쳐야 한다고 주장
④ 정신질환자를 치료·격리하는 수용소 증가

(5) 19세기 : 인도주의적 치료

① **필립 피넬(Philippe Pinel)** : 정신질환자의 인권 중시, 인격적 처우 주장
② **치료법** : 도덕적 치료(Moral Treatment)
   ㄱ 정신질환자의 족쇄(당시에는 정신질환자를 결박해 둠)를 풂
   ㄴ 구타, 사혈 등의 치료법 폐지
   ㄷ 병원환경 개선, 교육·훈련 등으로 임상적 연구전통의 토대 수립
③ 치아루치(Chiarugi), 튜크(Tuke), 딕스(Dix) 등도 인도주의적 치료에 공헌

[필립 피넬]

(6) 20세기 초 : 신체적 원인론 vs 심리적 원인론

① **신체적 원인론(Somatogenic Perspective)**
   ㄱ 히포크라테스의 관점 부활
   ㄴ 크레펠린(Kraepelin)
     • 정신장애는 특정 원인, 특정 대뇌병리, 특정 임상소견, 특정 치료로 이루어진다고 주장
     • 정신장애는 뇌연구 또는 신체의 생리학적 연구를 통해 이루어질 수 있다고 봄(예후를 중시)
     • 정신장애에 신체질병과 동일한 방식을 적용하여 임상적 관찰과 질병 경과를 조사하고 그 특징에 따라 진단명을 붙이고 체계적으로 분류
     • 현대 정신의학의 기틀 정립
② **심리적 원인론(Psychogenic Perspective)**
   ㄱ 정신장애는 심리적 원인에서 발생한다는 관점
   ㄴ 메즈머(Mesmer) : '최면의 아버지', 최면술 사용
   ㄷ 프로이트(Freud) : 정신분석이론
     • 최초로 신경증의 원인 및 치료에 있어 심리적 요인의 중요성 강조
     • 무의식 강조
     • 치료기법 : 자유연상(Free Association), 꿈의 해석(Dream Interpretation) 등

(7) 현재 : 이상심리학의 발전

① 신체적 원인론과 심리적 원인론의 상호작용(통합적) 측면에서 접근
② 1950년대 항정신약물 개발 → 정신병원에 장기수용되었던 정신질환자들이 외래치료 방향으로 전환 → 지역사회적 접근 강조

제2절 │ 이상행동 및 정신장애의 판별기준

1 이상행동 및 정신장애의 개념

(1) 이상행동(Abnormal Behavior)

① 개인의 적응(Adaptation)을 저해하는 심리적 기능의 손상
② 객관적인 관찰과 측정이 가능한 개인의 부적응적인 심리적 특성

(2) 정신장애(Mental Disorder)

① 특정한 이상행동의 집합체
② 인간의 다양한 심리적 측면으로 인지·정서·동기·행동의 측면에서 개인의 부적응을 초래하는 특성이 포함

(3) 이상행동과 정신장애

① 환자인 당사자뿐 아니라 가족, 배우자, 주변사람과 더불어 사회에 여러 가지 고통과 불행을 초래
② **한 개인의 문제가 아닌 사회적 문제 초래** : 가정폭력, 이혼, 비행, 각종 폭력과 범죄, 자살과 살인, 도박 및 다중채무, 대형사고 등

2 이상행동의 판별기준 [기출]

이상행동을 판별하는 단일판단기준 혹은 정의는 존재하지 않으며 적응행동(기능)의 저하나 손상, 통계적 규준의 일탈, 주관적 고통과 불편감, 문화적 규범의 일탈 등의 다양한 측면을 고려하여 판단하게 된다.

(1) 통계적 평균으로부터의 일탈

① 통계적 기준을 중심으로 정상범위에서 벗어나는 경우를 비정상 혹은 이상심리라고 정의
② **정상범위** : 평균을 중심으로 2배의 표준편차 내에 속하는 경우

③ **두 가지 전제 필요**

　㉠ 인간의 심리적 특성을 측정이 가능한 것으로 가정

　㉡ 인간의 심리적 특성이 정규분포한다고 가정

④ **타당도의 문제**

　㉠ 경계선은 항상 표준편차의 2배수여야 하는지, 3배수로 할 수도 있지 않은가 등의 문제

　㉡ 경계선 주변에 있는 사례의 판정문제

　㉢ 인간의 모든 심리적 특성이 정규분포한다고 가정할 수 있는가

(2) 주관적 불편감과 개인적 고통

① 자신의 생각이나 행동으로 인해 스스로 고통받는 경우가 이상행동(증상에 의한 기준)

② 호소되는 개인의 주관적 불편감을 중요하게 여김

③ **한계** : 주요 정신증적 상태[조현병(정신분열증), 조울증 등]나 심한 성격장애를 가진 사람들은 스스로 고통을 느끼기보다는 주위사람들이 고통을 받음

(3) 사회문화적 규범으로부터의 일탈

① 규범에 적응하지 못하고 일탈된 행동을 하는 경우

　예 반사회성 성격장애자의 무례한 행동, 조증 환자의 거친 행동, 또는 조현병(정신분열증) 환자의 기괴한 행동 등

② **한계**

　㉠ 범죄나 자살 등의 일탈행동을 모두 이상행동에 포함시킬 수 있는 것인지

　㉡ 문화의 상대성, 사회적 규범 자체가 바람직하지 못한 경우

　㉢ 과거에는 이상행동이던 것이 현재에는 그렇지 않게 되기도 함

　　예 동성애, 이혼 등

(4) 법적 기준

① 법리적 용어에서 심신장애 상태라든지 한정치산자, 금치산자 등의 구분이 이상행동을 구분하는 기준

② 행위책임능력의 유무를 판별하는 데 법적 기준은 그 구속력에서 최종적인 판단이 되기도 함

(5) 전문적 기준

① 정신병리전문가(심리학자 및 정신의학자 등)에 의해 수립된 기준

② 앞에서 논의된 기준들에 비해 보다 전문적인 의사결정을 할 수 있게 함

③ 임상심리학자의 심리평가결과 및 정신의학자에 의한 정신의학적 진단 등을 근거로 이루어짐

④ 이상행동에 대해 객관적이고 논리적인 기준으로 공통된 용어를 사용하며, 다른 직종에 있는 사람에게도 효과적인 의사전달을 가능하게 함

⑤ **사례** : DSM-5 또는 ICD-10의 정신장애 분류지침 등

| 제3절 | 이상행동 및 정신장애의 분류 |

1 정신장애 분류의 필요성

(1) 과거 정신장애 분류의 어려움

① 어떤 정신장애가 포함되어야 할지, 어떤 진단체계가 가장 적절한지에 대한 의견일치가 이루어지지 않음

② 다양한 진단체계들에서 정신장애의 현상, 원인, 과정에 대한 포인트가 서로 다름

③ 어떤 진단체계는 소수의 진단범주만을 포함하나, 다른 진단체계는 수천 개의 범주를 포함

④ 임상적 목적, 연구적 목적, 통계적 목적 등 주사용 목적에 따라서 진단체계 내용에 차이가 나타남

(2) 크레펠린(Kraepelin)의 체계적이고 현대적인 정신장애 분류

① 같은 경과를 나타내는 증상이 있는 모든 환자는 동일한 질병에 걸려 있을 것으로 가정

② 정신장애의 증상과 증후에 대하여 객관적으로 기술

(3) 정신장애 분류의 활용

① 정신장애 전문가들이 서로 의사소통할 수 있는 언어를 제공

② 질환별 특성을 통해 유사하거나 차이가 나는 질환을 이해

③ 다양한 질환의 원인을 이해

④ 효과적인 치료법의 발견이 가능

2 분류체계

(1) 국제질병분류 10판[International Classification of Diseases-10th ed. (ICD-10)]

① 세계보건기구(WHO)에서 제정하여 국제적으로 통용되고 있는 질병분류체계

② 정신장애 분류와 진단기준이 포함되어 있음

③ 정신장애뿐만 아니라 모든 종류의 질병을 다룸

(2) 정신장애진단 및 통계편람 5판[Diagnostic & Statistical Manual of Mental Disorders - 5th ed. (DSM-5)]

① 미국정신의학회(APA)의 정신장애 분류체계

② 정신장애의 진단에 가장 널리 사용됨

(3) DSM-5에 의한 정신장애 분류

① DSM-5의 개정배경

○ 정신장애에 대한 최신 연구결과의 반영 : 정신병리, 평가 및 진단, 치료 연구결과 등의 축적에 따라 정신장애에 대한 최신의견들을 반영할 필요가 있었다. 특히 임상분야에서 신경생물학 (Neurobiology)의 중요성이 확대되었다. 기출

○ 범주적 진단체계의 한계 : 범주적 분류는 이상행동과 정상행동을 명확히 구분하면서 이들 간의 질적인 차이를 가정하는 한계를 가지고 있었다. 그로 인해 몇 가지 증상들을 공유하는 공존질환 (Comorbidity)에 대해 더욱 정확하고 효율적인 진단의 필요성이 제기되었다.

○ 사용자의 접근성 및 임상적 유용성의 고려 : 진단분류의 신뢰도 및 타당도를 제고하기 위해 다양한 경험적 연구결과들에 근거하되 이전 버전들과의 연속성을 유지함으로써 실제 임상현장에서 유효하게 사용될 수 있는 진단체계가 요구되었다.

② DSM-5의 일반적인 개정사항 기출

○ 개정판 숫자의 변경 : 기존의 DSM-IV-TR까지는 개정판의 순서를 나타내는 숫자를 로마자로 표기하였으나 DSM-5에서는 로마자 V가 아닌 아라비아숫자 5를 사용하였다. 이는 새로운 임상적 발견에 따른 개정을 보다 쉽게 하기 위한 의도를 가지고 있다.

○ 다축체계의 폐지 : DSM-IV에서 사용하는 다축진단체계가 실제 임상현장에서 유용하지 못하며, 진단의 객관성 및 타당성이 부족하다는 비판에 따라 이를 폐지하였다. 다만, 이는 표기방식을 폐지하는 것일 뿐 내용 전체를 폐기한 것은 아니며 일부(특히 Axis III의 경우)는 진단 내에 포함시키거나 진단별 예로 전환하였다.

○ 차원적 평가의 도입 : 범주적 분류의 한계를 보완하기 위해 차원적 평가방식을 도입함으로써 이른바 하이브리드 모델(Hybrid Model)을 제안하였다. 차원적 분류는 이상행동과 정상행동을 단지 부적응성의 정도 차이일 뿐 이들 간의 질적인 차이를 인정하지 않는다.

③ DSM-5의 정신장애 분류표

신경발달장애 (Neurodevelopmental Disorders)	1. 지적 장애(Intellectual Disabilities) 2. 의사소통장애(Communication Disorders) 3. 자폐 스펙트럼 장애(Autism Spectrum Disorder) 4. 주의력결핍 및 과잉행동장애(Attention-Deficit/Hyperactivity Disorder) 5. 특정 학습장애(Specific Learning Disorders) 6. 운동장애(Motor Disorders) - 틱장애(Tic Disorders) 등
조현병 스펙트럼 및 기타 정신병적 장애 (Schizophrenia Spectrum and Other Psychotic Disorders)	1. 분열형(성격)장애 또는 조현형(성격)장애[Schizotypal (Personality) Disorder] 2. 망상장애(Delusional Disorder) 3. 단기정신증적 장애 또는 단기정신병적 장애(Brief Psychotic Disorder) 4. 정신분열형장애 또는 조현양상장애(Schizophreniform Disorder) 5. 정신분열증 또는 조현병(Schizophrenia) 6. 분열정동장애 또는 조현정동장애(Schizoaffective Disorder) 등
양극성 및 관련 장애 (Bipolar and Related Disorders)	1. 제1형 양극성 장애(Bipolar I Disorder) 2. 제2형 양극성 장애(Bipolar II Disorder) 3. 순환성 장애 또는 순환감정장애(Cyclothymic Disorder) 등

우울장애 (Depressive Disorders)	1. 주요우울장애(Major Depressive Disorder) 2. 지속성 우울장애(Persistent Depressive Disorder) 3. 월경 전 불쾌감 장애(Premenstrual Dysphoric Disorder) 4. 파괴적 기분조절곤란장애 또는 파괴적 기분조절부전장애(Disruptive Mood Dysregulation Disorder) 등
불안장애 (Anxiety Disorders)	1. 분리불안장애(Seperation Anxiety Disorder) 2. 선택적 무언증 또는 선택적 함구증(Selective Mutism) 3. 특정 공포증(Specific Phobia) 4. 사회불안장애 또는 사회공포증(Social Anxiety Disorder or Social Phobia) 5. 공황장애(Panic Disorder) 6. 광장공포증(Agoraphobia) 7. 범불안장애(Generalized Anxiety Disorder) 등
강박 및 관련 장애 (Obsessive-Compulsive and Related Disorders)	1. 강박장애(Obsessive-Compulsive Disorder) 2. 신체변형장애 또는 신체이형장애(Body Dysmorphic Disorder) 3. 저장장애 또는 수집광(Hoarding Disorder) 4. 발모증(Trichotillomania) 또는 모발뽑기장애(Hair-Pulling Disorder) 5. 피부벗기기장애 또는 피부뜯기장애[Excoriation(Skin-Picking) Disorder] 등
외상 및 스트레스 사건 -관련 장애 (Trauma and Stressor-Related Disorders)	1. 반응성 애착장애(Reactive Attachment Disorder) 2. 탈억제 사회관여 장애 또는 탈억제성 사회적 유대감 장애(Disinhibited Social Engagement Disorder) 3. 외상 후 스트레스 장애(Posttraumatic Stress Disorder) 4. 급성 스트레스 장애(Acute Stress Disorder) 5. 적응장애(Adjustment Disorder) 등
해리성 장애 또는 해리장애 (Dissociative Disorders)	1. 해리성 정체감 장애(Dissociative Identity Disorder) 2. 해리성 기억상실증(Dissociative Amnesia) 3. 이인증/비현실감 장애(Depersonalization/Derealization Disorder) 등
신체증상 및 관련 장애 (Somatic Symptom and Related Disorders)	1. 신체증상장애(Somatic Symptom Disorder) 2. 질병불안장애(Illness Anxiety Disorder) 3. 전환장애(Conversion Disorder) 4. 허위성(가장성 또는 인위성) 장애(Factitious Disorder) 등
급식 및 섭식장애 (Feeding and Eating Disorders)	1. 이식증(Pica) 2. 반추장애 또는 되새김장애(Rumination Disorder) 3. 회피적/제한적 음식섭취장애(Avoidant/Restrictive Food Intake Disorder) 4. 신경성 식욕부진증(Anorexia Nervosa) 5. 신경성 폭식증(Bulimia Nervosa) 6. 폭식장애(Binge-Eating Disorder) 등
배설장애 (Elimination Disorders)	1. 유뇨증(Enuresis) 2. 유분증(Encopresis) 등
수면-각성장애 (Sleep-Wake Disorders)	1. 불면장애(Insomnia Disorder) 2. 과다수면장애(Hypersoninolence Disorder) 3. 수면발작증 또는 기면증(Narcolepsy) 4. 호흡 관련 수면장애(Breathing-Related Sleep Disorders) 5. 일주기 리듬 수면-각성장애(Circadian Rhythm Sleep-Wake Disorders) 6. 수면이상증 또는 사건수면(Parasomnias) 7. 초조성 다리증후군 또는 하지불안증후군(Restless Legs Syndrome) 등

성기능장애 또는 성기능부전 (Sexual Dysfunctions)	1. 지루증 또는 사정지연(Delayed Ejaculation) 2. 발기장애(Erectile Disorder) 3. 여성절정감장애 또는 여성극치감장애(Female Orgasmic Disorder) 4. 여성 성적 관심/흥분장애(Female Sexual Interest/Arousal Disorder) 5. 생식기(성기)-골반통증/삽입장애(Genito-Pelvic Pain/Penetration Disorder) 6. 남성성욕감퇴장애(Male Hypoactive Sexual Desire Disorder) 7. 조루증 또는 조기사정(Premature (Early) Ejaculation) 등
성불편증 또는 성별불쾌감 (Gender Dysphoria)	1. 아동의 성불편증(Gender Dysphoria in Children) 2. 청소년 및 성인의 성불편증(Gender Dysphoria in Adolecents and Adults) 등
파괴적, 충동조절 및 품행장애 (Disruptive, Impulse-Control and Conduct Disorders)	1. 반항성 장애 또는 적대적 반항장애(Oppositional Defiant Disorder) 2. 간헐적 폭발성 장애 또는 간헐적 폭발장애(Intermittent Explosive Disorder) 3. 품행장애(Conduct Disorder) 4. 반사회성 성격장애(Antisocial Personality Disorder) 5. 병적 방화 또는 방화증(Pyromania) 6. 병적 도벽 또는 도벽증(Kleptomania) 등

물질 관련 및 중독장애
(Substance-Related and
Addictive Disorders)
	1. 물질 관련 장애(Substance-Related Disorders)
	  1) 알코올 관련 장애(Alcohol-Related Disorders)
	  2) 카페인 관련 장애(Caffeine-Related Disorders)
	  3) 칸나비스(대마) 관련 장애(Cannabis-Related Disorders)
	  4) 환각제 관련 장애(Hallucinogen-Related Disorders)
	  5) 흡입제 관련 장애(Inhalant-Related Disorders)
	  6) 아편류(아편계) 관련 장애(Opioid-Related Disorders)
	  7) 진정제, 수면제 또는 항불안제 관련 장애(Sedative-, Hypnotic-, or Anxiolytic-Related Disorders)
	  8) 자극제 관련 장애
	  9) 담배 관련 장애
	  10) 기타 물질 관련 장애
	2. 비물질 관련 장애(Non-Substance-Related Disorders)
	  1) 도박장애(Gambling Disorder)

신경인지장애 (Neurocognitive Disorders)	1. 섬망(Delirium) 2. 주요 및 경도 신경인지장애(Major and Mild Neurocognitive Disorder) 등

성격장애
(Personality Disorders)
	1. A군 성격장애(Cluster A Personality Disorders)
	  1) 편집성 성격장애(Paranoid Personality Disorder)
	  2) 분열성(조현성) 성격장애(Schizoid Personality Disorder)
	  3) 분열형(조현형) 성격장애(Schizotypal Personality Disorder)
	2. B군 성격장애(Cluster B Personality Disorders)
	  1) 반사회성 성격장애(Antisocial Personality Disorder)
	  2) 연극성(히스테리) 성격장애(Histronic Personality Disorder)
	  3) 경계선 성격장애(Borderline Personality Disorder)
	  4) 자기애성 성격장애(Narcissisitic Personality Disorder)
	3. C군 성격장애(Cluster C Personality Disorders)
	  1) 회피성 성격장애(Avoidant Personality Disorder)
	  2) 의존성 성격장애(Dependent Personality Disorder)
	  3) 강박성 성격장애(Obsessive-Compulsive Personality Disorder)

성도착장애 또는 변태성욕장애 (Paraphilic Disorders) 기출	1. 관음장애(Voyeuristic Disorder) 2. 노출장애(Exhibitionistic Disorder) 3. 접촉마찰장애 또는 마찰도착장애(Frotteuristic Disorder) 4. 성적 피학장애(Sexual Masochism Disorder) 5. 성적 가학장애(Sexual Sadism Disorder) 6. 아동성애장애 또는 소아애호장애(Pedophilic Disorder) 7. 성애물장애 또는 물품음란장애(Fetishistic Disorder) 8. 의상전환장애 또는 복장도착장애 (Transvestic Disorder) 등
기타 정신장애 (Other Mental Disorders)	1. 다른 의학적 상태에 기인한 달리 명시된 정신장애(Other Specified Mental Disorder due to Another Medical Condition) 2. 다른 의학적 상태에 기인한 명시되지 않은 정신장애(Unspecified Mental Disorder due to Another Medical Condition) 3. 달리 명시된 정신장애(Other Specified Mental Disorder) 4. 명시되지 않은 정신장애(Unspecified Mental Disorder)

(4) DSM-5의 주요개정사항

① 조현병(정신분열증)의 하위유형인 망상형 또는 편집형(Paranoid Type), 해체형 또는 혼란형(Disorganized Type), 긴장형(Catatonic Type), 감별불능형 또는 미분화형(Undifferentiated Type), 잔류형(Residual Type) 등의 분류가 폐지

② 불안장애의 하위유형으로 분류되었던 강박장애(Obsessive-Compulsive Disorder)와 외상 후 스트레스 장애(Posttraumatic Stress Disorder)가 불안장애에서 분리되어 각각 강박 및 관련 장애와 외상 및 스트레스 사건 관련 장애의 독립된 장애범주로 분류

③ 기분장애의 하위유형으로 분류되었던 우울장애(Depressive Disorders)와 양극성 장애(Bipolar Disorders)가 기분장애에서 분리되어 각각 독립된 장애범주로 분류

④ DSM-IV의 분류기준에서 유아기, 아동기 또는 청소년기에 통상 처음 진단되는 장애의 하위유형으로 분류된 배설장애가 독립된 장애범주로 분류

⑤ DSM-IV의 분류기준에서 광범위한 발달장애의 하위유형으로 분류된 자폐성 장애(Autistic Disorder)가 자폐 스펙트럼 장애(Autism Spectrum Disorder)로 명칭이 변경되어 DSM-5에서 새롭게 제시된 신경발달장애의 하위유형으로 분류. 특히 기존의 자폐성 장애에 대한 차원적 접근이 이루어짐으로써 아스퍼거장애(Aspergers Disorder), 아동기 붕괴성 장애(Childhood Disintegrative Disorder) 등이 자폐 스펙트럼 장애로 통합 기출

⑥ 기존의 강박장애 및 그와 관련된 장애를 포함하는 강박 및 관련 장애가 새로운 장애범주로 제시됨으로써 저장장애(Hoarding Disorder), 피부벗기기장애[Excoriation (Skin-Picking) Disorder] 등 새로운 하위장애의 진단이 가능

⑦ DSM-IV에서 종종 만성적인 짜증이나 간헐적인 분노를 표출하는 아동 및 청소년에 대해 내려졌던 양극성 장애의 진단 대신, 우울장애의 하위유형으로 파괴적 기분조절곤란장애(Disruptive Mood Dysregulation Disorder)의 새로운 진단기준이 마련됨으로써 보다 정확한 진단이 가능하게 됨. 또한 우울장애의 하위유형으로 월경 전 불쾌감 장애(Premenstrual Dysphoric Disorder)가 추가

⑧ DSM-Ⅳ의 분류기준에서 주요우울증삽화(Major Depressive Episode)의 진단기준에는 사랑하는 사람과의 사별 후 2개월까지 나타나는 우울증상을 진단기준에서 제외하는 항목이 있었으나 DSM-5 에서는 2개월이라는 기간이 어떠한 과학적인 근거를 가지고 있지 않으며, 사랑하는 사람과의 사별 로 인한 상실감이 심각한 심리사회적 스트레스 요인으로 작용할 수 있다는 의견을 반영하여 사별배 제항목을 삭제

⑨ DSM-Ⅳ의 분류기준에서 유아기, 아동기 또는 청소년기에 통상 처음 진단되는 장애의 하위유형으 로 분류된 주의력결핍 및 과잉행동장애(ADHD, Attention-Deficit/Hyperactivity Disorder)가 DSM-5에서 새롭게 제시된 신경발달장애의 하위유형으로 분류됨. 이는 ADHD가 성인기까지 지속 될 수 있다는 사실을 반영하여 성인에 대한 ADHD의 진단기준을 제공하기 위함이며 증상의 발현시 기 또한 기존의 7세 이전에서 12세 이전으로 조정

⑩ DSM-Ⅳ의 분류기준에서 섬망, 치매, 기억상실장애 및 기타 인지장애의 하위유형으로 분류된 치매 가 그 심각도에 따라 주요 신경인지장애(Major Neurocognitive Disorder) 및 경도신경인지장애 (Mild Neurocognitive Disorder)로 명명되어 DSM-5에서 새롭게 제시된 신경인지장애의 하위유형 으로 분류

⑪ DSM-Ⅳ의 분류기준에서 물질 관련 장애는 물질 관련 및 중독장애로 확장됨. 물질 관련 및 중독장애는 크게 물질 관련 장애(Substance-Related Disorders)와 비물질 관련 장애(Non-Substance-Related Disorders)로 구분되며, 특히 DSM-Ⅳ에서의 병적 도박(Pathological Gambling)이 도박장애 (Gambling Disorder)로 명칭이 변경되어 비물질 관련 장애로 분류. 또한 DSM-Ⅳ에서 물질의존 (Substance Dependence)과 물질남용(Substance Dependence)에 대한 개별적인 진단기준이 제시되 었던 것과 달리, DSM-5에서는 물질의존과 물질남용이 매우 높은 상관관계를 가진다는 의견을 반영하 여 이들을 통합함. 다만, 그 심도를 세 등급, 즉 경도(Mild), 중등도(Moderate), 중증도(Severe)로 구분

⑫ DSM-Ⅳ의 분류기준에서 부록목록(Appendix B)에 포함되었던 폭식장애(Binge-Eating Disorder)의 경우, 최근 늘고 있는 과식과 비만에 대한 사회적인 관심과 함께 과식과 폭식의 차이를 부각시킬 필요성 이 있다는 의견을 반영하여 DSM-5에서 급식 및 섭식장애의 하위유형으로 정식 진단명이 부여됨

더 알아두기

1. DSM-Ⅳ의 특징

① DSM-Ⅳ는 ICD-10에 대응하여 고안된 것으로, 광범위한 데이터베이스를 통해 장애의 원인이 아닌 증상의 임상적 특징을 중심으로 기술하였다.

② DSM-Ⅳ는 정신장애에 대한 정보가 부족하거나 환자의 임상적 진단기준이 충분히 부합하지 않 는 경우 그에 대한 명확한 지침을 제공한다.

③ DSM-Ⅳ에는 레트장애(Rett's Disorder), 아스퍼거장애(Asperger's Disorder), 아동기 붕괴성 장애(Childhood Disintegrative Disorder), 기면병(Narcolepsy), 급성 스트레스 장애(Acute Stress Disorder) 등이 추가되었다.

④ DSM-Ⅳ는 다축진단체계인 5가지 축으로 구성되어 있으며, 정신장애를 17개의 주요범주로 구 분하고 있다.

2. DSM-Ⅳ의 5가지 축

① 축1(Axis Ⅰ)
  ㉠ 개인이 나타내고 있는 임상적 증상을 위주로 임상진단을 한다.
  ㉡ 임상적 장애 및 임상적 초점이 되는 기타 장애를 제시한다.
    예 물질 관련 장애, 조현병(정신분열증), 기분장애, 불안장애, 신체형 장애, 해리성 장애, 섭
      식장애, 충동조절장애 등

② 축2(Axis Ⅱ)
  ㉠ 오랜 기간 지속된 성격적 특성으로 인해 적응상의 어려움을 보이는 성격장애를 진단하며,
    선천적인 정신지체도 포함된다.
  ㉡ 특정 계기에 의해 일정 기간 지속되는 임상적 증상과는 다른 정보를 제공한다.
    예 편집성 성격장애, 분열성 성격장애, 반사회성 성격장애 등

③ 축3(Axis Ⅲ)
  ㉠ 비정상적인 신체장애나 신체증상 또는 일반적인 의학적 상태를 진단한다.
  ㉡ 신체장애에 대한 정보는 신체장애와 정신장애의 연관성을 통해 정신장애에 대한 유효한 정
    보를 제공한다.
    예 신경계 질환, 감각기계 질환, 순환기계 질환 등

④ 축4(Axis Ⅳ)
  ㉠ 심리사회적 문제나 환경적 문제에 따른 스트레스 요인을 진단한다.
  ㉡ 정신장애가 어떠한 상황적 배경에 의해 나타난 것인지 알 수 있도록 한다.
    예 일차적 지지집단과의 문제, 사회적·경제적 문제, 교육적·직업적 문제 등

⑤ 축5(Axis Ⅴ)
  ㉠ 사회적·직업적·심리적 기능 등 현재의 적응적 기능수준을 진단한다.
  ㉡ 정신장애를 나타내기 이전과 정신장애 증상이 나타나고 있는 현재의 적응적 기능수준을 평
    가함으로써 정신장애로 인한 기능수준의 저하 정도를 알 수 있도록 한다.
    예 전반적인 기능평가척도(GAF ; Global Assessment of Functioning Scale)를 이용한 개
      인의 심리적·사회적·직업적 기능에 대한 전반적 평가

3. DSM-Ⅳ에 포함된 정신장애의 주요범주

① 유아기, 아동기 또는 청소년기에 통상 처음 진단되는 장애(Disorders Usually First Diagnosed in Infancy, Childhood or Adolescence)
② 섬망, 치매, 기억상실장애 및 기타 인지장애(Delirium, Dementia and Amnestic and Other Cognitive Disorders)
③ 일반 의학적 상태로 인한 정신장애(Mental Disorders due to a General Medical Condition)
④ 물질 관련 장애(Substance-Related Disorders)
⑤ 조현병(정신분열증)과 기타 정신증적 장애(Schizophrenia and Other Psychotic Disorders)
⑥ 기분장애(Mood Disorders)
⑦ 불안장애(Anxiety Disorders)
⑧ 신체형장애(Somatoform Disorders)
⑨ 허위성 장애(Factitious Disorders)
⑩ 해리성 장애(Dissociative Disorders)

⑪ 성장애 및 성정체감장애(Sexual and Gender Identity Disorders)

⑫ 섭식장애(Eating Disorders)

⑬ 수면장애(Sleep Disorders)

⑭ 다른 곳에 분류되지 않는 충동조절장애(Impulse-Control Disorders Not Elsewhere Classified)

⑮ 적응장애(Adjustment Disorders)

⑯ 성격장애(Personality Disorders)

⑰ 임상적 관심의 초점이 될 수 있는 기타 상태(Other Conditions That May Be a Focus of Clinical Attention)

[참고]

DSM의 개정과정

1. DSM-I (1952년) : 제2차 세계대전에 참전한 군인들의 정신상태와 장애를 진단할 기준을 마련하기 위해 미국정신의학협회(APA, American Psychiatric Association)가 세계보건기구(WHO, World Health Organization)의 국제질병 및 사인분류 6판(International Classification of Diseases 6th, ICD-6)을 토대로 출간한 책으로 100여 개의 질병분류 수록

2. DSM-II (1968년) : DSM-I에서 80여 개 정도 추가된 범주분류 수록

3. DMS-III (1980년) : 진단 간 위계를 설정하고 보다 세분화시켜 200여 개의 정신장애를 수록

4. DSM-IIIR (1987년) : DMS-III에서 30여 개 정도 추가된 범주분류 수록

5. DSM-IV (1994년) : 장애를 객관적으로 기술하고 조작적으로 정의하였으며, 다양한 정신병리를 포괄하고 있어 여러 장애에 대한 다양한 정보를 제공. 증상 위주로 진단을 내리는 것을 방지하기 위하여 다축체계의 분류방법을 취함

6. DSM-IV-TR (2000년) : DSM-IV의 개정판

7. DSM-5 (2013년) : DSM-III, DSM-IV처럼 개정판을 로마숫자로 표기하던 것을 아라비아 숫자인 5로 표기. 진단체계와 진단기준의 대폭적인 개정과 삶의 일부이자 일반 인구에서 흔히 접할 수 있는 증상 여러 가지를 정신장애로 등재함으로써 출간 이후 정신 의학계 안팎에서 논쟁의 대상이 됨

제4절 이상행동의 평가

인간의 이상행동을 평가하기 위해서는 여러 가지 방법이 활용되는데 크게 나누어 심리적 평가와 생리적 측정법이 있다. 심리적 평가는 지능, 성격, 이상행동, 정신병리 등의 개인의 특질에 대하여 심리학적 전문지식을 기반으로 면접, 행동관찰, 심리검사 등을 통하여 비교적 단기간에 평가하는 것이고, 생리적 측정법은 생리적 반응을 측정할 수 있는 도구를 통해 심리적 상태나 특성을 평가하는 방법이다.

1 심리적 평가

(1) 면접법

① **의의**

ⓐ 면접자와 피면접자가 언어(질문, 응답 등)를 수단으로 그 결과를 자료수집에 이용하는 방법

ⓑ 언어진술 외에 비언어적 정보(말투, 표정 등)도 고려사항

ⓒ 절차 : 면접자 선정 → 면접자 훈련 → 면정장소 및 시간결정 → 면접실시 → 면접기록

② **분류**

ⓐ 구조화 면접 `기출`

- 질문의 내용, 방식, 순서 등을 미리 정해 놓고 면접조사표에 따라 모든 대상에게 동일한 질문, 동일한 순서로 진행
- 측정이 용이하고 신뢰도가 높으며 언어구성의 오류 적음
- 상황적응도, 융통성, 타당도 낮음

ⓑ 비구조화 면접

- 질문방식이나 내용에 제약이 없이 면접자의 상황판단에 따라 유연하게 진행하는 면접방식
- 라포 형성이 용이하고 신축성이 있어 타당도 높은 자료수집이 가능
- 질문에 따라 응답이 달라질 가능성이 있어 신뢰도 확보가 어렵고 자료의 수량적 표준화 어려움

ⓒ 반구조화 면접

- 구조화 면접과 비구조화 면접의 장점을 살리기 위한 절충식 면접법
- 사전에 면접에 대한 치밀한 계획을 세우되 실제 면접상황에서는 융통성 있게 면접을 진행시키는 방법
- 일정 수의 중요한 면접은 표준화하고 그 외 질문은 비표준화
- 개별면접 : 피면접자 한 사람을 대상으로 면접자가 개별적으로 질의응답하는 방법
- 집단면접 : 면접자 여러 명이 2명 이상의 피면접자를 한꺼번에 면접하는 방법

③ **장점**

ⓐ 응답자의 수준에 따라 적절히 변화가 가능하여 융통성 높음

ⓑ 질문지에 비해 응답률이 높음

ⓒ 응답에 대한 타당성 평가가 가능

ⓓ 자료의 완성도를 높이는 것이 가능

ⓔ 복잡하거나 어려운 질문도 가능

④ **단점**

ⓐ 비용과 시간이 많이 들어 비경제적

ⓑ 피면접자의 익명성 보장이 어려움

ⓒ 피면접자가 압력감, 부담감을 느낄 수 있음

ⓓ 면접자의 편견개입 가능성 존재

(2) 행동평가

① 의의

㉠ 인간의 행동양식에 대한 객관적인 척도로, 행동주의 이론에 근거

㉡ 내담자의 성격특징, 정서 및 심리상태를 토대로 전통적 행동관찰을 수행한 정신역동적 평가에 대한 반발에서 비롯됨

㉢ 경험적 방법론을 토대로 관찰가능한 행동에 대한 설명가능성에 중점

㉣ 자연관찰법, 유사관찰법, 참여관찰법 등을 통해 대상자의 환경 속에서 문제행동을 관찰하여 대상자를 둘러싼 주변환경 내에서의 특정 상황요인과 문제행동 간 관계를 파악 기출

㉤ 특정 상황에 대한 개인의 행동에 초점을 두며, 문제행동뿐만 아니라 문제행동을 유발하는 특수한 자극상황도 평가

② 행동평가를 위한 기법

㉠ 행동면담

• 목표 : 목표행동을 확인하고 부가적인 행동평가 과정선택에 도움

• 선행사건–행동–행동의 결과 간 관계를 이해·파악하는 데 초점

• 크라토크빌(Kratochwill)의 4단계(1985) : 문제확인 → 문제분석 → 처치계획수립 → 처치평가

㉡ 행동관찰

• 발달과정에 문제가 있는 아동, 제한이 있는 내담자 등에 활용

• 시행

– 표적행동 정하기

– 관찰행동에 대한 객관적·분명한 정의

– 구조화된 환경조건

– 관찰기록법 : 이야기기록, 간격기록, 사상기록, 평가기록

구분	이야기기록	간격기록	사상기록	평가기록
기록 방식	관찰하고자 하는 행동 모두 기록	일정한 간격을 두고 행동 기록	행동의 빈도·지속시간·강도 등 행동 자체에 대한 기록	체크리스트나 척도를 이용하여 기록
장점	표적행동 이외에 관련 행동도 관찰 가능	• 소요시간이 짧음 • 다양한 행동 측정 가능	• 발생빈도가 낮고 지속시간이 긴 행동도 측정 가능 • 다양한 행동 측정 가능	• 경제적(시간·비용 절감) • 통계분석 가능
단점	• 수량화 어려움 • 관찰자의 개인적 스킬에 의존	표적행동의 질을 평가할 수 없음	• 소요시간이 김 • 행동의 원인 추론이 어려움	• 평가자 간 합치율이 떨어짐 • 신행·후행 사상(빈도 등) 파악이 어려움

ⓒ 인지적 행동평가
- 문제행동 이면의 인지과정, 인지왜곡 등 평가
- 활용 : 우울증, 사회공포증, 섭식장애 등의 질환
- 인지기록법 : 생각하면서 중얼거리기, 혼잣말하기, 명료하게 표현된 사고, 사상기록, 사고표집 등

ⓔ 심리·생리적 행동평가
- 생리적 반응 : 심장박동, 혈압, 체온, 근육긴장, 피부전도성, EEG 등
- 심리적 요인과 생리적 반응의 상관관계
    - 정신분열증 및 불안증 : 부교감 < 교감
    - 반사회성 성격장애 : 부교감 > 교감

> [주의]
> 생리적 측정법은 관점에 따라 행동평가의 기법에 해당하기도 합니다. 여기서는 생리적 측정만을 별도로 떼어 아래에서 다시 한 번 언급하도록 하겠습니다.

ⓜ 자기보고식 행동평가
- 주장성, 우울, 불안, 두려움, 역기능적 태도, 시각적 상상의 통제, 갈등해결의 능력, 비합리적 사고와 같은 구체적인 문제를 특정하기 위해 사용
- 벡의 우울척도(BDI, Beck Depression Inventory) : 구조화 면담만큼 우울증을 효과적으로 파악할 수 있는 유용한 자기진단검사

(3) 심리검사

① 의의

ⓐ 심리검사는 지능, 성격, 적성, 흥미 등 인간의 지적 능력이나 심리적 특성을 파악하기 위해 양적 또는 질적으로 측정 및 평가를 수행하는 일련의 절차를 말한다.

ⓑ 심리적 현상에서 개인 간의 차이를 비교·분석함으로써 개인의 인격적·행동적 측면을 이해할 수 있도록 하기 위한 심리학적 측정 과정이다.

ⓒ 표집된 행동표본을 대상으로 과학적인 검증의 과정을 거쳐 그 결과를 수치로 나타내며, 이를 표준화된 방법에 의해 점수로 기술하는 방법이다.

ⓓ 제한된 규준을 통해 개인의 행동을 예측하기 위한 기술적 과정으로서, 개인의 소수 표본 행동을 측정하여 그 결과를 토대로 개인의 전체 행동을 예견할 수 있다.

② 심리검사의 목적

ⓐ 분류 및 진단 : 내담자(수검자)의 적성·흥미·동기 등 내담자에 관한 자료를 수집하여 내담자의 문제 원인을 파악하며, 이를 해결하기 위한 효과적인 도구로 활용한다.

ⓑ 자기이해의 증진 : 표준화된 검사를 통해 과학적이고 객관적인 결과를 제시함으로써 내담자가 자기 자신에 대하여 바르게 이해하고 더불어 현명하고 합리적인 의사결정을 내릴 수 있도록 한다.

ⓒ 예측 : 심리검사를 통해 내담자의 특성을 밝혀냄으로써 내담자의 장래 행동이나 성취 등을 예측하며, 이를 토대로 가능한 여러 결과들을 예측하여 대안적 조치를 마련한다.

2 생리적 측정법

(1) 심장혈관계(Cardiovascular System) 측정

① 심장혈관계 지표들은 심박률(Heart Rate) 및 혈압과 관련된 측정치로 감정적 경험, 즐거움의 유인가(Hedonic Valence), 새로운 자극에 대한 정향 반응(Orienting Response), 또는 방어적 반응과 같이 자율신경계(Autonomic Nervous System) 중 주로 부교감신경계(Parasympathetic Nervous System)에 의해 통제되는 심리적 상태를 반영하는 것으로 알려져 있다.

② 심박률은 주의, 인지적 노력, 각성, 그리고 감정과 같은 여러 과정들에 대한 중요한 정보를 제공하는 유용한 지표인 것으로 알려져 있다.

③ 특히 심박률은 단기적 주의 선택(무의식적 자원 할당)은 물론 장기적 주의 노력(의식적 주의) 정도를 측정하기 위한 유용한 방법이다.

④ 실제로 외부자극으로 주의가 기울여지거나 정보가 받아들여질 때 심박률이 감소한다는 것을 보여주는 많은 실증적 연구들이 있다.

(2) 근육활동(Muscle Activity) 측정

① **근전도 측정(Electromyography)** : 근육의 활성신호를 기록하고 평가하는 방법으로, 근전기록장치를 이용해서 근육세포들이 수축하거나 이완될 때 생성되는 전기적 전위(Electrical Potential)를 감지하여 근전도(EMG, Electromyogram)라 불리는 기록을 생산하는 과정으로 정의된다.

② **안면근전도(Facial EMG)** : 안면피부에 부착된 표면전극들(Surface Electrodes)을 통해 기록되는데, 전극에서 측정된 전위차(Potential Difference)가 감정상태를 반영하는 지표로 사용된다.

(3) 피부(Skin) 측정

① 인간의 피부를 포함한 신체에는 일정한 전류가 흐르고 있기 때문에 전기적 전도성을 띠고 있다.

② **전기피부활동(Electrodermal Activity)** : 장기적 및 일시적 지표들, 즉 피부전도수준(SCL, Skin Conductance Level)과 피부전도반응(Skin Conductance Response)을 모두 제공한다.

ⓐ 장기적 피부전도수준(Tonic SCL)은 일반적으로 장시간 동안의 평균 또는 기저수준의 전도성을 의미하며, 사람들마다 실질적으로 다를 수 있으며 상이한 심리적 상태에 따라 개인 차원에서도 달라진다.

ⓑ 피부전도수준(SCL)은 기본적으로 환경요인 및 피부타입에 따라 다소 편차를 보인다는 단점에도 불구하고, 인지적 해석으로 인해 오염되지 않은 감정적 각성상태를 반영할 수 있는 유용한 지표로 알려져 있다.

(4) 두뇌활동(Brain Activity) 측정

① **기능적 자기공명영상(fMRI, Functional Magnetic Resonance Imaging)** : 인지신경과학 연구에서
비롯된 것으로 뇌의 특정 영역들이 어떤 조건에서 활성화되는가에 대한 단서를 제공한다.

　㉠ 일반적으로 병원에서 사용되는 진단용 MRI는 인체의 해부학적인 단면만 찍는 데 비해, fMRI는
아주 짧은 시간(100~200 msec) 안에 뇌를 단층촬영하여 활동상황을 영상으로 보여준다.

　㉡ fMRI는 뇌가 활동할 때 혈류의 산소수준인 BOLD 신호를 반복측정하여 뇌가 기능적으로 활성화
된 정도를 측정하는 방법이다.

② **뇌파분석(EEG, Electroencephalogram)** : 인간의 뇌에서 발생하는 상이한 유형의 전기적 파동(예
알파파와 베타파)의 주파수 상의 변화를 분석하는 방법이다.

01 다음 중 이상심리학에 대한 설명으로 옳지 <u>않은</u> 것은?

① 오직 인간의 이상행동만을 다루는 학문이다.

② 인간이 살아가면서 겪을 수 있는 적응문제도 다루고 있다.

③ 인간의 정신장애를 과학적으로 연구한다.

④ 이상행동 및 정신장애를 치료하고 예방하고자 한다.

02 이상심리학의 역사에 대한 설명으로 옳은 것은?

① 고대에는 인간의 이상행동을 인간의 영혼을 중간에 두고 신과 악마가 다투고 있는 상태로 보았다.

② 19세기에 크레펠린(Kraepelin)에 의해 인도주의적 치료가 시작되었다.

③ 히포크라테스(Hippocrates)는 이상행동을 신체적 요인의 불균형으로 인한 것으로 정의하였다.

④ 프로이트(Freud)는 정신장애가 신체적 원인으로 인해 발생한다고 보았다.

01 이상심리학은 인간의 이상행동이나 정신장애를 과학적으로 연구하는 학문이다. 인간이 살아가면서 겪을 수 있는 적응문제 및 생활에서의 어려운 문제도 넓게 보면 이상심리학에서 연구하는 대상에 포함될 수 있고 이 밖에도 매우 다양한 주제를 포괄하여 다루고 있다.

02 ① 중세에는 인간의 이상행동을 인간의 영혼을 중간에 두고 신과 악마가 다투고 있는 상태로 보았다.
② 19세기에 필립 피넬(Philippe Pinel)에 의해 인도주의적 치료가 시작되었다.
④ 프로이트(Freud)는 정신장애가 심리적 원인으로 인해 발생한다고 보았다.

정답 (01 ① 02 ③)

03 전문적 기준에 대한 내용이다.

03 다음은 이상행동의 판별기준 중 어디에 해당하는가?

> • 정신병리전문가에 의해 수립된 기준
> • 임상심리학자의 심리평가결과 및 정신의학자에 의한 정신의학적 진단 등을 근거로 이루어짐
> • 사례 : DSM-5 또는 ICD-10의 정신장애분류지침 등

① 법적 기준
② 사회문화적 규범으로부터의 일탈
③ 전문적 기준
④ 주관적 불편감

04 ②는 우울장애(Depressive Disorders)에 대한 설명이다.
①·③·④ 불안장애(Anxiety Disorders)

04 DSM-5에 의한 정신장애 분류에서 같은 범주에 속하는 질환으로 볼 수 없는 것은?

① 공황장애(Panic Disorder)
② 파괴적 기분조절곤란장애
   (Disruptive Mood Dysregulation Disorder)
③ 광장공포증(Agoraphobia)
④ 선택적 함구증(Selective Mutism)

05 ④는 구조화된 면접의 장점에 해당한다.

05 이상행동을 평가하기 위한 면접법에서 반구조화된 면접의 장점으로 볼 수 없는 것은?

① 응답자의 수준에 따라 적절히 변화가 가능하여 융통성 높음
② 응답에 대한 타당성 평가가 가능
③ 복잡하거나 어려운 질문도 가능
④ 모든 대상에게 동일한 질문, 동일한 순서로 진행

정답 (03 ③ 04 ② 05 ④)

06 심리검사에 대한 설명으로 틀린 것은?

① 인간의 지적 능력이나 심리적 특성을 파악하기 위해 양적 또는 질적으로 측정 및 평가를 수행하는 일련의 절차를 말한다.

② 표집된 행동표본을 대상으로 과학적인 검증의 과정을 거쳐 그 결과를 수치로 나타내며, 이를 비표준화된 방법에 의해 점수로 기술하는 방법이다.

③ 개인의 소수 표본행동을 측정하여 그 결과를 토대로 개인의 전체 행동을 예견할 수 있다.

④ 내담자의 장래 행동이나 성취 등을 예측하며, 이를 토대로 가능한 여러 결과들을 예측하여 대안적 조치를 마련한다.

07 DSM에 대한 설명으로 옳지 않은 것은?

① 세계보건기구(WHO)에서 제정하여 국제적으로 통용되고 있는 질병분류체계이다.

② 정신장애의 진단에 가장 널리 사용되고 있다.

③ 현재 5판이 통용되고 있다.

④ DSM-Ⅳ에서는 다축진단체계를 사용한다.

08 DSM-5에 포함된 정신장애의 주요범주에 해당되지 않는 것은?

① 양극성 및 관련 장애(Bipolar and Related Disorders)

② 강박 및 관련 장애(Obsessive-Compulsive and Related Disorders)

③ 수면-각성장애(Sleep-Wake Disorders)

④ 유아기, 아동기 또는 청소년기에 통상 처음 진단되는 장애(Disorders Usually First Diagnosed in Infancy, Childhood or Adolescence)

06 표집된 행동표본을 대상으로 과학적인 검증의 과정을 거쳐 그 결과를 수치로 나타내며, 이를 표준화된 방법에 의해 점수로 기술하는 방법이다.

07 세계보건기구(WHO)에서 제정하여 국제적으로 통용되고 있는 질병분류체계는 국제질병분류(ICD, International Classification of Diseases)이다.

08 유아기, 아동기 또는 청소년기에 통상 처음 진단되는 장애는 DSM-Ⅳ의 주요범주에 해당한다.

정답 06② 07① 08④

09 기능적 자기공명영상(fMRI, Functional Magnetic Resonance Imaging)의 특징이다.

09 다음에서 설명하는 내용은 무엇과 관련되는가?

> • 뇌가 활동할 때 혈류의 산소수준인 BOLD 신호를 반복측정하여 뇌가 기능적으로 활성화된 정도를 측정하는 방법
> • 아주 짧은 시간(100~200 msec) 안에 뇌를 단층촬영하여 활동상황을 영상으로 보여줌

① fMRI
② Facial EMG
③ EEG
④ Heart Rate

10 건강한 심리기능을 가진 인간의 특징
• 현실을 정확히 파악 및 인식하는 것이 가능
• 스스로의 능력과 심리적 상태·동기 등을 통찰하는 것이 가능
• 자신의 행동을 의지대로 통제하는 것이 가능
• 자신을 있는 그대로 받아들이며 존중하는 것이 가능
• 타인과 원만한 인간관계를 형성하는 것이 가능
• 자신의 능력을 생산적인 활동으로 전환시키는 것이 가능

10 건강한 심리기능을 가진 인간의 특징으로 볼 수 없는 것은?

① 현실을 정확히 파악 및 인식
② 타인과 원만한 인간관계를 형성하는 것이 가능
③ 과도한 긍정성과 행복감
④ 자신의 행동을 의지대로 통제하는 것이 가능

11 주관적인 불편감과 개인적 고통이 이상행동의 판별기준 중 하나이다.

11 다음 중 이상행동의 판별기준으로 가장 적절하지 않은 것은?

① 사회·문화적 규준 위반
② 전문가들이 수립한 기준으로부터의 일탈
③ 통계적 기준으로부터의 일탈
④ 객관적인 불편감

정답 09 ① 10 ③ 11 ④

12 다음 중 정신장애 분류의 필요성에 대한 설명으로 가장 적절하지 <u>않은</u> 것은?

① 효과적인 치료법 발견에 도움이 된다.

② 다양한 질환의 결과를 이해하는 데 도움이 된다.

③ 정신장애 전문가들 사이에서 서로 소통할 수 있는 적절한 언어를 사용할 수 있다.

④ 질환별 특성을 통해 유사하거나 차이가 나는 질환을 이해하는 데 유용하다.

13 DSM-5의 개정에 대한 설명으로 가장 적절하지 <u>않은</u> 것은?

① 범주적 진단체계를 폐지하였다.

② 차원적 평가를 도입하였다.

③ 진단체계를 사용하는 사람들의 접근성과 임상적 유용성을 고려하여 개정하였다.

④ 신경생물학의 중요성이 확대되었다.

14 다음 중 면접법의 장점에 대한 설명으로 가장 적절하지 <u>않은</u> 것은?

① 다른 평가방법에 비해 응답률이 높다.

② 다른 평가방법에 비해 융통성이 높다.

③ 다른 평가방법에 비해 경제적이다.

④ 다른 평가방법에 비해 결과 자료의 완성도를 높일 수 있다.

---

12 정신장애 분류를 통한 전문가들의 원활한 소통으로 여러 질환의 원인을 이해하는 데 도움이 된다.

13 범주적 진단체계는 유지하였고, 다축체계를 폐지한 것이다.

14 면접법은 다른 평가방법에 비해 비용과 시간이 많이 들어 비경제적이다.

정답 12 ② 13 ① 14 ③

SD에듀와 함께, 합격을 향해 떠나는 여행

제 2 장

이상심리학의
이론적 입장

우리 인생의 가장 큰 영광은 결코 넘어지지 않는 데 있는 것이 아니라
넘어질 때마다 일어서는 데 있다.

– 넬슨 만델라 –

제 **2** 장 │ 이상심리학의 이론적 입장

제1절 정신분석적 입장

1 의의 및 특징

(1) 기본가정

① **심리장애·이상행동** : 심리적 결정론에 의하여 발생

② 무의식 > 의식

③ **성적 추동** : 기본적 욕구, 주로 무의식적 내용

④ **정신적 건강** : 원초아, 자아, 초자아의 성격구조 안에서 리비도가 항상성을 이룬 상태 vs 균형이 깨지면 이상이 발생

⑤ **심리장애·이상행동 발생과정** : 성격구조 간 갈등 → 불안 초래 → 무의식으로 억압 → 불안감

⑥ **방어기제** : 방어기제 사용이 부적응적인 경우 심리장애로 발현

(2) 정신장애와의 관련성

① **불안장애(Anxiety Disorder)**

㉠ 자아에 대한 위험신호의 일환

㉡ 해서는 안 되는 것을 하려는 충동이 의식으로 떠오르려고 하면 이것이 위협으로 감지되어 자아가 방어하는 과정에서 불안이 나타남

㉢ 대표적 방어기제 : 억압(불안에 대한 일차적 방어기제로 기능)

㉣ 세 가지 불안

• 현실적 불안

• 신경증적 불안

• 도덕적 불안

② **전환장애(Conversion Disorder)**

㉠ 히스테리, 히스테리적 신경증으로 불림

㉡ 프로이트가 정신분석학을 발전시킨 계기

[안나 오]

ⓒ 안나 오(Anna O.)
- 한 쪽 팔이 마비되어 움직이지 못하는 증상 보임
- 안나 오의 사례를 무의식적 생각·감정을 표현하려는 욕구와 표현하려는 두려움 사이의 타협으로 파악

② 대표적 방어기제 : 억압, 부정, 동일시

③ 해리성 장애(Dissociative Disorder)
ⓐ 의식, 기억, 행동 및 자아정체감의 통합적 기능에 있어서 갑작스러운 이상 증상을 나타내는 장애
ⓑ 정신의 능동적 과정, 해리는 괴로움이나 갈등상태에 놓인 인격의 일부를 다른 부분과 분리하는 것으로, 불안이나 공포에 저항하기 위한 능동적인 방어와 억압으로 간주
ⓒ 대표적 방어기제 : 억압, 부정

④ 우울증(Depressive Disorder)
ⓐ 실제적·상징적 대상의 상실과 관련
ⓑ 상실대상에 대한 분노 혹은 공격성이 함께 내재화된 것
ⓒ 상실대상에 대한 죄책감으로 심각한 자기 멸시감
ⓓ 낮은 자존감, 자기비평 등

2 이론에 대한 평가

(1) 연구자의 주관성이 과도하게 개입되므로 객관성을 확보하기 어려움

(2) 성적 충동의 억압에 따른 신경증 환자들을 대상으로 한 임상적 경험에 기초하므로 인간에 대한 보편적 이론으로 일반화하는 데 한계

(3) 개인 내부의 성격구조 간 역동적 갈등에 초점을 둘 뿐 대인관계적인 측면이나 사회문화적인 요인을 고려하지 않음

(4) 정신장애에 있어서 어린 시절의 경험을 강조할 뿐 아동기의 발달과정에 대한 연구 빈약

제2절 행동주의적 입장

1 의의 및 특징

(1) 기본가정

① 대다수 이상행동은 정상적 행동처럼 학습의 원리에 따라 형성·유지 기출
  → 이상행동은 학습된 행동
② 행동치료를 통해 이상행동을 치료하는 것 가능
③ 반두라는 이상이 관찰을 통해 모방될 수 있다고 주장
④ **5가지 이론적 기반**: 응용행동분석, 신행동주의적 중재자극-반응 모형, 인지적 행동수정, 사회학습이론, 다중양식행동치료

(2) 정신장애와의 관련성 기출

① **공포증(Phobia)**
  ㉠ 왓슨의 어린 알버트 실험
  ㉡ 교통사고로 입원한 남편에게 갔을 때, 남편이 다른 여자와 있는 것 목격. 그 후 아내는 병원을 상징하는 흰색에 대한 공포를 가지게 됨
② **외상 후 스트레스 장애(Post Traumatic Stress Disorder)**
  ㉠ 자라 보고 놀란 사람 솥뚜껑 보고 놀란다.
  ㉡ 교통사고 후 차 근처에 갈 수 없음
③ **공황장애(Panic Disorder)**: 밀폐된 엘리베이터에서 공황을 경험한 사람이 이를 탈 수 없게 됨
④ **우울증**
  ㉠ 학습된 무기력
  ㉡ 사회적 환경으로부터 긍정적 강화가 약화되어 나타나는 현상
⑤ **불안장애**
  ㉠ 환경자극에 의한 조건화 학습결과
  ㉡ 부모의 행동을 학습

2 이론에 대한 평가 기출

(1) 인간행동이 환경에 의해 결정된다고 강조함으로써 인간이 자신의 행동을 스스로 선택 및 결정하는데 있어서 자유의지가 있음을 부정

(2) 인간행동에 대한 객관적 관찰에 집중한 나머지 인간행동을 자극과 반응의 관계로 지나치게 단순화

(3) 인간 내면의 심리적 과정을 무시하므로, 외현적으로 드러나는 인간행동의 다양성과 복잡성을 설명하는 데 한계

(4) 공포증이나 불안증 등 일부 정신장애의 경우를 제외하고는 사실상 대부분의 정신장애들의 경우 학습이론으로 설명하기 어려움

(5) 주로 동물을 대상으로 한 실험을 통해 발전된 이론이므로, 이를 지적인 존재인 인간의 행동에 그대로 적용하는 데 한계

제3절 인지적 입장

1 의의 및 특징

(1) 기본가정

① 심리장애는 경험한 사건을 잘못 해석하거나 잘못된 신념체계나 역기능적인 태도 때문에 발생

② **엘리스** : 이상행동에 선행하여 부정적 사건이 있게 되나 이 사건 자체가 이상행동을 유발하는 것이 아니라 그 사건을 어떻게 받아들이고 해석하는지, 즉 사건에 대한 그 사람의 신념체계에 따라서 이상행동이 유발된다고 가정

③ **벡** : 인지삼제(Cognitive Triad)

㉠ 자기, 미래, 세상에 대한 부정적인 사고

㉡ 우울증에서 흔히 관찰되는 기본적 · 자동적 사고

㉢ 이러한 자동적인 사고의 왜곡을 밝히고 교정함으로써 효과적인 치료가 가능

→ 기본적 인지능력이 갖추어져 있어야 하므로 지능이 떨어지거나 심신미약, 장애 정도가 심한 경우 적용불가

(2) 정신장애와의 관련성

① **우울증**

㉠ 일차적 유발요인은 부정적 · 비관적 사고

㉡ 부정적 · 비관적 사고는 우울감뿐 아니라 부적응적 행동 초래

㉢ 역기능적 신념 : 당위성을 가지는 실제로 실현이 어려운 것으로 좌절 · 실패 초래

② **공황장애**

　　㉠ 클락(Clark)의 인지이론(1986)

　　　• 공황발작 : 신체감각을 위험한 것으로 잘못 해석하는 파국적 오해석(Catastrophic Misinterpretation) 에 의해 유발

　　　• 파국적 오해석에 의해 강하거나 불규칙한 심박동, 흉부통증 등을 과다하게 부정적으로 해석하여 통제불능에 빠지게 됨

　　㉡ 벡의 인지이론

　　　• 불안 = 과민한 경계체계

　　　• 공황장애 : 신체내부의 감각에 대한 과도한 민감성과 과민한 경계체계의 좋지 않은 연결로 초래

③ **사회공포증(Social Phobia)**

　　㉠ 자신에 대한 부정적 믿음과 타인에게 수용되고자 하는 강한 동기

　　㉡ 클락 & 웰스(Clark & Wells)의 역기능적 신념 3가지(1995)

　　　• 사회적 수행에 대한 과도한 기준의 신념

　　　• 사회적 평가에 대한 조건적 신념

　　　• 자기와 관련된 부정적 신념

　　　• 세 가지의 역기능적 신념이 특정한 사회적 상황에서 활성화되어 그 상황을 부정적으로 해석하여 사회적 위험을 자각 → 연결된 다음의 3가지 신념의 변화가 자동적으로 일어나며 불안을 강화

2 이론에 대한 평가

(1) 경험적 연구결과를 통해 심리장애의 발생기제에 대한 구체적인 이론 및 치료기법들을 제시하고 있으나, 인지적 요인을 과도하게 강조함으로써 정서나 동기의 중요성을 간과하고 있음

(2) 역기능적 사고와 신념 등 부적응적인 인지적 활동을 이상행동이나 정신장애의 유발원인으로 제시하고 있으나 정작 그와 같은 역기능적 사고와 신념이 어떻게 형성되는지에 대한 구체적인 설명이 결여

(3) 인지치료의 경우 적용대상에 한계가 있음. 특히 내담자가 지능이나 학력이 낮은 경우, 심각한 정신병적 증상이나 성격장애를 가지고 있는 경우 적합하지 않음

제4절 생물학적 입장

1 의의 및 특징

(1) 주요내용 기출

① 유전적 요인
  ㉠ 정신장애의 가족력 등
  ㉡ 가계연구, 쌍생아연구

② 뇌손상

③ 뇌의 생화학적 이상
  ㉠ 도파민(Dopamin)
    • 신경전달물질의 일종
    • 쾌락 및 행복감과 관련
    • 혈압조절, 중뇌에서의 정교한 운동조절
    • 부족 시 : 파킨슨병
    • 과다 시 : 조현병(정신분열증) → 조현병(정신분열증)의 도파민 가설(Dopamine Hypothesis)
  ㉡ 세로토닌(Serotonin)
    • 신경전달물질로 기능
    • 부족 시 : 우울증, 불안장애
      – 우울증 치료 : 선택적 세로토닌 재흡수 억제제(SSRI, Selective Serotonin Reuptake Inhibitor)
        투여
    • 식욕 및 음식물 선택 시 조절기능 수행
      – 증가 : 식욕감소
      – 감소 : 식욕증가
  ㉢ 노르에피네프린(Norepinephrine)
    • 신경전달물질, 호르몬으로 작용
    • 교감신경계를 자극 : 집중력, 혈류량, 대사활동 증가
    • 혈압상승작용
    • 항스트레스 효과
      – 노르에피네프린 재흡수 억제제 : 항우울증 치료를 위해 사용
        → 카테콜라민 가설(Catecholamine Hypothesis) : 카테콜라민은 노르에피네프린, 도파민
          등을 포함하는 호르몬으로 결핍 시 우울장애, 과다 시 조증이 발생한다는 가설
  ㉣ 감마아미노뷰티르산(GABA, Gamma-Aminobutyric Acid)
    • 중추신경계 억제적 신경전달물질
    • 부족 시 : 불안장애, 알코올성 뇌질환 유발 가능성 증가
      – 불안장애 치료 : GABA 함량 높임

④ **생물학적 치료**
  ㉠ 약물치료
  ㉡ 뇌절제술
  ㉢ 전기충격치료

(2) 정신장애와의 관련성 : 공황장애

① **공황장애에서 발현되는 증상** : 뇌의 구조 및 기능에서의 생물학적인 이상에서 비롯
② **생물학적인 공황유발물질** : Carbon Dioxide, Sodium Lactate, Bicarbonate, Yohimbine, Fenfluramine, Serotonin-Releasing Agent, mCPP, Caffeine, Isoproterenol 등
③ **교감신경항진과 같은 자율신경계의 실조**
④ **신경전달물질의 이상**
⑤ **뇌검사** : 뇌의 측두엽, 특히 해마 이상
⑥ **유전적 요인**
  ㉠ 직계가족에서 공황장애가 존재할 가능성 높음
  ㉡ 유병 일치율 : 일란성 > 이란성

2 이론에 대한 평가 기출

(1) 생물학적 측면 외에 심리사회적 요인이 정신장애에 미치는 영향을 간과하고 있음

(2) 뇌의 생화학적 이상이나 신경조직의 손상이 정신장애의 직접적인 유발원인인지 명확히 확인하기 어려움

(3) 생물학적 입장의 주된 치료방법으로서 약물치료는 정신장애의 근본적인 치료가 아닌 단순히 증상을 완화시키기 위한 방편에 불과하며 약물로 인한 부작용이 나타날 수 있음

제5절 통합적 입장

1 의의 및 특징

(1) 행동주의, 인지주의, 실존주의 등 각 이론들의 기법 및 접근법상의 차이에도 불구하고 치료적 개입의 공통적인 목표에 따라 다양한 기법들을 조합하는 것이 치료에 효과적이라는 사실이 경험적으로 입증

(2) 통합적 입장은 정신분석이론, 행동주의이론, 인지행동이론을 비롯하여 인본주의적 관점, 사회문화적 관점, 생물학적 관점 등 그동안의 연구를 토대로 밝혀진 것들을 통합하여 이상행동 및 정신장애의 다양한 요인들을 종합적으로 고려

(3) 최근에는 환자의 임상적 · 병리적 문제에 대해 생물학적 · 심리학적 · 사회학적 요인들을 통합한 접근방법이 부각되고 있음

2 주요이론 기출

(1) 취약성-스트레스 모형(Vulnerability-Stress Model)
① **유전적 소인이나 뇌신경계의 이상성을 지닌 사람** : 환경과의 상호작용 경험을 통하여 특정 심리장애에 취약한 인지적 · 정서적 · 행동적 특성을 형성
② **취약성(Vulnerability or Diathesis)** : 특정 장애에 걸리기 쉬운 개인적 특성
③ **심리 · 사회적 스트레스(Psychosocial Stress)** : 환경으로부터 주어지는 부정적인 생활사건
④ **개인의 취약성** : 신체적으로 발현될 수도, 심리 · 사회적으로 발현될 수도 있으나 심리장애로 이어지는 데에는 개인이 경험하는 환경적 여건이 주요변수가 됨
⑤ 취약성과 스트레스 중 어떤 한 요인만으로는 정신장애가 발생하지 않음

(2) 생물심리사회적 모델(Biopsychosocial Model)
① 생물학적 · 심리적 · 사회적 요인의 종합적 고려
② **신체질환** : 생물학적 원인뿐만 아니라 심리사회적 원인에 의해 유발될 수 있다는 입장

01 정신질환에 대한 생물학적 접근에 따라 다음과 같은 역할을 하는 신경전달물질은?

> • 쾌락 및 행복감과 관련
> • 혈압조절 및 중뇌의 정교한 운동조절
> • 부족 시 파킨슨병
> • 과다 시 조현병(정신분열증)

① 세로토닌(Serotonin)
② 노르에피네프린(Norepinephrine)
③ 글루타메이트(Glutamate)
④ 도파민(Dopamin)

01 ① 카테콜라민에 속하는 신경전달물질로 기분조절, 식욕, 수면, 각성 등과 관련한 기능에 관여한다. 이것이 부족할 경우 우울증, 불안증 등이 생기는 것으로 보고되고 있다.
② 카테콜라민에 속하는 신경전달물질로 정서적 각성, 공포, 불안 등과 관련되어 있어 우울증과 연관되어 있는 신경전달물질로 보고되고 있다.
③ 기억과 관련된 중요한 흥분성 신경전달물질로 과잉 공급되면 뇌를 과자극하여 편두통, 발작이 일어날 수 있다. 루게릭병 환자들은 일반인에 비해 글루타메이트의 농도가 높다는 연구결과를 보였다.

02 프로이트(Freud)가 정신분석이론을 발전시키는 초기과정에서 많은 관심을 기울인 정신장애로 안나 오(Anna O.)의 사례와도 관련되는 장애는 무엇인가?

① 전환장애(Conversion Disorder)
② 질병불안장애(Illness Anxiety Disorder)
③ 신체증상장애(Somatic Symptom Disorder)
④ 이인증/비현실감 장애(Depersonalization/Derealiztion Disorder)

02 운동기능이나 감각기능상의 장애가 나타나지만 그와 같은 기능상의 장애를 설명할 수 있는 신체적 혹은 기질적 이상이 발견되지 않는 장애인 전환장애에 대한 내용이다.

정답 01 ④ 02 ①

03 정신장애의 치료를 위해 약물치료, 전기충격치료, 뇌절제술 등을 사용한다.

03 이상행동 및 정신장애의 원인에 대한 생물학적 입장의 내용으로 옳지 <u>않은</u> 것은?

① 정신장애를 신체질환과 마찬가지로 신체적 원인에서 비롯되는 질병으로 간주한다.

② 정신장애의 치료를 위해 약물치료, 전기충격치료, 뇌절제술 등을 사용하는 것에 반대한다.

③ 정신장애를 유발하는 생물학적 원인으로서 유전적 요인, 뇌의 구조적 결함, 뇌의 생화학적 이상 등을 제시하고 있다.

④ 유전자 또는 염색체의 이상을 정신장애의 원인으로 간주한다.

04 심리사회적 스트레스는 이상행동을 유발하는 원인이지만, 모든 사람들이 동일한 불행한 사건을 경험한다고 해서 동일한 이상행동을 나타내는 것은 아니다.

04 취약성-스트레스 모형(Vulnerability-Stress Model)에 대한 설명 중 옳은 것을 모두 고르시오.

> ㄱ. 이상행동은 유전적·생리적·심리적으로 특정 장애에 걸리기 쉬운 개인적 특성과 스트레스 경험이 상호작용함으로써 발생한다.
> ㄴ. 심리사회적 스트레스는 이상행동을 유발하는 원인으로, 동일한 불행한 사건을 경험한 사람은 동일한 이상행동을 나타내게 된다.
> ㄷ. 각 개인은 저마다 성격이나 심리적 특성이 다르므로 불행한 사건에 대처하는 방식과 그 심리적 결과 또한 다르다.
> ㄹ. 이상행동의 유발과정을 이해하기 위해 환경으로부터 주어지는 심리사회적 스트레스와 그에 대응하는 개인적 특성을 동시에 고려해야 한다고 주장한다.

① ㄱ, ㄴ

② ㄷ, ㄹ

③ ㄱ, ㄴ, ㄷ

④ ㄱ, ㄷ, ㄹ

정답 03 ② 04 ④

05 우울증의 발생에 대한 생물학적 설명으로 옳지 <u>않은</u> 것은?

① 양극성 장애가 단극성 장애에 비해 유전적 요인이 더 크다.
② 시상하부의 기능장애에 기인한다.
③ 도파민의 증가에 기인한다.
④ 세로토닌 감소와 관련된다.

05 도파민의 증가는 조현병과 관련된다.

06 이상행동을 이해하고 그 원인을 설명하기 위하여 생물학적 접근을 대입했을 때의 내용으로 옳은 것은?

① 외부 병균이 침투하여 발생한 뇌조직의 손상은 제외한다.
② 뇌신경계의 신경전달물질 대사에 문제가 생기면 이와 관련된 심리장애가 나타날 수 있다.
③ 유전적 소인과 유전자 이상은 이행행동의 원인을 1:1로 명확히 설명할 수 있다.
④ 진행성 마비를 나타내는 환자에게서는 심리장애가 나타나지 않는다.

06 ① 외부 병균이 침투하여 발생한 뇌조직의 손상도 포함한다.
③ 유전적 소인과 유전자 이상은 이행행동의 원인을 1:1로 명확히 설명할 수는 없다.
④ 진행성 마비를 나타내는 환자에게서는 심리장애가 나타날 수 있다.

07 인지적 관점에서 불안의 발생을 설명한 것은?

① 부모를 포함한 환경과의 상호작용을 통한 경험에 의해 발생
② 심상이나 상상으로 실패, 거절, 수모 등을 예상함으로 인해 발생
③ 유아가 부모에게 받아들여지지 못하여 안정감을 느끼지 못할 때 발생
④ 위협상황이 신체적인 것에서 심리적이고 사회적인 것으로 확장될 때 발생

07 ②는 인지적 관점의 설명에 해당한다.

정답 (05 ③ 06 ② 07 ②)

08 도파민, 세로토닌, 노르에피네프린 등은 각성이나 우울과 같은 다양한 심리적 기능에 영향을 미치는 신경전달물질이다.

08 다음 괄호 안에 들어갈 말로 알맞은 것은?

> 도파민, 세로토닌, 노르에피네프린 등은 각성이나 우울과 같은 다양한 심리적 기능에 영향을 미치는 (   )이다.

① 신경전달물질
② 시상하부
③ 재흡수 억제제
④ 중추신경

09 ① 정신분석 : 저항분석
   ③ 인지치료 : 인지적 결손

09 접근법과 그 접근법에 관련된 내용이 알맞게 연결된 것은?

① 정신분석 – 소크라테스의 대화법 질문
② 행동주의 – 상호억제의 원리
③ 인지치료 – 저항분석
④ 생물학적 입장 – 인지적 결손

10 벡의 인지삼제(Cognitive Triad)
  • 자기, 미래, 세상에 대한 부정적인 사고
  • 우울증에서 흔히 관찰되는 기본적·자동적 사고
  • 이러한 자동적인 사고의 왜곡을 밝히고 교정함으로써 효과적인 치료가 가능 → 기본적 인지능력이 갖추어져 있어야 하므로 지능이 떨어지거나 심신미약, 장애 정도가 심한 경우 적용불가

10 벡(Beck)의 인지삼제(Cognitive Triad)에 대한 설명으로 올바른 것은?

① 자기, 미래, 세상에 대한 부정적인 사고
② 사건에 대한 그 사람의 신념체계
③ 부정적·비관적 사고
④ 과민한 경계체계

정답 (08 ① 09 ② 10 ①)

11 다음 중 정신분석이론에서 말한 불안과 일치하는 것은 무엇인가?

① 현실적 불안, 정신병적 불안, 만성불안
② 도덕적 불안, 현실적 불안, 신경증적 불안
③ 신경증적 불안, 정신병적 불안, 현실적 불안
④ 만성불안, 도덕적 불안, 강박적 불안

11 정신분석이론에서 말한 세 가지 불안은 현실적 불안, 신경증적 불안, 도덕적 불안이다.

12 다음 증상을 호소하는 사람의 진단명으로 가장 적절한 것은 무엇인가?

> A군은 일주일에 최소한 3회 이상 복통, 두통 등의 신체적 증상을 호소하던 중 지난 주 월요일부터는 다리가 잘 움직이지 않고 절뚝거려서 정형외과에서 진찰을 받았으나 특별한 이유를 찾지 못하여서 정신건강의학과에 의뢰되었다.

① 신체증상장애
② 인위성 장애
③ 파괴적 충동조절 부전장애
④ 전환장애

12 전환장애는 뚜렷한 의학적 증상 없이 심리적 원인에 의해 감각기관의 마비 또는 운동근육의 마비 등의 증상을 경험하는 장애이다.

13 다음 중 취약성-스트레스 모형 중 취약성에 대한 예로 가장 적절하지 <u>않은</u> 것은?

① 학교 다닐 때 경험했던 왕따경험과 같은 스트레스
② 어렸을 때 앓았던 뇌수막염
③ 얼마 전 응시한 자격시험에서의 낙방
④ 유전적 질병

13 취약성은 개인이 과거에 형성된 요인들이고 스트레스는 최근 환경에서 경험한 요인이다.

정답　11 ②　12 ④　13 ③

14 정신분석이론은 생애초기 경험에 치우쳐서 원인을 분석한 것은 맞지만 정서에 치우치지는 않았다.

14 정신장애의 원인을 정신분석적 입장에서 해석했을 때의 제한점으로 적절하지 <u>않은</u> 것은?

① 과도하게 생애초기 정서에 치우쳐서 해석될 수 있다.
② 성적 충동의 억압을 과하게 강조하여 보편적 접근에 한계를 보일 수 있다.
③ 연구자의 주관성이 과도하게 개입될 수 있다.
④ 지나치게 어린 시절의 경험을 강조하여 후기의 영향을 무시하였다.

15 인지적 입장에서는 신체감각을 위험한 것으로 잘못 해석하는 파국적 오해석에 의해 공황발작이 발생한다고 보았다.

15 정신장애의 원인을 인지적 입장에서 해석할 때 공황발작에 대한 적절한 설명은 무엇인가?

① 과도한 신체적 민감성
② 자신에 대한 과대한 생각
③ 파국적 오해석
④ 인지적 유연성

정답 14 ① 15 ③

제 3 장

조현병(정신분열증)

제1절   임상적 특징과 하위유형
제2절   기타 정신증적 장애
제3절   조현병(정신분열증)의 원인과 치료
실전예상문제

얼마나 많은 사람들이 책 한 권을 읽음으로써 인생에 새로운 전기를 맞이했던가.

– 헨리 데이비드 소로 –

제3장 │ 조현병(정신분열증)

제1절 │ 임상적 특징과 하위유형

1 임상적 특징

(1) DSM-5의 주요진단기준

① 다음 중 2가지 이상이 1개월의 기간(또는 성공적으로 치료된 경우 그 이하의 기간) 동안 상당 부분의 시간에 나타난다. 다만, 이들 중 하나는 아래 망상, 환각, 와해된 언어이어야 한다.

> • 망상
> • 환각
> • 와해된 언어(예 빈번한 주제의 이탈이나 지리멸렬함)
> • 심하게 와해된 행동 또는 긴장증적 행동
> • 음성증상들(예 감퇴된 정서적 표현 또는 무욕증)

② 장애가 시작된 후 상당 부분의 시간 동안 직업, 대인관계 혹은 자기관리와 같은 주요영역 중 한 가지 이상에서 기능수준이 장애 이전 성취된 수준보다 현저히 저하되어 있다.

③ 장애의 징후가 최소 6개월 동안 지속된다. 이러한 6개월의 기간에는 최소 1개월(또는 성공적으로 치료된 경우 그 이하의 기간)의 진단기준 ①을 충족시키는 증상들, 즉 활성기 증상들을 포함해야 하며, 전구기 또는 잔류기를 포함할 수 있다. 이 경우 전구기 또는 잔류기 동안 장애의 징후는 음성증상만 있거나 진단기준 ①의 증상들 중 2가지 이상의 증상이 약화된 형태(예 기이한 믿음, 흔치 않은 지각적 경험들)로 나타날 수 있다.

④ 조현(분열)정동장애와 정신증적 특성을 가진 우울 또는 양극성 장애는 배제된다. 그 이유는 첫째, 주요우울증삽화나 조증삽화가 활성기 증상들과 동시에 나타나지 않거나, 둘째, 기분삽화가 활성기 증상 동안 일어난다고 해도 병의 활성기와 잔류기의 전체 기간 중 짧은 기간 동안에만 존재하기 때문이다.

⑤ 이러한 장애는 물질(예 남용약물, 치료약물)이나 다른 의학적 상태의 생리적 효과에 기인한 것이 아니다.

⑥ 아동기에 발병한 자폐 스펙트럼 장애나 의사소통장애의 병력이 있는 경우, 조현병(정신분열증)의 진단에 요구되는 다른 증상에 더해 현저한 망상이나 환각이 최소 1개월(또는 성공적으로 치료된 경우 그 이하의 기간) 이상 나타날 경우에만 조현병(정신분열증)의 추가적인 진단이 내려진다.

(2) 조현병(정신분열증)의 양성증상과 음성증상 기출

구분	양성증상(Positive Symptom)	음성증상(Negative Symptom)
주요원인	신경전달물질의 이상	유전 또는 뇌세포의 상실
기능적 양상	정상적·적응적 기능의 과잉 또는 왜곡	정상적·적응적 기능의 결여
진행속도	스트레스 사건에 의한 급격한 진행	스트레스 사건과 특별한 연관성 없이 서서히 진행
치료효과	약물치료로 비교적 원활한 호전	약물치료로도 쉽게 호전되지 않음
인지적 손상	손상 정도가 적음	손상 정도가 큼
구체적 증상	망상, 환각, 환청, 와해된 언어나 행동, 긴장성 운동행동 등	감정의 둔화(정서적 둔마), 무논리증 또는 언어의 빈곤(무언어증), 사회적 철수(무욕증), 대인관계의 무관심 등

2 DSM-Ⅳ 진단기준에 따른 조현병(정신분열증)의 하위유형

(1) 망상형 또는 편집형(Paranoid Type)

① 피해망상이나 과대망상 등 하나 이상의 망상과 빈번한 환청을 주된 증상으로 하는 조현병의 가장 흔한 유형이다.

② 상대방과 마주하여 긴장된 모습을 보이며, 의심을 하거나 무엇인가 숨기는 듯한 인상을 준다.

③ 정신상태는 비교적 통일성을 유지하는 편이다.

④ 피해망상 등으로 인해 불안과 분노, 공격적 성향을 보인다.

⑤ 비교적 30세 이후의 나이가 있는 사람에게서 발병하는 경우가 많다.

⑥ 양성증상을 나타내며, 인지적 손상이 적다.

(2) 해체형 또는 혼란형(Disorganized Type)

① 와해된 언어나 행동, 부적절한 정서반응을 보인다.

② 망상이나 환각이 나타나더라도 극히 단편적인 양상을 보인다.

③ 사회생활에 거리를 두고 혼자 있기를 좋아하므로 대인관계에서 문제를 보인다.

④ 정신병리의 가족력이 높으며, 병전 적응이 나쁘고 예후 또한 좋지 않다.

⑤ 비교적 젊은 사람에게서 발병하는 경우가 많으며, 만성의 경과를 걷는다.

⑥ 음성증상을 나타내며, 인지적 손상이 크다.

(3) 긴장형(Catatonic Type)

① 장시간 긴장된 자세를 유지하는 강직증 또는 부동증을 보인다.

② 다른 자세로 변화시키고자 하는 시도에 극단적인 거부반응을 보인다.

③ 상동증적 행동이나 반향적 동작으로 똑같은 행동을 반복하거나 따라한다.

④ 갑자기 큰 소리를 지르거나 흥분한 상태에서 이상행동을 한다.

⑤ 비교적 젊은 사람에게서 발병하며, 증세가 가라앉더라도 재발하는 경우가 많다.

⑥ 대체로 폭력적·파괴적인 모습을 보이며, 자기 자신이나 타인에게 위해를 가할 수도 있으므로 경우에 따라 신체적 구속이 요구된다.

(4) 감별불능형 또는 미분화형(Undifferentiated Type)

① 망상, 환각, 와해된 언어나 행동 등 정신분열증의 특징적 증상을 나타낸다.

② 다만, 망상형, 해체형, 긴장형의 유형에 속하지 않는 경우에 해당한다.

(5) 잔류형(Residual Type)

① 망상, 환각, 와해된 언어나 행동 등 정신분열증의 특징적 증상이 약화된 상태로 지속성을 보인다.

② 음성증상이 있거나 약화된 양성증상이 2개 이상 있는 경우에 해당한다.

③ 장애의 과도기적 단계로서 활성기와 회복기 사이에 위치한다.

> ※ DSM-Ⅳ의 분류기준에서 조현병(정신분열증)은 DSM-5에서 조현병 스펙트럼 및 기타 정신병적 장애의 하위유형으로 분류되고, 조현병(정신분열증)의 하위유형은 폐기되었다.

제2절 기타 정신증적 장애

1 단기 정신병적 장애

단기 정신병적 장애는 조현병의 주요 증상(망각, 환각, 혼란스러운 언어, 전반적으로 혼란스럽거나 긴장증적 행동) 중 한 가지 이상이 하루 이상 1개월 이내로 짧게 나타나며 병전 상태로 완전히 회복되는 경우를 말한다.

2 조현(정신분열)양상장애

조현(정신분열)양상장애는 조현병과 동일한 임상적 증상을 나타내지만 장애의 지속기간이 1개월 이상 6개월 이하인 경우를 말한다. 진단되는 경우의 첫째는 조현병의 증상이 나타나서 6개월 이전에 회복된 경우로서 무조건 조현(정신분열)양상장애로 진단된다. 두 번째는 현재 조현병(정신분열증)의 증상이 지속되고 있지만 조현병(정신분열증)의 진단기준에서 요구되는 6개월이 경과되지 않은 경우로서 이때는 조현(정신분열)양상장애로 일단 진단한다.

3 조현(분열)정동장애

조현(분열)정동장애는 조현병의 증상과 동시에 기분삽화(주요우울 또는 조증삽화)가 일정한 기간 동안 지속적으로 나타나는 경우를 말한다. 발병시기가 빠르고 갑작스러운 환경적 스트레스에 의해 급성적으로 시작되며, 심한 정서적 혼란을 나타내고, 병전 적응상태가 양호하며, 조현병(정신분열증)의 가족력이 없는 대신 기분장애의 가족력이 있고, 조현병(정신분열증)에 비해 예후가 좋다는 특성이 있다.

4 망상장애

(1) DSM-5의 주요진단기준

① 기이하지 않은 한 가지 이상의 망상이 최소 1개월 이상 지속적으로 나타난다.
② 조현병(정신분열증)의 주요진단기준(Criterion A)에 부합하지 않는다.

> ※ 주의 : 만약 환각이 있더라도 두드러진 양상을 보이지 않으며, 망상의 주제와 연관된다.
> 예 '침입 망상'과 연관된 벌레들이 들끓는 것 같은 감각들

③ 망상의 영향 혹은 그 파생 결과들을 제외하면 기능상 별다른 손상을 보이지 않으며, 행동에 있어서도 명백히 기이하거나 이상하지 않다.
④ 조증이나 주요우울증삽화가 나타나더라도, 이는 망상기의 지속기간에 비해 상대적으로 짧다.
⑤ 이러한 장애는 물질이나 다른 의학적 상태의 생리적 효과에 기인한 것이 아니며, 신체변형장애(신체이형장애), 강박장애와 같은 다른 정신장애에 의해 더 잘 설명되지 않는다.

> ※ **다음 중 하나를 명시할 것**
> - 색정형(Erotomanic Type) : 이 하위유형은 망상의 중심 주제가 다른 사람이 자신을 사랑하고 있다는 것일 때 적용된다. [기출]
> - 과대형(Grandiose Type) : 이 하위유형은 망상의 중심 주제가 어떤 위대한 (그러나 확인되지 않은) 재능이나 통찰력을 갖고 있다거나 혹은 어떤 중요한 발견을 하였다고 확신하는 것일 때 적용된다.
> - 질투형(Jealous Type) : 이 하위유형은 망상의 중심 주제가 자신의 배우자나 연인이 부정을 저지르고 있다는 것일 때 적용된다.
> - 피해형(Persecutory Type) : 이 하위유형은 망상의 중심 주제가 자신이 음모나 속임수, 염탐, 추적, 독극물이나 약물 투입, 악의적 비방, 희롱 혹은 장기 목표수행상의 방해를 받고 있다는 것일 때 적용된다.
> - 신체형(Somatic Type) : 이 하위유형은 망상의 중심주제가 신체적 기능이나 감각을 수반하는 것일 때 적용된다.
> - 혼합형(Mixed Type) : 이 하위유형은 어느 한 가지 망상적 주제가 지배적이지 않을 때 적용된다.
> - 불특정형(Unspecified Type) : 이 하위유형은 지배적인 망상적 믿음이 명확히 결정될 수 없을 때 혹은 특정 유형에 기술되지 않을 때 적용된다.

(2) 원인 및 치료

① 원인

    ㉠ 정신분석적 입장
- 혼란스러운 감정의 결과로 설명
- 특히 동성애적 충동, 타인에 대한 증오, 자존감의 상실 등을 원인으로 주장

    ㉡ 인지적 입장
- 논리적 추론의 결함 : 동일성의 원리(주어가 두 개이면서 하나의 술어를 공유함)
- 비정상적 경험의 의미추론 : 비정상적 지각경험에 대한 왜곡된 해석
- 외부귀인 : 현실적 자기와 이상적 자기 간의 괴리를 최소화하기 위한 부정적인 생활사건의 외부귀인
- 정보처리의 편향 : 자신의 망상을 입증하는 정보에 대한 선택적 주의(망상의 지속 및 강화 유발)

    ㉢ 생물학적 입장 : 뇌의 구조적 손상, 신경전달물질의 이상 등

② 치료

    ㉠ 다른 정신장애에 비해 치료가 어려움. 특히 신뢰감 있는 치료관계 형성이 가장 중요함

    ㉡ 환자의 망상에 직접 도전하는 것은 환자의 분노, 저대감, 이신을 유발할 수 있음

    ㉢ 망상 자체보다는 그에 수반되는 불안이나 우울을 주된 치료대상으로 삼는 것이 바람직함

제3절 조현병(정신분열증)의 원인과 치료

(1) 원인

① **생물학적 요인**

유전적 요인, 뇌의 구조적 혹은 기능적 결함, 신경전달물질의 이상(도파민 가설), 출생 전후의 생물학적 환경 등

② **심리적 요인**

지적 활동을 위한 주의기능의 손상, 정보의 과다에 의한 심리적 혼란, 인지적 기능의 결함, 작업기억의 손상 등

③ **정신분석적 입장**

㉠ 갈등모델 : 자아기능의 발달적 퇴행

㉡ 결손모델 : 리비도 에너지의 내부로의 철수

㉢ 자아경계의 붕괴 : 자아경계에 투여되는 에너지의 감소, 외부적 자아경계의 손상 및 내부적 자아경계의 약화

㉣ 대상관계이론 : 유년기 어머니에 대한 공격적 충동 및 피해의식적 불안에 따른 외부세계로부터의 철수, 분리

④ **가족관계 및 사회·환경적 요인**

㉠ 부모의 부적절한 양육태도(자녀의 감정적 태도에의 무감각, 과잉보호 등)

㉡ 부모의 상반된 의사전달, 즉 상반된 지시 또는 설명(이중구속이론)

㉢ 가족 내 불분명하거나 비논리적인 의사소통

㉣ 부부관계의 편향적 혹은 분열적 양상 등

(2) 치료 기출

① **입원치료 및 약물치료**

자신 및 타인에게 피해를 줄 우려가 있는 경우 입원치료와 함께 항정신병 약물처방을 함(진정성 항정신병 약물, 항결핍성 항정신병 약물, 항생산성 항정신병 약물)

② **심리치료**

지지적 관계형성을 통한 자아기능 강화에 초점

③ **행동치료**

적응적 행동의 증가 및 부적응적 행동의 감소를 위한 토큰경제, 불안 감소를 위한 체계적 둔감법 등

④ 사회기술훈련, 자기지시훈련, 집단치료 및 가족치료 등

01 다음 중 괄호에 들어갈 말을 순서대로 옳게 고른 것은?

> 단기 정신병적 장애 진단을 위한 증상 기간은 (A)이고, 조현양상장애의 진단을 위한 증상 기간은 (B)이며, 조현병 진단을 위한 증상 기간은 (C)이다.

	A	B	C
①	최소 3일 이상, 4주 이내	4주 이상, 6개월 이내	최소 6개월 이상
②	최소 1일 이상, 1개월 이내	1개월 이상, 6개월 이내	최소 6개월 이상
③	최소 5일 이상, 6주 이내	6주 이상, 6개월 이내	최소 6개월 이상
④	최소 7일 이상, 1개월 이내	1개월 이상, 5개월 이내	최소 5개월 이상

02 조현병에 대한 내용 중 올바른 것은?

① 장애의 징후가 적어도 6개월 이상 지속되어야 한다.

② 약물남용이나 물질복용에 의해서 조현병의 특징적 증상이 나타나는 경우가 대부분이다.

③ 망상만을 주된 증상으로 나타내며 사회적 적응에 큰 문제가 없는 경우도 조현병에 해당하다

④ 조현병은 망상, 환각, 와해된 언어, 심하게 와해된 행동이나 긴장증적 행동, 음성증상 중 3개 이상의 증상이 1개월 중 상당기간 존재해야 한다.

01 단기 정신병적 장애 진단을 위한 증상 기간은 최소 1일 이상, 1개월 이내이고, 조현양상장애의 진단을 위한 증상 기간은 1개월 이상, 6개월 이내이며, 조현병 진단을 위한 증상 기간은 최소 6개월 이상이다.

02 ② 약물남용이나 물질복용보다는 유전으로 조현병의 특징적 증상이 나타나는 경우가 대부분이다.
③ 망상 이외에도 환각, 와해된 언어, 와해된 행동 등이 나타난다.
④ 조현병은 망상, 환각, 와해된 언어, 심하게 와해된 행동이나 긴장증적 행동, 음성증상 중 2개 이상의 증상이 1개월 중 상당기간 존재해야 한다.

정답 01 ② 02 ①

03
① 단기 정신병적 장애 : 조현병과 유사한 임상적 증상이 최소 하루~1개월 지속
② 조현(분열)성 성격장애 : 친밀한 관계 형성에 대한 관심결여, 감정 표현 부족, 고립되고 단조로운 삶 선호
④ 조현(분열)정동장애 : 조현병＋기분 장애

04 [문제 하단의 표 참고]

03 조현병과 동일한 임상적 증상을 나타내지만 장애의 지속기간이 6개월 이하인 경우에 해당하는 장애는?

① 단기 정신병적 장애
② 조현(분열)성 성격장애
③ 조현(정신분열)양상장애
④ 조현(분열)정동장애

04 다음 중 조현병(정신분열증)의 음성증상만을 고른 것은?

가. 환각	나. 망상
다. 와해된 언어	라. 감정의 둔화
마. 언어의 빈곤	바. 사회적 철수

① 가, 나, 다
② 라, 마, 바
③ 가, 라, 바
④ 나, 마, 바

>>>𝒪

[조현병(정신분열증)의 양성증상과 음성증상]

양성증상(Positive Symptom)	음성증상(Negative Symptom)
망상, 환각, 환청, 와해된 언어나 행동, 긴장성 운동행동 등	감정의 둔화(정서적 둔마), 무논리증 또는 언어의 빈곤(무언어증), 사회적 철수(무욕증), 대인관계의 무관심 등

05 틱 : 운동장애의 일종

05 다음 중 조현병의 주요 증상이 <u>아닌</u> 것은?

① 환각
② 망상
③ 틱
④ 기이한 행동

정답 03 ③ 04 ② 05 ③

06 조현병 환자들이 보이는 음성증상의 특징이 <u>아닌</u> 것은?

① 외부사건과 무관하게 서서히 발전한다.

② 급성 조현병 환자에게서 흔히 나타난다.

③ 항정신병 약물의 효과가 미미하다.

④ 대개 지적 기능의 저하를 함께 보인다.

07 망상장애(Delusional Disorder)의 하위유형이 올바르게 설명된 것은?

① 색정형(Erotomanic Type) : 망상의 중심 주제가 자신의 배우자나 연인이 부정을 저지르고 있다는 것일 때 적용된다.

② 과대형(Grandiose Type) : 망상의 중심 주제가 신체적 기능이나 감각을 수반하는 것일 때 적용된다.

③ 피해형(Persecutory Type) : 망상의 중심 주제가 자신이 음모나 속임수, 염탐, 추적, 독극물이나 약물 투입, 악의적 비방, 희롱 혹은 장기 목표 수행상의 방해를 받고 있다는 것일 때 적용된다.

④ 신체형(Somatic Type) : 망상의 중심 주제가 어떤 위대한 (그러나 확인되지 않은) 재능이나 통찰력을 갖고 있다거나 혹은 어떤 중요한 발견을 하였다고 확신하는 것일 때 적용된다.

08 조현병의 치료를 위해 다음과 같은 치료법을 사용하는 접근법은?

> 적응적 행동의 증가 및 부적응적 행동의 감소를 위한 토큰 경제, 불안감소를 위한 체계적 둔감법 등

① 인지치료

② 행동치료

③ 정신분석치료

④ 현실치료

06 만성 조현병 환자에게서 흔히 나타난다.

07 ① 망상의 중심 주제가 다른 사람이 자신을 사랑하고 있다는 것일 때 적용된다.
② 망상의 중심 주제가 어떤 위대한 (그러나 확인되지 않은) 재능이나 통찰력을 갖고 있다거나 혹은 어떤 중요한 발견을 하였다고 확신하는 것일 때 적용된다.
④ 망상의 중심 주제가 신체적 기능이나 감각을 수반하는 것일 때 적용된다.

08 행동치료의 기법에 해당하는 내용이다.

정답 06 ② 07 ③ 08 ②

09 ① 조현병 증상과 기분삽화(주요우울 또는 조증삽화)가 일정기간 동안 지속적으로 나타나는 경우
② 조현병과 동일한 증상을 나타내지만 지속기간이 1개월 이상 6개월 이하인 경우
④ 친밀한 인간관계를 불편해하고 인지적, 지각적 왜곡과 더불어 기이한 행동을 나타내는 성격장애

09 조현병의 다른 증상들은 없으면서 비현실적인 믿음을 유지하는 장애는?

① 조현(분열)정동장애(Schizoaffective Disorder)
② 조현(정신분열)양상장애(Schizophreniform Disorder)
③ 망상장애(Delusional Disorder)
④ 조현(분열)형 성격장애(Schizotypal Personality Disorder)

10 자아경계의 붕괴는 자아경계를 적절하게 유지하지 못하고 경계가 붕괴될 때 분열이 발생한다고 보는 이론적 설명이다.

10 다음 내용은 정신분석적 입장에서 본 조현병의 원인 중 무엇에 대한 설명인가?

> 자아가 자신과는 다른 외부와의 관계에서 스스로를 유지하지 못하고 침범을 허용하는 경우에 분열이 발생하게 된다.

① 갈등모델
② 결손모델
③ 자아경계의 붕괴
④ 대상관계모델

정답 09 ③ 10 ③

11 다음 사례는 조현병을 설명하는 이론적 모형 중 무엇으로 볼 수 있는가?

> A군은 학교를 다니는 중에는 비교적 얌전하고 큰 말썽을 피우지 않아 부모가 별 걱정을 하지 않고 키웠으나 고등학교를 졸업하고 대학에 진학하는 과정에서 이상한 소리를 하고 돌아가신 할아버지가 자신을 부른다는 말을 하여, 정신건강의학과에 의뢰되었고 검사를 받은 결과 조현병 진단을 받았다. 부모님은 가족 중 조현병은 아니지만 여러 정신질환을 가진 형제들이 있다고 보고하였으며, 최근 A군이 원하는 대학에 합격하지 못할 것에 대해 과도하게 걱정하고 불안해했다고 보고하였다.

① 인지적 모형
② 생물학적 모형
③ 정신분석 모형
④ 취약성–스트레스 모형

12 다음 중 조현병 양성증상의 원인으로 적절한 것은?

① 약물의 남용
② 신경세포의 소실
③ 신경전달물질 이상
④ 역기능적인 사고

12 양성증상은 그 원인을 신경전달물질의 이상으로 보고 있다.

13 다음 중 조현병의 진단기준(DSM-5)에 해당하는 증상으로 볼 수 <u>없는</u> 것은?

① 알아들을 수 없는 이상한 말을 중얼거린다.
② 자신이 슈퍼맨이 된 것과 같은 기분을 느낀다.
③ 마치 동상이 된 것처럼 이상한 동작으로 한 시간 이상을 꼼짝하지 않고 서 있다.
④ 문을 걸어 잠그고 사람들을 만나지 않는다.

13 자신이 슈퍼맨이 된 것과 같은 고양감은 조증증상으로 볼 수 있다.

정답 11 ④ 12 ③ 13 ②

14 조현정동장애는 조현병 증상과 함께 기분삽화가 일정기간 지속적으로 나타난다.

14 다음 중 조현정동장애에 대한 설명으로 가장 적절하지 <u>않은</u> 것은?

① 조현병 증상 이후에 기분삽화가 일정기간 지속적으로 나타난다.

② 특별한 조현병 가족력이 없는 경우가 많다.

③ 조현병에 비해 비교적 치료적 예후가 좋다.

④ 환경적 스트레스에 의해 발병이 빠르고 급성적으로 시작된다.

15 망상장애는 조현병에 비해 기이하지 않은 망상이 나타난다.

15 다음 중 망상장애에 대한 설명으로 가장 적절하지 <u>않은</u> 것은?

① 망상은 최소 1개월 이상 지속된다.

② 행동이 명백하게 기이하거나 이상하지는 않다.

③ 조현병과 비슷한 망상이 나타난다.

④ 하위유형으로 색정형, 과대형, 질투형, 피해형, 신체형 등이 있다.

정답 (14 ①   15 ③)

제 4 장

합격의 공식 SD에듀 www.sdedu.co.kr

기분장애

※ 기분장애는 DSM-IV에서 사용하는 용어로, DSM-5에서는 양극성 및 관련 장애(Bipolar and Related Disorders), 그리고 우울장애(Depressive Disorders)로 분리되었다.

지식에 대한 투자가 가장 이윤이 많이 남는 법이다.

− 벤자민 프랭클린 −

더 알아두기

DSM-5의 주요진단기준

■ 조증삽화(Manic Episode) 기출

1. 비정상적이면서 지속적으로 상승되거나 팽창되거나 과민한 기분과 비정상적이면서 지속적으로 증가된 목표지향적 활동 또는 에너지가 1주 이상(입원이 필요할 정도라면 기간과 상관없이), 거의 매일, 하루 중 대부분에 나타나는 뚜렷한 기간이 있다.

2. 기분장애 및 증가된 에너지와 활동을 보이는 기간 중 다음 증상 가운데 3가지(또는 그 이상)를 보이며 (기분이 단지 과민하기만 하다면 4가지), 평소 모습에 비해 변화가 뚜렷하고 심각한 정도로 나타난다.
   - 과장된 자존심 또는 과대성
   - 수면욕구 감소(예 3시간만 자도 쉬었다고 느낌)
   - 평소보다 말이 많아지거나 계속 말을 함
   - 사고의 비약 또는 사고가 질주하는 듯한 주관적인 경험
   - 주관적으로 느끼거나 객관적으로 관찰되는 주의산만
   - 목표지향적 활동(사회적·직업적·성적)의 증가 또는 정신운동 초조(즉, 목표가 없는 무목표지향적 활동)
   - 고통스런 결과를 초래할 가능성이 높은 활동에 지나친 몰두(예 과도한 쇼핑 등의 과소비, 무분별한 성행위, 어리석은 사업투자 등)

3. 기분장애가 사회적·직업적 기능의 뚜렷한 손상을 초래할 정도로 충분히 심각하거나, 자신이나 타인에게 해를 입히는 것을 막기 위해 입원이 필요한 경우, 또는 정신병적 양상이 동반되는 경우

4. 삽화가 물질(예 남용하는 물질, 치료약물, 또는 기타 치료)의 생리적 작용의 결과나 다른 의학적 상태에 의한 것이 아니다.

> ※ 주의: 제1형 양극성 장애로 진단되기 위해서는 일생 동안 최소 1회 이상 조증삽화가 있어야 한다.

■ 경조증삽화(Hypomanic Episode)

1. 비정상적이면서 지속적으로 상승된, 팽창된 또는 과민한 기분과 비정상적이면서 지속적으로 증가된 목표지향적 활동 또는 에너지가 4일 이상, 거의 매일, 하루 중 대부분에 나타나는 뚜렷한 기간이 있다.

2. 기분장애 및 증가된 에너지와 활동을 보이는 기간 중 다음 증상 가운데 3가지(또는 그 이상)를 보이며 (기분이 단지 과민하기만 하다면 4가지), 평소 모습에 비해 변화가 뚜렷하고 심각한 정도로 나타난다.
   - 과장된 자존심 또는 과대성
   - 수면욕구 감소(예 3시간만 자도 쉬었다고 느낌)
   - 평소보다 말이 많아지거나 계속 말을 함
   - 사고의 비약 또는 사고가 질주하는 듯한 주관적인 경험

- 주관적으로 느끼거나 객관적으로 관찰되는 주의산만
- 목표지향적 활동의 증가 또는 정신운동 초조
- 고통스런 결과를 초래할 가능성이 높은 활동에 지나친 몰두
3. 삽화는 증상이 없을 때의 모습과는 다른, 명백한 기능 변화를 동반한다.
4. 기분장애와 기능변화가 타인에 의해 관찰될 정도이다.
5. 삽화가 사회적·직업적 기능의 뚜렷한 손상을 일으키거나 입원이 필요할 정도로 충분히 심각하지 않다. 만약 정신병적 양상이 있다면 이는 조증삽화로 정의한다.
6. 삽화가 물질(예 남용하는 물질, 치료약물, 또는 기타 치료)의 생리적 작용의 결과가 아니다.

> ※ 주의 : 경조증삽화는 제1형 양극성 장애에서 흔히 나타나지만, 제1형 양극성 장애로의 진단을 위해 반드시 필요한 것은 아니다.

■ 주요우울증삽화(Major Depressive Episode)
1. 다음의 증상 가운데 5개(또는 그 이상)의 증상이 2주 내내 지속되며 이전의 기능 상태와 비교할 때 변화를 보이는 경우 증상 가운데 적어도 하나는 (1) 우울한 기분 또는 (2) 흥미나 즐거움의 상실이어야 한다.
- 하루 중 대부분, 그리고 거의 매일 지속되는 우울한 기분이 주관적인 보고나 객관적인 관찰에서 드러남
- 거의 매일, 하루 중 대부분, 거의 또는 모든 일상 활동에 대해 흥미나 즐거움이 뚜렷하게 저하
- 체중조절을 하고 있지 않은 상태에서 현저한 체중감소나 체중증가, 거의 매일 나타나는 식욕감소나 증가
- 거의 매일 나타나는 불면이나 과다수면
- 거의 매일 나타나는 정신운동 초조나 지연
- 거의 매일 나타나는 피로나 활력 상실
- 거의 매일 느끼는 무가치감 또는 과도하거나 부적절한 죄책감
- 거의 매일 나타나는 사고력이나 집중력의 감소, 또는 우유부단
- 반복적인 죽음에 대한 생각, 구체적인 계획 없이 반복되는 자살의도, 또는 자살시도나 자살수행에 대한 구체적인 계획
2. 증상이 사회적·직업적, 또는 기타 중요한 기능영역에서 임상적으로 심각한 고통이나 손상을 유발한다.
3. 삽화가 물질의 생리적인 작용의 결과나 다른 의학적 상태에 의한 것이 아니다.

> ※ 주의 : 주요우울증삽화는 제1형 양극성 장애에서 흔히 나타나지만, 제1형 양극성 장애로의 진단을 위해 반드시 필요한 것은 아니다.

제1절 우울증의 임상적 특징과 하위유형

1 임상적 특징

(1) 주요우울장애 : DSM-5의 주요진단기준

① 다음의 증상들 중 5가지 이상이 2주 연속으로 지속되며, 그러한 상태가 이전의 기능상태와 비교할 때 변화를 보인다. 다만, 해당 증상들 중 첫 항의 우울한 기분이나 둘째 항의 흥미 또는 즐거움의 상실을 반드시 하나 이상 포함해야 한다.

> - 우울한 기분이 거의 매일, 하루 중 대부분의 시간에 주관적인 보고(예) 슬픈 느낌, 공허감 또는 절망감)나 객관적인 관찰(예) 울 것 같은 표정)에 의해 나타난다(주의 : 아동 및 청소년의 경우 과민한 기분으로 나타날 수 있음).
> - 모든 또는 거의 모든 일상활동에서 거의 매일, 하루 중 대부분, 흥미나 즐거움이 현저히 저하되어 있다.
> - 체중조절을 하지 않음에도 불구하고 체중에 의미 있는 감소(예) 1개월 이내에 신체의 5% 이상 체중변화가 나타남)가 나타나거나, 거의 매일 식욕감소 또는 증가를 느낀다(주의 : 아동의 경우 체중증가가 기대치에 미치지 못한 것에 주의할 것).
> - 거의 매일 불면에 시달리거나 과도한 수면을 한다.
> - 거의 매일 정신운동성의 초조나 지체가 나타난다(이는 객관적으로 관찰가능하며, 단지 주관적인 좌불안석이나 침체감이 아님).
> - 거의 매일 피로를 느끼며 활력을 상실한다.
> - 거의 매일 자신이 무가치하다고 느끼거나 부적절한 죄책감(이는 망상적일 수 있음)을 느낀다(단지 병에 걸린 것에 대한 자책이나 죄책감이 아님).
> - 거의 매일 사고력이나 집중력이 감소되거나 우유부단함을 보인다(주관적인 호소나 객관적인 관찰로도 가능함).
> - 죽음에 대한 반복적인 생각(단지 죽음에 대한 공포가 아님), 구체적인 계획 없이 반복되는 자살생각, 자살시도나 자살수행을 위한 구체적인 계획을 떠올린다.

② 이러한 증상들이 사회적·직업적 기능 또는 다른 중요한 기능 영역에서 임상적으로 유의미한 고통이나 손상을 초래한다.

③ 이러한 삽화는 물질이나 다른 의학적 상태의 생리적 효과에 기인한 것이 아니다.

> ※ 주의 : 진단기준 ①~③은 주요우울증삽화를 구성하고 있다.

(2) 지속성 우울장애 또는 기분부전증 : DSM-5의 주요진단기준

① 최소 2년 동안 하루의 대부분 우울한 기분을 가지며, 우울한 기분이 있는 날이 그렇지 않은 날보다 더 많다. 이는 주관적인 보고나 객관적인 관찰에 의해 나타난다.

> ※ 주의 : 아동 및 청소년의 경우 기분이 과민한 상태로 나타나기도 하며, 그 지속기간은 최소 1년 이어야 한다.

② 우울기간 동안 다음 중 2가지 이상의 양상이 나타난다.

> • 식욕부진 또는 과식
> • 불면 또는 수면과다
> • 기력저하 또는 피로감
> • 자존감 저하
> • 집중력의 감소 또는 결정의 어려움
> • 절망감

③ 장애가 있는 최소 2년의 기간 동안(아동이나 청소년의 경우 최소 1년) 연속적으로 2개월 이상 단 하루도 진단기준 ①과 ②의 증상들이 존재하지 않았던 날이 없었다.

④ 주요우울장애의 진단기준이 연속해서 2년 동안 나타나는 것일 수 있다.

⑤ 조증삽화나 경조증삽화는 결코 없으며, 순환성 장애(순환감정장애)의 진단기준에 부합하지 않는다.

⑥ 이러한 장애가 지속적인 조현(분열)정동장애, 조현병(정신분열증), 망상장애 또는 달리 분류된 혹은 분류되지 않는 조현병 스펙트럼 및 기타 정신병적 장애에 의해 더 잘 설명되지 않는다.

⑦ 이러한 증상들은 물질(예 남용약물, 치료약물)이나 다른 의학적 상태(예 갑상선 기능 저하증)의 생리적 효과에 기인한 것이 아니다.

⑧ 이러한 증상들은 사회적·직업적 기능 또는 다른 중요한 기능영역에서 임상적으로 유의미한 고통이나 손상을 초래한다.

(3) 월경 전 불쾌감 장애 : DSM-5의 주요진단기준

① 대부분의 월경주기에서 월경 시작 1주 전에 다음의 증상 중에 5가지 또는 그 이상이 시작되고 수일 안에 증상이 호전되며 월경이 끝난 주에는 증상이 경미하거나 없어져야 한다.

② 다음 중 적어도 한 가지 또는 그 이상이 포함되어야 한다.

> • 현저하게 불안정한 기분(갑자기 울고 싶거나 슬퍼진다거나 거절에 대해 민감해지는 것)
> • 현저한 과민성, 분노 또는 대인관계에서 갈등 증가
> • 현저하게 우울한 기분, 절망감 또는 자기비난의 사고
> • 현저한 불안, 긴장, 신경이 곤두섬 또는 과도한 긴장감

③ 다음 증상 중 적어도 한 가지 또는 그 이상이 추가적으로 존재하여야 하며, 진단기준 ②에 해당하는 증상과 더해져서 총 5가지의 증상이 포함되어야 한다.

> • 일상 활동에서 흥미 저하
> • 집중하기 곤란하다는 주관적 느낌
> • 기면, 쉽게 피곤함, 혹은 현저한 무기력
> • 식욕의 현저한 저하 변화, 즉 과식 또는 특정 음식 탐닉
> • 과다수면 또는 불면
> • 압도되거나 자제력을 잃을 것 같은 주관적 느낌
> • 유방의 압통이나 부종, 두통, 관절통, 혹은 근육통, 부풀어 오르거나 체중이 증가된 느낌과 같은 다른 신체적 증상

④ 증상이 직업이나 학교, 일상적인 사회활동과 대인관계를 현저히 저해한다.

⑤ 증상은 주요우울장애나 공황장애, 지속성 우울장애 혹은 성격장애와 같은 다른 장애로 인해 증상이 단순히 악화된 것은 아니다.

⑥ ①은 적어도 연속적인 2회의 주기 동안 전향적인 일일평가에 의해 확인되어야 한다.

⑦ 증상이 물질의 생리적인 작용의 결과나 다른 의학적 상태에 의한 것이 아니다.

(4) 파괴적 기분조절곤란장애 또는 파괴적 기분조절부전장애 등 : DSM-5의 주요진단기준 기출

① 고도의 재발성 분노발작이 언어적 또는 행동적으로 나타나며 상황이나 도발자극에 비해 그 강도나 지속기간이 극도로 비정상적이다.

② 분노발작이 발달수준에 부합하지 않는다.

③ 분노발작이 평균적으로 일주일에 3회 이상 발생한다.

④ 분노발작 사이의 기분이 지속적으로 과민하거나 거의 매일 하루 중 대부분의 시간 동안 화가 나 있으며 이것이 객관적으로 관찰될 수 있다.

⑤ 진단기준 ①~④가 12개월 이상 지속되며, 진단기준 ①~④에 해당하는 모든 증상이 없는 기간이 연속 3개월 이상 되지 않는다.

⑥ 진단기준 ①과 ④가 장소로 치면 세 곳의 환경 최소 두 군데 이상에서 나타나며 최소 한 군데에서는 고도의 증상을 보인다.

⑦ 이 진단은 6세 이전 또는 18세 이후에 처음으로 진단될 수 없다.

⑧ 과거력 또는 객관적인 관찰에 의하면 진단기준 ①~⑤의 발생이 10세 이전이다.

⑨ 진단기준 ①을 만족하는 기간을 제외하고 양극성 장애의 조증 또는 경조증삽화의 모든 진단기준을 만족하는 뚜렷한 기간이 1일 이상 있지 않아야 한다.

⑩ 이러한 행동이 주요우울삽화 중에만 나타나서는 안 되며 다른 정신질환(자폐 스펙트럼 장애, 외상 후 스트레스 장애, 분리불안장애, 지속성 우울장애 등)으로 더 잘 설명되지 않는다.

⑪ 증상이 물질의 생리적인 작용의 결과나 다른 의학적 상태에 의한 것이 아니다.

2 DSM-5에 따른 하위유형 : 우울장애

(1) 주요우울장애(Major Depressive Disorder)

(2) 지속성 우울장애(Persistent Depressive Disorder) 또는 기분부전증(Dysthymia)

(3) 월경 전 불쾌감 장애(Premenstrual Dysphoric Disorder)

(4) 파괴적 기분조절곤란장애 또는 파괴적 기분조절부전장애(Disruptive Mood Dysregulation Disorder) 등

제2절 우울증의 원인과 치료

1 주요우울장애

(1) 원인 기출
  ① 부정적인 환경적 요인
    ㉠ 주요한 생활사건 : 가족의 사망, 자신 또는 가족의 심각한 질병, 가족관계 또는 이성관계의 악화, 실직이나 사업실패, 경제적 · 학업적 어려움 등
    ㉡ 사소한 생활사건 : 사소한 부정적인 생활사건의 장기간에 걸친 누적
    ㉢ 사회적 지지 부족 : 개인으로 하여금 삶을 유지하도록 돕는 심리적 · 물질적 지원의 부족
  ② 정신분석적 입장
    ㉠ 분노의 내향화에 따른 자기가치감 손상, 자아기능 약화
    ㉡ 특히 어린 시절 어머니에 대한 양가적 태도 및 어머니가 자신을 버렸다는 분노감정
  ③ 행동주의적 입장
    ㉠ 긍정적 강화의 약화 : 일상생활 속에서 칭찬, 보상, 도움, 지지 등의 결여
    ㉡ 셀리그먼(Seligman) : 학습된 무기력
    ㉢ 아브람슨(Abramson) : 우울증의 귀인이론(실패 원인에 대해 내부적 · 안정적 · 전반적 요인으로 귀인)
  ④ 인지적 입장
    ㉠ 인지삼제 : 자기 자신, 자신의 미래, 주변환경에 대한 부정적인 자동적 사고
    ㉡ 인지적 오류 : 이분법적 사고, 과잉일반화, 선택적 추상화, 과장/축소(의미확대/축소), 개인화 등
  ⑤ **생물학적 입장** : 카테콜라민 가설

(2) 치료

① **인지치료** : 내면적 사고의 관찰 및 조절능력 향상, 역기능적 신념을 현실적 신념으로 대체(소크라테스식 질문의 활용)

② **정신역동적 치료** : 무의식적 좌절과 대인관계방식에 대한 이해, 중요인물에 대해 억압하고 있던 분노감정의 자각 등

③ **약물치료** : 삼환식 항우울제, MAO, SSRI 등

2 지속성 우울장애 또는 기분부전증

(1) 원인

① **유전적 요인**

② **기질적 취약성 요인** : 신경증 성향 또는 부정 정서성

③ **감정표현불능증(Alexithymia)** : 자신의 감정에의 둔감함, 자신의 감정을 표현하는 능력의 부족

(2) 치료

① **약물치료** : 항우울제 사용

② **인지행동치료**

③ **신체운동과 수면패턴의 개선**

3 월경 전 불쾌감 장애

(1) 원인

① **생활습관 혹은 사회적 요인** : 배란·생리주기, 약물복용, 흡연, 음주, 카페인, 식이패턴, 경구피임약 복용, 감정상태, 결혼 상태와 교육 등

② **생물학적 요인** : 연령, 신장과 체중, 호르몬 주기

(2) 치료

① **식습관 개선** : 탄수화물·염분·카페인이 많이 든 음식 섭취 줄이고, 절주, 감마리놀레산 섭취 등

② **약물치료 및 적절한 운동**

4 파괴적 기분조절곤란장애 또는 파괴적 기분조절부전장애 등

(1) 원인

① 전측 대상회피질(ACC, Anterior Cingulate Cortex)의 이상
② **가정적 배경** : 사이가 좋지 않은 부모, 양육방식 등

(2) 치료

① 놀이치료
② 가족치료
③ 약물치료

제3절 양극성 장애의 임상적 특징과 하위유형

1 임상적 특징

(1) 제1형 양극성 장애 및 제2형 양극성 장애 : DSM-5의 주요진단기준

① 제1형 양극성 장애
  ㉠ 최소 1회 이상 조증삽화의 기준(조증삽화의 진단기준 1~4까지)을 충족한다.
  ㉡ 조증과 주요우울증삽화의 발생이 조현(분열)정동장애, 조현병(정신분열증), 조현(정신분열)양상 장애, 망상장애, 달리 분류된 혹은 분류되지 않는 조현병 스펙트럼 및 기타 정신병적 장애로 더 잘 설명되지 않는다.

② 제2형 양극성 장애 기출
  ㉠ 최소 1회 이상 경조증삽화(경조증삽화의 진단기준 1~6까지)의 기준과 함께 최소 1회 이상 주요 우울증삽화(주요우울증삽화의 진단기준 1~3까지)의 기준을 충족한다.
  ㉡ 조증삽화는 단 1회도 없어야 한다.
  ㉢ 경조증삽화와 주요우울증삽화의 발생이 조현(분열)정동장애, 조현병(정신분열증), 조현(정신분열)양상장애, 망상장애, 달리 분류된 혹은 분류되지 않는 조현병 스펙트럼 및 기타 정신병적 장애로 더 잘 설명되지 않는다.
  ㉣ 우울증의 증상들 혹은 우울증과 경조증 기간의 잦은 교체로 인한 예측 불가능성이 사회적·직업적 기능 또는 다른 중요한 기능영역에서 임상적으로 유의미한 고통이나 손상을 초래한다.

(2) 순환성 장애 또는 순환감정장애 등 : DSM-5의 주요진단기준

① 적어도 2년 동안(아동과 청소년은 1년) 다수의 경조증 기간(경조증삽화의 진단기준을 충족하지 않
는)과 우울증 기간(주요우울증삽화의 진단기준을 충족하지 않는)이 있다.

② 2년 이상의 기간 동안(아동과 청소년은 1년) 경조증 기간과 우울증 기간이 절반 이상 차지해야 하고
증상이 없는 기간이 2개월 이상 지속되어서는 안 된다.

③ 주요우울증삽화, 조증삽화, 경조증삽화를 한 번도 경험한 적이 없다.

④ 진단기준 ①의 증상이 조현(분열)정동장애, 조현병(정신분열증), 조현(정신분열)양상장애, 망상장애,
달리 분류된 혹은 분류되지 않는 조현병 스펙트럼 및 기타 정신병적 장애로 더 잘 설명되지 않는다.

⑤ 증상이 물질(예 남용하는 물질, 치료약물)의 생리적 작용의 결과나 다른 의학적 상태에 의한 것이
아니다.

⑥ 증상이 사회적·직업적·기타 주요기능영역에서 임상적으로 유의미한 고통이나 손상을 초래한다.

2 DSM-5에 따른 하위유형 : 양극성 및 관련 장애

(1) 제1형 양극성 장애(Bipolar Ⅰ Disorder)

(2) 제2형 양극성 장애(Bipolar Ⅱ Disorder)

(3) 순환성 장애 또는 순환감정장애(Cyclothymic Disorder) 등

제4절 양극성 장애의 원인과 치료

1 제1형 양극성 장애 및 제2형 양극성 장애

(1) 원인

① 생물학적 입장

㉠ 유전적 요인 : 제1형 양극성 장애의 경우 환자의 약 50%가 부모 중 적어도 한 사람으로부터 유전
된 것이라는 보고가 있음

㉡ 신경전달물질 및 신경내분비 기능상의 이상 : 카테콜라민 가설(카테콜라민이 결핍되는 경우 우
울증이 발생하는 반면, 과다 방출되는 경우 조증이 발생함)

㉢ 수면생리적 요인 : 불면 또는 과다수면에 따른 생체리듬의 이상

② **정신분석적 입장**

　　㉠ 무의식적 상실 혹은 자존감 손상에 대한 방어 또는 보상반응

　　㉡ 카메론(Cameron) : 조증 환자가 부인의 방어기제를 사용한다고 강조

　　㉢ 클라인(Klein) : 아동기에 선한 내적 대상을 자기 마음속에 표상하는 데 실패

③ **인지적 입장**

　　㉠ 현실 해석에 있어서의 인지적 왜곡(획득과 성공을 주제로 하는 자동적 사고)

　　㉡ 과잉일반화, 선택적 추상화, 개인화 등의 인지적 오류

(2) 치료

① **입원치료 및 약물치료**

　　㉠ 자신 및 타인에게 피해를 줄 우려가 있는 경우 입원치료와 함께 항조증 약물을 처방

　　㉡ 리튬(Lithium), 카바마제핀(Carbamazepine) 등의 항조증제 사용

② **심리치료**

　　㉠ 약물치료를 받은 환자의 경우 약 50~70%가 재발하므로 심리치료를 병행

　　㉡ 인지행동치료 : 일상생활 속에서 경험하는 부정적 경험의 인지적 재구성

　　㉢ 대인관계 및 사회적 리듬 치료 : 대인관계의 안정성 유지에 초점

2 순환성 장애 또는 순환감정장애

(1) 원인

① **유전적 요인** : 대략 30% 정도에서 제1형 양극성 장애의 가족력

② **정신분석적 입장** : 구강기 동안의 고착에 원인

(2) 치료

① **약물치료** : 리튬, 발프로에이트(Valproate), 벤조디아제핀 등 사용

② **심리치료** : 자신의 상황을 인식하고 기분변화에 따라 대처기술을 익힐 수 있도록 함

01 다음 중 DSM-5의 분류기준에 의한 양극성 및 관련 장애
(Bipolar and Related Disorders)의 하위유형에 해당하지
않는 것은?

① 제1형 양극성 장애(Bipolar Ⅰ Disorder)

② 제2형 양극성 장애(Bipolar Ⅱ Disorder)

③ 순환성 장애 또는 순환감정장애(Cyclothymic Disorder) 등

④ 지속성 우울장애(Persistent Depressive Disorder) 또는
기분부전증(Dysthymia)

02 양극성 장애에 대한 설명으로 틀린 것은?

① 조증 상태에서는 사고의 비약 등의 사고장애가 나타난다.

② 우울증 상태에서는 자살을 시도하기도 한다.

③ 조증은 서서히, 우울증은 급격히 나타난다.

④ 조증과 우울증이 반복되는 장애이다.

03 순환성 장애의 특징이 아닌 것은?

① 청소년기나 초기 성인기에 시작된다.

② 남녀 간의 유병률에 큰 차이가 없다고 보고된다.

③ 양극성 장애보다 경미한 증상이 2년 이상 지속된다.

④ 양극성 장애로는 발전하지 않는다.

---

01 DSM-5에 따른 하위유형 : 양극성
및 관련 장애
① 제I형 양극성 장애(Bipolar Ⅰ
Disorder)
② 제2형 양극성 장애(Bipolar Ⅱ
Disorder)
③ 순환성장애 또는 순환감정장애
(Cyclothymic Disorder) 등

02 양극성 장애
• 우울한 기분상태와 고양된 기분상
태가 교차되어 나타나는 경우
• 조증 상태에서는 평소보다 말이 많
아지고 빨라지며 행동이 부산해지
고 자신감에 넘쳐 여러 가지 일을
벌임. 또한, 과대망상적 사고를 나
타내며 잠도 잘 자지 않고 활동적으
로 일하지만 이루어지는 일은 없으
며 결과적으로 현실 적응에 부적응
적 결과를 초래

03 순환성 장애 또는 순환감정장애
순환성 장애 또는 순환감정장애는 제
1형 양극성 장애나 제Ⅱ형 양극성 장
애로 발전하게 될 확률은 15~50%
로 매우 높다.

정답 (01 ④ 02 ③ 03 ④)

04 ④는 주요우울장애의 핵심증상으로 보기 어렵다.

04 DSM-5에서 주요우울장애의 핵심증상에 포함되지 <u>않는</u> 것은?

① 정신운동성 초조나 장애
② 불면이나 과다수면
③ 죽음에 대한 반복적인 생각
④ 주기적인 활력의 증가와 감소

05 파괴적 기분조절불능장애는 파괴적 기분조절곤란장애, 파괴적 기분조절부전장애의 다른 말로 우울장애의 하위범주에 속한다.

05 파괴적 충동조절 및 품행장애에 해당하지 <u>않는</u> 장애는?

① 적대적 반항장애
② 병적 방화
③ 파괴적 기분조절불능장애
④ 간헐적 폭발장애

06 주요우울장애보다 경미한 증상이 2년 이상 지속, 슬픔·침체감·피로감을 느끼며 매사에 흥미나 기쁨을 느끼지 못하는 장애

06 주요우울장애에 비해 증상이나 기간이 경미한 상태로 슬픔·침체감·피로감을 느끼며 매사에 흥미나 기쁨을 느끼지 못하는 장애는?

① 순환성 장애
② 양극성 장애
③ 외상 후 스트레스 장애
④ 기분부전장애

정답 04 ④ 05 ③ 06 ④

07 다음 중 우울증에 대한 설명으로 가장 옳지 **않은** 것은?

① 생체리듬의 이상이 계절성 우울증을 유발한다.

② 우울증을 치료하기 위해 반드시 약물치료를 해야 한다.

③ 우울한 사람은 자신의 실패를 내부적으로 귀인하는 경향이 있다.

④ 정신역동적 접근에서는 우울증을 분노가 무의식적으로 자기에게로 향하기 때문으로 본다.

08 경미한 우울상태가 2년 이상 장기적으로 나타나는 장애로, 지속적인 우울한 기분을 포함하여 식욕부진, 과식, 불면, 과다수면, 피로감, 자존감의 저하, 집중력 감소, 절망감 중 2가지 이상의 증상이 나타나는 장애는?

① 적응장애

② 순환성 장애

③ 주요우울장애

④ 기분부전장애

09 양극성 장애에 대한 설명으로 옳은 것은?

① 제2형 양극성 장애는 과거에 조증 상태나 혼재성 기분 상태를 경험한 적이 없다.

② 제1형 양극성 장애는 경조증 상태가 4일간 지속되었을 경우에 진단된다.

③ 기분부전장애는 심각한 우울증상이 2주 이상 나타나는 것이다.

④ 경미한 우울증상이 2년간 지속되어 나타나는 것이다.

---

10 **우울증의 원인 : 인지적 접근**
- 부정적 인지도식
- 과잉일반화
- 내부적·안정적·총체적 귀인

10 우울증에 원인에 대한 인지적 접근법에서 다루고 있는 내용으로 틀린 것은?

① 부정적 인지도식
② 대상상실
③ 과잉일반화
④ 내부적·안정적·총체적 귀인

11 신경성 증상장애는 해당하지 않는다. 우울장애의 하위장애는 주요우울장애, 지속성 우울장애, 파괴적 기분조절부전장애, 월경 전 불쾌감 장애이다.

11 다음 중 우울장애의 하위장애로 볼 수 없는 장애는 무엇인가?

① 지속성 우울장애
② 신경성 증상장애
③ 파괴적 기분조절부전장애
④ 월경 전 불쾌감 장애

12 지속성 우울장애는 주요우울장애에 해당하지 않는 수준의 우울증상을 2년 이상 지속적으로 경험하는 장애이다.

12 다음 사례를 설명하는 장애로 가장 적절한 진단명은 무엇인가?

> 직장인 A씨는 최근 2년 이상 저하된 의욕과 피로감을 느끼며 직장에서도 가정에서도 역할 수행에 어려움을 경험하고 있다. 최근에는 승진에 실패하여 좌절감을 경험하고 있으며 이로 인해 불면증도 앓고 있다고 하였다.

① 지속성 우울장애
② 순환감정장애
③ 이인증
④ 주요우울장애

정답 10 ② 11 ② 12 ①

13 다음 중 우울장애의 인지적 모델에서 말하는 인지삼제의 요소로 적절하지 <u>않은</u> 것은?

① 자신의 과거
② 자기 자신
③ 자신의 미래
④ 주변 환경

13 인지삼제는 자기 자신, 자신의 미래, 주변 환경에 대한 부정적인 자동적 사고이다.

14 다음 중 양극성 장애의 원인 중 생물학적 모델에 대한 설명으로 적절하지 <u>않은</u> 것은?

① 신경전달물질 및 신경내분비 기능의 이상
② 유전적 요인
③ 수면관련 생체리듬 이상
④ 뇌의 구조적 손상

14 뇌의 구조적 손상은 주로 조현병 스펙트럼 및 기타 정신병적 장애에 해당하는 장애들의 원인이 될 수 있다.

15 다음 중 파괴적 기분조절부전장애의 주된 치료법으로 가장 적절하지 <u>않은</u> 것은?

① 약물치료
② 가족치료
③ 인지행동치료
④ 놀이치료

15 파괴적 기분조절부전장애의 주된 치료법은 놀이치료, 가족치료, 약물치료이다.

정답 13① 14④ 15③

SD에듀와 함께, 합격을 향해 떠나는 여행

제 5 장

불안장애

행운이란 100%의 노력 뒤에 남는 것이다.

– 랭스턴 콜먼 –

제 5 장 | 불안장애

제1절 주요 불안장애

1 범불안장애

(1) 의의 및 특징 기출

① 일반화된 불안장애라고도 하며, 과도한 불안과 긴장을 지속적으로 경험하는 상태를 말한다.
② 불안의 대상이 분명하지 않은 부동불안(Free-Floating Anxiety)을 특징으로 한다.
③ 일상생활의 다양한 상황이나 사건에서 만성적인 불안과 지나친 걱정으로 인해 현실적인 부적응 상태를 경험한다.
④ 평소 불안감과 초조감을 느끼며, 항상 과민하고 긴장된 상태에 있다.
⑤ 주의집중을 하기 어렵고 쉽게 피로감을 느끼며, 지속적인 긴장으로 인해 두통, 근육통, 소화불량 등을 경험한다.
⑥ 자신의 직업적·학업적 무능력, 미래에 대한 불확실성, 경제적 문제, 대인관계 등이 불안과 걱정의 주요주제에 해당한다.
⑦ 범불안장애를 가지고 있는 사람은 완벽주의와 비관주의, 자신감과 인내심 부족 등의 성격적 특징을 나타내 보인다. 특히 잠재적 위험에 예민하여 잠재적 위험이 발생할 확률을 높게 평가하며, 사건이 발생할 경우 자신의 대처능력을 과소평가하는 경향이 있다.

(2) DSM-5의 주요진단기준

① 여러 사건이나 활동(일 또는 학업)에 대해 과도한 불안과 걱정을 하며, 그 기간이 최소 6개월 동안 그렇지 않은 날보다 그런 날이 더 많다.
② 자기 스스로 걱정을 통제하는 것이 어렵다고 느낀다.

③ 불안과 걱정은 다음의 6가지 증상 중 3개 이상과 연관된다(지난 6개월 동안 몇몇 증상들이 있는 날이 그렇지 않은 날보다 더 많다). 기출

> ※ 아동의 경우 1가지 증상만 충족해도 된다.
> • 안절부절못함 또는 긴장이 고조되거나 가장자리에 선 듯한 느낌
> • 쉽게 피로해짐
> • 주의집중이 어렵거나 정신이 멍한 듯한 느낌
> • 과민한 기분상태
> • 근육긴장
> • 수면장애(잠들기 어렵거나 수면상태를 유지하기 어렵거나 또는 밤새 뒤척이거나 만족스럽지 못한 수면상태)

④ 불안이나 걱정 또는 신체증상이 사회적·직업적 기능 또는 다른 중요한 기능영역에서 임상적으로 유의미한 고통이나 손상을 초래한다.

⑤ 이러한 장애는 물질(예 남용약물, 치료약물)이나 다른 의학적 상태(예 갑상선 기능 저하증)의 생리적 효과에 기인한 것이 아니다.

⑥ 이러한 장애는 다른 정신장애에 의해 더 잘 설명되지 않는다.

> 예 공황장애에서 공황발작을 일으키는 것, 사회불안장애에서 부정적인 평가, 강박장애에서 오염이나 다른 강박적 사고, 분리불안장애에서 애착대상으로부터의 분리, 외상 후 스트레스 장애에서 외상적 사건의 기억단서, 신경성 식욕부진증에서 체중증가, 신체증상장애에서 신체적 불편, 신체변형장애에서 지각된 신체적 결함, 질병불안장애에서 심각한 질병, 조현병 혹은 망상장애에서 망상적 믿음의 내용에 대한 불안 또는 걱정

2 특정 공포증

(1) 의의 및 특징

① 단순공포증(Simple Phobia)이라고도 하며, 어떠한 특정한 공포대상이나 상황에 노출되는 경우 심각한 두려움과 비합리적인 회피행동을 동반하는 공포증의 한 유형이다.

② 상황형(Situational Type), 자연환경형(Natural Environment Type), 혈액-주사-손상형 또는 혈액-주사-상처형(Blood-Injection-Injury Type), 동물형(Animal Type)으로 구분되며, 각 유형별 공포를 나타내는 대상이나 상황은 다음과 같다.

> • 상황형 : 버스나 지하철 등 대중교통수단이나 엘리베이터, 공항, 터널 등 폐쇄된 공간
> • 자연환경형 : 천둥이나 번개, 산꼭대기나 바다 등 자연환경
> • 혈액-주사-손상형(상처형) : 피를 보거나 주사를 맞는 것 또는 상처를 입는 것
> • 동물형 : 뱀, 새, 거미, 바퀴벌레 등 동물이나 곤충

③ 특정 공포증의 유형은 '상황형 > 자연환경형 > 혈액–주사–손상형(상처형) > 동물형' 순으로 많이 나타나며, 동물형은 초기 아동기에, 혈액–주사–손상형(상처형)은 후기 아동기에, 상황형은 20대 중반에 발병하는 경우가 많다.

④ 특정 공포증의 치료에는 체계적 둔감법과 노출치료가 효과적인 것으로 보고되고 있다. 특히 노출치료에는 실제적 노출법(In Vivo Exposure), 심상적 노출법(Imaginal Exposure), 점진적 노출법(Graded Exposure), 홍수법(Flooding) 등이 있다. 또한 다른 사람이 공포자극을 불안 없이 대하는 것을 관찰하도록 하는 참여적 모방학습법(Participant Modeling)이나 불안과 공존할 수 없는 신체적 이완상태를 유도하는 이완훈련(Relaxation Training)이 활용되기도 한다.

(2) DSM–5의 주요진단기준

① 특정 대상이나 상황(뱀, 높은 곳 등)에 대해 현저한 공포나 불안을 느낀다.

② 공포대상이나 상황은 거의 항상 즉각적인 공포나 불안을 야기한다.

③ 이러한 공포대상이나 상황이 유발하는 극심한 공포나 불안을 회피하거나 견뎌내려는 모습을 보인다.

④ 공포나 불안은 특정 대상이나 상황에 의한 실제적인 위험과 사회문화적 맥락을 고려할 때 과도한 양상을 보인다.

⑤ 공포나 불안 혹은 회피는 보통 6개월 이상 지속된다.

⑥ 공포나 불안 혹은 회피는 사회적·직업적 기능 또는 다른 중요한 기능영역에서 임상적으로 유의미한 고통이나 손상을 초래한다.

3 사회불안장애(= 사회공포증)

(1) 의의 및 특징 기출

① 사람들과 상호작용을 해야 하는 사회적 상황에서 심한 불편감이나 불안을 경험하는 공포증의 한 유형이다.

② 어떠한 특정한 사회적 상황이나 활동상황에 노출되는 경우 발생한다.

③ 환자는 사회적 기술의 결여 등으로 인해 상황을 회피하려는 양상을 보인다.

④ 여러 사람들 앞에 나설 때 발생하는 무대공포나 적면공포 등으로 나타나며, 다른 사람들에게서 부정적인 평가를 받을지 모른다는 불안과 함께 자신이 당황하게 되는 것에 대한 두려움을 느낀다.

⑤ 한국과 일본에서는 대인공포(Taijin Kyofusho)의 독특한 사회공포증 양상이 보고되고 있다. 이는 자신이 다른 사람들에게 불편이나 불쾌감을 주는 것에 대한 두려움을 수반된 특징으로 한다.

⑥ 사실 매우 흔한 심리적 문제로 다른 불안장애에 비해 유병률이 높으며, 다른 불안장애와 함께 나타나는 경향이 있다.

⑦ 사회공포증을 가진 사람이 사회적 위험을 지각할 경우 신체적 또는 인지적 변화, 안전행동 또는 방어적
행동, 자기초점적 주의(Self-Focused Attention)로 이어지는 변화과정이 거의 자동적으로 일어나며,
그와 같은 과정이 불안을 강화시킨다. 또한 자신의 수행에 대해 부정적으로 회상하는 사후반추사고
(Post-Event Rumination)로 인해 미래의 수행에 대한 예기불안(Anticipatory Anxiety)이 가중된다.
⑧ 사회공포증의 치료에는 불안유발상황에 직면하도록 하는 노출훈련(Exposure Training)과 함께 인
지행동적 집단치료가 효과적인 것으로 보고되고 있다. 특히 인지행동적 집단치료는 인지적 재구성,
반복적 노출, 역할연습, 긴장이완훈련 등으로 구성된다.

(2) DSM-5의 주요진단기준

① 타인에 의해 면밀히 관찰될 수 있는 한 가지 이상의 사회적 상황에 노출되는 것에 대해 극도의 공포
나 불안을 느낀다. 그 예로 사회적 상호작용상황(예 다른 사람과의 대화, 낯선 사람과의 만남), 관찰
을 당하는 상황(예 다른 사람 앞에서 음식을 먹거나 음료를 마심), 다른 사람 앞에서의 수행상황(예
연설)이 포함된다.

> ※ 아동의 경우 그와 같은 불안이 성인과의 상호작용이 아닌 또래집단 맥락에서 나타날 때만 진단
> 해야 한다.

② 타인에게서 부정적인 평가를 받는 방향으로 행동을 하거나 불안증상을 드러내 보이는 것에 대해 두려
워한다(예 수치스러워 하거나 당황스러워 하는 태도, 다른 사람을 거부하거나 공격하는 것으로 비치
는 태도).
③ 이러한 사회적 상황은 거의 항상 공포나 불안을 야기한다.

> ※ 아동의 경우 공포나 불안은 울음, 울화행동, 얼어붙음, 매달리기, 움츠림 혹은 사회적 상황에서
> 말을 하지 못하는 것으로 표현될 수 있다.

④ 이러한 사회적 상황을 회피하거나 공포 혹은 불안을 맹렬히 견뎌내려는 모습을 보인다.
⑤ 공포나 불안은 사회적 상황과 사회문화적 맥락에서 볼 때 실제 위험에 비해 비정상적으로 심한 양상
을 보인다.
⑥ 공포나 불안 혹은 회피는 보통 6개월 이상 지속된다.
⑦ 공포나 불안 혹은 회피는 사회적·직업적 기능 또는 다른 중요한 기능영역에서 임상적으로 유의미
한 고통이나 손상을 초래한다.
⑧ 공포나 불안 혹은 회피는 물질(예 남용약물, 치료약물)이나 다른 의학적 상태의 생리적 효과에 기인
한 것이 아니다.
⑨ 공포나 불안 혹은 회피는 공황장애, 신체변형장애(신체이형장애) 혹은 자폐 스펙트럼 장애와 같은
다른 정신장애의 증상들에 의해 더 잘 설명되지 않는다.
⑩ 다른 의학적 상태(예 파킨슨병, 비만, 화상이나 손상에 의한 신체변형)가 있는 경우에도, 공포나 불
안 혹은 회피는 명백히 그와 무관하거나 지나칠 정도이다.

4 광장공포증

(1) 의의 및 특징

① 광장공포증(Agoraphobia)은 고대 그리스어로 시장을 의미하는 'Agora'에서 비롯된 용어이다.

② 공황발작의 위험에서 이를 피하기 어려운 특정한 장소나 상황에 처해 있는 경우 나타나는 공포증의 한 유형이다.

③ 광장공포증을 가진 사람은 엘리베이터, 버스나 지하철 등 탈출하기 어려운 공간 또는 백화점, 영화관 등 급작스러운 공황발작에 빠지는 경우 도움을 받기 곤란한 공간에 대해 과도한 공포심을 가진다.

④ 어지러움, 질식할 것 같은 느낌, 가슴 답답함, 구토감, 현기증, 죽거나 미칠 것 같은 두려움 등 신체적·심리적 증상을 수반한다.

⑤ 특정한 장소나 상황 자체에 대한 공포가 아닌 그러한 공간에서 경험할 수 있는 어떠한 불시의 사건에 대한 공포와 연관된다. 따라서 어떤 특정 상황에 국한하여 공포를 나타내는 특정공포증의 상황형이나, 사회적 상황에 국한하여 공포를 나타내는 사회공포증과 구별된다.

⑥ 광장공포증을 가진 사람은 자신이 두려워하는 상황이 실제로 위험하지 않다는 사실을 잘 알고 있음에도 불구하고 그와 같은 상황에서 경험할지도 모르는 공포감으로 인한 당혹스러운 경험을 두려워한다. 즉, 상황 자체에서 비롯되는 손상(예 고소공포는 추락에 의한 손상을 두려워 함)을 두려워하는 특정 공포증과 달리, 광장공포증은 공황발작과 같은 당혹스러운 증상이 나타나는 것에 대해 두려움을 느낀다.

⑦ 글자 그대로 넓은 공간에서의 공포를 의미하는 것이라는 점에서 용어상 부적절하다는 의견에 따라, 최근에는 임소(臨所)공포증이라는 용어를 사용하기도 한다.

⑧ 치료에는 잘못된 인지과정을 수정하고 신체감각에 대한 민감성을 둔화시키는 인지행동치료가 효과적인 것으로 보고되고 있다. 특히 광장공포증 치료에서는 공포유발 상황에 대한 실제적 노출치료(In Vivo Exposure)가 필수적이다.

(2) DSM-5의 주요진단기준

① 다음의 5가지 상황 중 2가지 이상에서 공포나 불안이 현저히 나타난다.

> • 대중교통수단을 이용하는 상황 예 자동차, 버스, 기차, 배, 비행기
> • 개방된 공간에 있는 상황 예 주차장, 시장, 다리
> • 폐쇄된 공간에 있는 상황 예 쇼핑몰, 극장, 영화관
> • 줄을 서 있거나 군중 속에 있는 상황
> • 집 밖에 혼자 있는 상황

② 공황 유사증상 또는 무능력하거나 당혹스러운 증상들(예 노인의 경우 낙상의 공포, 요실금의 공포)이 발생했을 때 그러한 상황에서 벗어나기 어렵거나 도움을 받기 어렵다는 생각으로 인해 그 상황을 두려워하거나 회피한다.

③ 광장공포 유발 상황은 거의 항상 공포나 불안을 야기한다.

④ 광장공포 유발 상황을 회피하려고 하거나 동반자를 필요로 하거나, 또는 공포나 불안에 맹렬히 견뎌 내려는 모습을 보인다.

⑤ 공포나 불안은 광장공포 유발 상황과 그 사회문화적 맥락을 고려할 때 실제로 주어지는 위험에 비해 과도한 양상을 보인다.

⑥ 공포, 불안 또는 회피는 보통 6개월 이상 지속된다.

⑦ 공포, 불안 또는 회피는 사회적 · 직업적 기능 또는 다른 중요한 기능 영역에서 임상적으로 유의미한 고통이나 손상을 초래한다.

⑧ 다른 의학적 상태(예 염증성장질환, 파킨슨병)가 있는 경우에도, 공포나 불안 혹은 회피는 명백히 지나칠 정도이다.

⑨ 공포, 불안 또는 회피는 다른 정신장애의 증상들에 의해 더 잘 설명되지 않는다. 예를 들어, 그 증상들은 특정 공포증의 상황형으로 제한되지 않는다. 또한 (사회불안장애에서) 사회적 상황, (강박장애에서) 강박적 사고, (신체변형장애에서) 신체외형의 결함이나 손상, (외상 후 스트레스 장애에서) 외상적 사건의 기억단서, (분리불안장애에서) 분리에 대한 공포와 배타적으로 연관되지 않는다.

> ※ 광장공포증은 공황장애의 유무와 관계없이 진단된다. 만약 공황장애와 광장공포증의 2가지 진단기준을 모두 충족한다면, 그 2가지 진단이 모두 내려져야 한다.

5 공황장애

(1) 의의 및 특징 기출

① 통제상실에 대한 강렬한 불안, 즉 공황발작(Panic Attack)이 반복적으로 나타나는 장애이다.

② 공황발작은 급작스러운 두려움과 공포감이 불시에 비정기적으로 나타나 강렬한 불안을 동반한다.

③ 공황발작의 증상은 급작스럽게 나타나 10분 이내에 최고조에 도달하며, 대개 10~20분 동안 지속된 후 사라진다.

④ 발작이 없는 중간시기에는 그와 같은 증상들이 다시 나타날지 모른다는 예기불안(Anticipatory Anxiety)을 느끼기도 하며, 발작이 일어난 장소나 상황을 가급적 피하려는 습성으로 인해 여러 가지 회피행동을 보이기도 한다. 또한 외출을 삼가고 혼자 있기를 두려워하는 등 광장공포증이 함께 나타나기도 하며, 건강염려증이 동반되기도 한다.

⑤ 공황장애의 평생유병률은 1.5~3.5% 정도이며, 남성보다 여성에게서 2~3배 정도 많이 나타난다.

⑥ 세로토닌(Serotonin) 재흡수 억제제, 삼환식 항우울제, 벤조디아제핀(Benzodiazepine)계 약물 등의 약물치료 외에도 긴장이완훈련, 인지수정, 점진적 노출(Graded Exposure) 등의 인지행동치료가 활용된다. 또한 이른바 작은 공황발작에 노출시켜 그것에 익숙해지도록 하는 공황통제치료(PCT, Panic Control Treatment) 등을 적용한다.

(2) DSM-5의 주요진단기준

① 예상치 못한 공황발작이 반복적으로 엄습한다. 공황발작으로 극심한 공포나 불편이 급작스럽게 발생하여 수분 이내에 최고조에 이르며, 그 시간 동안 다음의 증상들 중 4가지 이상이 나타난다.

> ※ 급작스러운 증상의 발현은 평온한 상태에서도 불안한 상태에서도 나타날 수 있다.
> - 가슴이 두근거리거나 심장박동이 강렬하거나 또는 급작스럽게 빨라짐
> - 땀 흘림
> - 몸 떨림 또는 손발 떨림
> - 숨이 가쁘거나 막히는 느낌
> - 질식할 것 같은 느낌
> - 가슴통증 또는 답답함
> - 구토감 또는 복부통증
> - 어지러움, 몽롱함, 기절상태의 느낌
> - 몸에 한기나 열기를 느낌
> - 감각이상(마비감이나 저린 느낌)
> - 비현실감 또는 이인감(자기 자신으로부터 분리된 느낌)
> - 자기통제를 상실하거나 미칠 것 같은 두려움
> - 죽을 것 같은 두려움

② 최소 1회 이상의 발작 이후 1개월 이상 다음 중 1가지 혹은 2가지 모두의 양상이 나타난다.
   ㉠ 추가적인 공황발작이나 그로 인한 결과들(예 통제상실, 심장발작, 미쳐감)에 대한 지속적인 염려나 걱정
   ㉡ 공황발작과 관련된 행동에서의 유의미한 부적응적 변화(예 공황발작을 피하기 위해 운동을 삼가거나 낯선 상황을 피하는 등의 행동)
③ 이러한 장애는 물질(예 남용약물, 치료약물)이나 다른 의학적 상태(예 갑상선 기능 저하증, 심폐질환)의 생리적 효과에 기인한 것이 아니다.
④ 이러한 장애는 다른 정신장애에 의해 더 잘 설명되지 않는다.
   예 공황발작은 사회불안장애에서 공포스러운 사회적 상황에 대한 반응, 특정 공포증에서 공포대상이나 상황에 대한 반응, 강박장애에서 강박적 사고에 대한 반응, 외상 후 스트레스 장애에서 외상적 사건의 기억에 대한 반응, 분리불안장애에서 애착대상과의 분리에 대한 반응에 국한되어 나타나지 않는다.

제2절 기타 불안장애

1 분리불안장애

(1) 의의 및 특징

① DSM-IV의 분류기준에서 유아기, 아동기 또는 청소년기의 기타 장애(Other Disorders of Infancy, Childhood or Adolescence)에 속했으나, DSM-5의 분류기준에서 불안장애(Anxiety Disorders)의 하위유형으로 편입되었다.

② 애착대상과 떨어지는 것에 대해 심한 불안반응을 보이는 정서적 장애에 해당한다.

③ 주로 18세 이전에 발병하며, 나이가 어릴수록 부모와 떨어져 있는 것에 대해, 나이가 많을수록 납치나 강도 등 특정 위험의 공포에 대해 분리불안을 나타내는 경향이 있다.

④ 분리불안장애는 성인에게서도 나타날 수 있는데, 이사나 결혼 등의 새로운 변화나 자녀 또는 배우자와 헤어지는 것에 대한 과도한 불안으로 나타난다.

⑤ 부모의 부적절한 양육행동, 즉 과잉보호적인 양육행동이 아동의 독립성을 약화시키고 의존성을 강화하여 분리불안장애를 유발하는 것으로 보고되고 있다.

⑥ 행동치료나 인지행동치료, 놀이치료에 의해 호전될 수 있으며, 특히 점진적 노출법(Graded Exposure)이 가장 효과적인 방법으로 보고되고 있다.

(2) DSM-5의 주요진단기준

① 애착대상으로부터의 분리에 대한 공포나 불안이 발달상 부적절하고 과도하며, 그와 같은 양상이 다음 중 최소 3가지 이상 나타난다.

> • 집이나 주요 애착대상으로부터 분리를 경험하거나 이를 예상할 때 반복적으로 심한 고통을 느낀다.
> • 주요 애착대상을 잃는 것 혹은 그들에게 질병, 부상, 재난, 사망과 같은 해로운 일이 일어나지 않을까 지속적이고 과도하게 근심한다.
> • 애착대상과의 분리를 야기하는 사건(예 길을 잃음, 납치나 사고를 당함, 질병에 걸림)에 대해 지속적이고 과도하게 근심한다.
> • 분리에 대한 공포로 인해 집으로부터 멀리 떠나거나 집, 학교, 직장 등에 가는 것을 지속적으로 꺼리거나 거부한다.
> • 혼자 있는 것 혹은 주요 애착대상 없이 집이나 다른 장소에 있는 것에 대해 지속적으로 꺼리거나 과도한 공포를 느낀다.
> • 집으로부터 멀리 떠나 잠을 자는 것, 혹은 주요 애착대상이 가까이 없이 잠을 자는 것에 대해 지속적으로 꺼리거나 거부한다.
> • 분리의 주제를 포함하는 악몽을 반복적으로 꾼다.
> • 주요 애착대상으로부터 분리되거나 이를 예상하게 될 때 신체증상(예 두통, 복통, 메스꺼움, 구토)을 반복적으로 호소한다.

② 공포, 불안 또는 회피는 아동 및 청소년의 경우 최소 4주 이상, 성인의 경우 보통 6개월 이상 지속된다.

③ 이러한 장애는 사회적·학업적·직업적 기능 또는 다른 중요한 기능영역에서 임상적으로 유의미한 고통이나 손상을 초래한다.

④ 이러한 장애는 자폐 스펙트럼 장애에서 변화에의 과도한 저항으로 집 밖을 나서는 것을 거부하는 것, 정신증적 장애들에서 분리에 대한 망상이나 환각, 광장공포증에서 신뢰할만한 동반자 없이 외출하기를 거부하는 것, 범불안장애에서 건강이상이나 다른 해로운 일이 중요한 타인에게 엄습할까봐 걱정하는 것, 질병불안장애에서 질병에 걸릴까봐 걱정하는 것과 같은 정신장애에 의해 더 잘 설명되지 않는다.

2 선택적 무언증(= 선택적 함구증)

(1) 의의 및 특징

① 언어적인 장애가 없어 부모나 가까운 친구 등과는 말을 하는 데 아무 문제가 없지만 어떤 장소나 상황에서는 전혀 말을 하지 못하는 증상을 의미한다.

② 선택적 무언증 환자는 수줍어하거나 불안해하고, 고집이 세고, 나이에 맞지 않게 유아처럼 철없게 행동하거나, 지나치게 의존적이고, 화를 잘 내고, 이익을 위해 거짓말을 자주 하는 등의 모습이 있을 수 있다. 특히 집에서는 대들고 부정적인 모습으로 일관하다가 낯선 환경에서는 수줍어하고, 두려워하는 이중적인 모습을 보이기도 한다.

③ 남아보다 여아가 함묵증이 생길 확률이 더 높고 유병률은 1% 미만으로 아주 낮은 편이며 발병하는 나이는 보통 3~4세이지만 진단과 치료는 학교를 다니면서 문제가 가시화되면서 시작하게 되는 경우가 많다.

④ 연령이 증가하면서 없어질 수도 있는 증상이지만 장기간의 증상이 이어질 경우 학교에 적응이나 학습에 장애가 올 수 있다.

(2) DSM-5의 주요진단기준

① 다른 상황에서는 말을 할 수 있으면서도 말하는 것이 기대되는 특정한 사회적 상황(예 학교)에서 지속적으로 말을 하지 못한다.

② 장애가 학업적, 직업적 성취나 사회적 의사소통을 저해한다.

③ 장애의 기간이 적어도 1개월 지속된다(입학 후 처음 1개월에 한정되지 않는다).

④ 말하지 못하는 이유가 사회생활에서 요구되는 언어에 대한 지식이 없거나 그 언어에 대한 불편한 관계가 아니다.

⑤ 장애가 의사소통장애(예 아동기 발병형 유창성 장애, 즉 말더듬기)에 의해 설명되지 않으며, 자폐 스펙트럼 장애, 조현병, 또는 다른 정신증적 장애의 기간 중에 발생하는 것이 아니다.

제3절 불안장애의 원인과 치료

1 범불안장애

(1) 원인

① **생물학적 입장** : 억제신경전달물질인 GABA의 이상

② **정신분석적 입장** : 성격구조 간의 역동적 불균형 상태에서의 부동불안

③ **행동주의적 입장** : 불안반응의 잘못된 학습

④ **인지적 입장**

㉠ 잠재적 위험에의 예민한 반응

㉡ 실제 위험발생 확률에 대한 높은 평가

㉢ 위험한 사건의 결과에 대한 파국적 사고

㉣ 자신의 대처능력에 대한 과소평가 등

(2) 치료

① **약물치료** : 벤조디아제핀계 약물 사용

② **인지행동치료**

㉠ 내면적 사고과정에 대한 자각적 관찰

㉡ 과도한 불안이나 걱정의 비현실성과 비효율성에 대한 인식 및 부적응적 신념의 수정

③ **기타** : 불안조절을 위한 복식호흡, 긴장이완법, 정서적 심상법, 명상 등

2 특정 공포증

(1) 원인

① **행동주의적 입장** : 공포반응을 학습하게 됨(이요인이론 등)

② **인지적 입장** : 사회적 수행·평가에 대한 왜곡된 인지

(2) 치료

① **행동치료** : 체계적 둔감법, 노출치료, 이완훈련 등

② **인지행동치료** : 인지적 재구성

3 사회불안장애(= 사회공포증)

(1) 원인

① **정신분석적 입장**

㉠ 무의식적 갈등이 사회적 상황에 대치되어 투사됨

㉡ 의식적으로 수용하기 어려운 공격적 충동을 타인에게 투사하여 타인이 자신을 공격할 것이라 두려워 함

㉢ 어린 시절 어머니와의 불안정하거나 거부적인 관계의 경험이 부적절한 자기상과 비판적인 타인상을 형성함

② **인지적 입장**

㉠ 사회적 수행에 대한 과도한 기준의 신념 : "나는 모든 사람으로부터 인정을 받아야 한다." 등

㉡ 사회적 평가에 대한 조건적 신념 : "실수를 하면 다른 사람이 나를 무시할 것이다." 등

㉢ 자기와 관련된 부정적 신념 : "나는 다른 사람들보다 열등하다." 등

(2) 치료

① **인지행동치료**

㉠ 사회적 상황에서의 부정적 사고에 대한 인지 재구성

㉡ 두려운 사회적 상황에의 반복적 노출

㉢ 발표자와 청중의 역할을 번갈아 하는 역할연습

㉣ 불안을 이완시키기 위한 긴장이완훈련 등

② **약물치료** : 삼환식 항우울제, 모노아민 산화효소 억제제(MAOI, Monoamine Oxidase Inhibitor) 등

4 광장공포증

(1) 원인

① **정신분석적 입장**

㉠ 여성의 매춘부에 대한 부러움을 억압한 결과(즉, 남성과 무작위로 성적인 관계를 맺고 싶은 욕망을 억제하지 못할 것 같은 두려움)

㉡ 유아기 분리불안의 재현

㉢ 애착결핍 또는 인진한 서서도부터의 일시적인 통산식 분리를 참아내는 능력의 부족

② **인지행동적 입장**

㉠ 공포에 대한 공포 : 공포의 결과로 유발되는 당혹감, 통제상실, 정신이상 등에 대한 두려움

㉡ 불안을 유발하는 선행사건에 대한 오해석

㉢ 자신에 대한 신뢰감 및 통제감 부족, 대인관계 등에서의 심리적 갈등

③ **통합적 입장**

　㉠ 생물학적·심리적 취약성을 동시에 가짐으로써 쉽게 불안을 경험함

　㉡ 반복적인 상황에의 회피, 신체감각에 대한 두려움의 지속, 그와 같은 감각이 정말로 해로울 것이라는 믿음의 강화 등이 악순환

(2) 치료

① **인지행동치료**

　㉠ 신체감각에 대한 민감성 둔화, 회피행동의 완화

　㉡ 공포를 강화하는 잘못된 인지과정의 수정

　㉢ 불안조절을 위한 복식호흡훈련, 긴장이완훈련

　㉣ 공포상황에의 점진적 노출, 공포유발상황에 대한 실제적 노출 등

② **약물치료** : SSRI, 삼환식항우울제, MAO 등

5 공황장애

(1) 원인

① **생물학적 입장**

　㉠ 과잉호흡이론 : 호흡기능과 관련된 자율신경계의 생물학적 결함

　㉡ 질식오경보이론 : 혈액 속 이산화탄소 수준에 과도하게 예민한 반응을 보이는 생화학적 취약성

② **정신분석적 입장**

　㉠ 불안을 야기하는 충동에 대한 방어기제 작동실패

　㉡ 유아기 분리불안의 재현

　㉢ 무의식적 상실 경험

③ **인지적 입장(클락의 이론)** : 신체감각에 대한 파국적 오해석

　㉺ 정상적인 신체감각에 대해 마치 재난이 일어난 것처럼 해석하는 인지적 취약성

(2) 치료

① **약물치료** : SSRI, 삼환식 항우울제, 벤조디아제핀계 약물 등

② **인지행동치료**

　㉠ 불안조절을 위한 복식호흡훈련, 긴장이완훈련

　㉡ 신체감각에 대한 파국적 오해석의 인지적 수정

　㉢ 공포상황에의 점진적 노출(공황통제치료) 등

6 분리불안장애

(1) 원인

① **유전적 요인** : 아동의 유전적 특성으로서 행동억제 기질

② **가족요인**

ⓐ 부모의 부적절한 양육행동 : 과잉보호적 양육태도에 의한 의존성 강화

ⓑ 밀착된 가족 : 부모가 무의식적으로 아이와 떨어지는 것을 두려워 함

ⓒ 불안유발사건 : 부모의 질병, 동생의 출생, 이사, 전학 등

③ **인지행동적 입장** : 애착대상에 대한 인지적 왜곡

(2) 치료

① **행동치료** : 체계적 둔감법, 정서적 심상법, 모델링, 행동강화법 등

② **인지행동치료** : 불안유발 상황의 비현실성에 대한 인식, 불안유발 상황에 효과적으로 대처할 수 있는 방법의 모색 등

③ **놀이치료** : 놀이과정을 통한 불안의 표출 및 문제의 해결, 부모와의 정서적 의사소통 증진 등

④ **약물치료** : SSRI, 벤조디아제핀(Benzodiazepine) 등

7 선택적 무언증

(1) 원인

① 유전적 요인

② 부모의 통제적 양육태도

③ 부모의 과잉보호

④ 억제적인 분위기 등

(2) 치료

① **행동치료** : 강화, 소거, 조형

② **놀이치료**

③ **가족치료**

④ **약물치료**

01 DSM-IV의 분류기준에서 광범위한 발달장애의 하위유형으로 분류된 자폐성 장애는 자폐 스펙트럼 장애로 명칭이 변경되어 DSM-5에서 신경발달장애의 하위 유형으로 분류된다.

01 다음 중 불안장애에 해당되지 <u>않는</u> 것은?

① 선택적 무언증
② 사회불안장애
③ 특정 공포증
④ 자폐 스펙트럼 장애

02 **분리불안장애**
어머니를 위시한 애착대상과 떨어지는 것에 대해서 심한 불안을 나타내는 정서적 장애

02 분리불안장애를 지닌 아동에게서 나타날 수 있는 증상에 해당하지 <u>않는</u> 것은?

① 주요 애착대상이나 집을 떠나야 할 때마다 심한 불안과 고통을 느낀다.
② 낯선 이와 같은 공간에 있지 못하고 과도한 불안을 나타낸다.
③ 애착대상과 분리될 수 있는 사건들에 대해 지속적이고 과도하게 걱정한다.
④ 집을 떠나 잠을 자거나 주요 애착대상이 근처에 없이 잠을 자는 것을 지속적으로 꺼리거나 거부한다.

정답 01 ④ 02 ②

03 선택적 무언증에 대한 내용과 거리가 **먼** 것은?

① 이 장애로 인해 학업적·직업적 성취나 사회적 의사소통이 저해될 수 있다.

② 말하는 것이 기대되는 특정한 사회적 상황에서 지속적으로 말을 하지 못한다.

③ 특정한 상황뿐 아니라 일상적인 상황에서도 말을 하지 못한다.

④ 말하지 못하는 이유가 사회생활에서 요구되는 언어에 대한 지식이 없거나 그 언어에 대한 불편한 관계가 아니다.

03 선택적 무언증은 언어의 기본능력 자체에는 문제가 없는 심인성 장애로 여겨지며 특정 상황에서만 말을 하지 않는 것을 특징으로 한다.

04 다음에서 제시되는 사례에 부합하는 심리장애는?

> 문식은 여행을 싫어해서 가족끼리 여행하는 행사에서 꼭 집에 있으려고 한다. 여행을 아주 좋아하는 문식의 부모는 아직 중학생인 문식을 두고 여행을 다니기도 그렇고 그렇다고 문식이 때문에 여행을 가지 않기도 그렇다. 문식의 두 동생은 여행을 아주 좋아하기 때문이다. 문식의 강한 거부로 몇 번 문식이 혼자만 두고 여행을 다니긴 했으나 문식의 부모는 문식이가 이야기한 여행을 가지 않으려고 하는 이유가 이해되지 않는다. 그 이유가 문식이가 어릴 때 여행을 갔는데 뱀을 본 적이 있다는 것이다. 아무리 뱀이 나오지 않는 곳으로 여행을 가게 된다고 해도 문식은 떼를 쓴다.

① 사회불안장애

② 분리불안장애

③ 특정 공포증

④ 공황장애

04 특정한 대상이나 상황에 대한 비합리적 두려움과 회피행동을 지속적으로 나타내는 경우로 특정 공포증의 사례로 볼 수 있다.

정답 03 ③ 04 ③

05 사회불안장애는 다른 사람들과 상호 작용하는 사회적 상황을 두려워하여 회피하는 장애로, 사회공포증이라고 불리기도 한다.

05 사회불안장애에 대한 설명으로 옳은 것은?

① 공포스러운 사회적 상황이나 활동상황에 대한 회피, 예기불 안으로 일상생활, 직업 및 사회적 활동에 영향을 받는다.

② 뱀이나 공원, 동물, 주사 등에 공포스러워 한다.

③ 터널이나 다리에 대해 공포반응이 일어나는 경우이다.

④ 부교감신경계의 활성 등의 생리적 반응에서 기인한다.

06 공황발작의 13가지 증상
* 가슴이 두근거리거나 심장박동이 강렬하거나 또는 급작스럽게 빨라짐
* 땀 흘림
* 몸 떨림 또는 손발 떨림
* 숨이 가쁘거나 막히는 느낌
* 질식할 것 같은 느낌
* 가슴통증 또는 답답함
* 구토감 또는 복부통증
* 어지러움, 몽롱함, 기절상태의 느낌
* 몸에 한기나 열기를 느낌
* 감각이상(마비감이나 저린 느낌)
* 비현실감 또는 이인감(자기 자신 으로부터 분리된 느낌)
* 자기통제를 상실하거나 미칠 것 같은 두려움
* 죽을 것 같은 두려움

06 공황장애의 특징에 해당되지 <u>않는</u> 것은?

> ㄱ. 어지럼증
> ㄴ. 몸이 떨리고 땀 흘림
> ㄷ. 불면증
> ㄹ. 미쳐버리거나 통제력을 상실할 것 같은 느낌

① ㄱ   ② ㄴ

③ ㄷ   ④ ㄹ

07 광장공포증은 특정한 장소나 상황에 대한 공포를 나타내는 불안장애의 한 유형이다. 다만, 광장공포증은 엄밀한 의미에서 특정한 장소나 상황 자체에 대한 공포가 아닌 그러한 공간에서 경험할 수 있는 어떠한 불시의 사건에 대한 공포와 연관된다.

07 DSM-5에 의거하면, 탈출이 어렵거나 곤란한 장소 또는 공황발작과 같이 갑작스러운 곤경에 빠질 경우 도움을 받을 수 없는 장소나 상황에 대한 공포를 나타내는 불안장애는?

① 왜소공포증   ② 사회공포증

③ 폐쇄공포증   ④ 광장공포증

정답 05 ①   06 ③   07 ④

08 공황장애에서 일반적으로 사용하는 치료법으로 볼 수 <u>없는</u> 것은?

① 약물치료

② 점진적 노출

③ 긴장이완훈련

④ 최면

09 다음 중 범불안장애와 관련되는 내용이 <u>아닌</u> 것은?

① 벤조디아제핀계 약물사용을 통한 치료

② 애착대상과 떨어지는 것에 대해 심한 불안반응

③ 일반화된 불안장애라고도 부름

④ 항상 과민하고 긴장된 상태

10 다음의 공포를 느끼는 것은 특정 공포증의 유형 중 무엇에 해당하는가?

> 버스나 지하철 등 대중교통수단이나 엘리베이터, 공항, 터널 등 폐쇄된 공간에서의 공포

① 상황형

② 자연환경형

③ 혈액-주사-손상형

④ 동물형

---

08 공황장애의 치료
- 약물치료 : SSRI, 삼환식 항우울제, 벤조디아제핀계 약물 등
- 인지행동치료
  - 불안조절을 위한 복식호흡훈련, 긴장이완훈련
  - 신체감각에 대한 파국적 오해석의 인지적 수정
  - 공포상황에의 점진적 노출(공황통제 치료) 등

09 ②는 분리불안장애의 특징에 해당한다.

10 특정 공포증의 공포대상
- 상황형 : 버스나 지하철 등 대중교통수단이나 엘리베이터, 공항, 터널 등 폐쇄된 공간
- 자연환경형 : 천둥이나 번개, 산꼭대기나 바다 등 자연환경
- 혈액-주사-손상형(상처형) : 피를 보거나 주사를 맞는 것 또는 상처를 입는 것
- 동물형 : 뱀, 새, 거미, 바퀴벌레 등 동물이나 곤충

정답 08 ④ 09 ② 10 ①

11 예기불안은 공황장애의 대표적인 특징이다.

11 다음 중 광장공포증에 대한 설명으로 가장 적절하지 <u>않은</u> 것은?

① 공포상황을 회피하려는 강한 반응을 보인다.

② 공포가 다시 나타날지 모른다는 현저한 예기불안이 있다.

③ 개방된 공간에서 극심한 공포와 불안을 경험한다.

④ 불안과 공포는 주어진 위험에 비해 과도한 양상을 보인다.

12 공황장애의 주된 치료법은 약물치료, 인지행동치료, 공황통제치료 등이다.

12 다음 중 공황장애의 주된 치료법으로 가장 적절하지 <u>않은</u> 것은?

① 가족치료

② 약물치료

③ 인지행동치료

④ 공황통제치료

13 선택적 무언증의 주된 원인에는 유전적 요인, 부모의 통제적 양육태도, 부모의 과잉보호, 억제적인 분위기 등이 있다.

13 다음 중 선택적 무언증의 원인으로 가장 적절하지 <u>않은</u> 것은?

① 신경전달물질 이상

② 부모의 통제적 양육태도

③ 억제적인 분위기

④ 부모의 과잉보호

정답 11 ② 12 ① 13 ①

14 다음 중 괄호 안에 들어갈 적절한 말은 무엇인가?

> 사회공포증을 가진 사람이 사회적 위험을 지각할 경우 신체적 또는 인지적 변화, 안전행동, 자기초점적 주의(Self-Focused Attention)로 이어지는 변화과정이 거의 자동적으로 일어나며, 그와 같은 과정이 불안을 강화시킨다. 또한 자신의 수행에 대해 부정적으로 회상하는 사후반추사고(Post-Event Rumination)로 인해 미래의 수행에 대한 (   )이(가) 가중된다.

① 방해   ② 예기불안
③ 접촉   ④ 중재

15 다음 중 불안장애의 하위장애로 가장 적절하지 <u>않은</u> 것은?

① 범불안장애
② 질병불안장애
③ 특정 공포증
④ 공황장애

14 사회공포증으로 미래의 수행에 대한 예기불안이 가중되는 경향이 있다.

15 질병불안장애는 신체증상 및 관련 장애의 하위장애이다.

정답 14 ② 15 ②

SD에듀와 함께, 합격을 향해 떠나는 여행

제 6 장

강박장애

또 실패했는가? 괜찮다. 다시 실행하라. 그리고 더 나은 실패를 하라!

− 사뮈엘 베케트 −

제 6 장 | 강박장애

제1절 강박장애

1 의의 및 특징

(1) 원하지 않는 생각과 행동을 반복하게 되는 장애로, 극심한 불안이나 고통을 유발하는 강박사고(Obsessions)와 이를 중화하기 위한 강박행동(Compulsions)을 특징으로 한다.

(2) 강박사고는 음란하거나 근친상간적인 생각, 공격적 혹은 신성 모독적인 생각, 오염에 대한 생각, 반복적인 의심, 물건을 순서대로 정리하려는 충동 등 다양한 주제를 포함한다.

(3) 강박행동은 씻기, 청소하기, 정돈하기, 반복확인하기 등 외현적 행동으로 나타날 수도, 숫자 세기, 기도하기, 속으로 단어를 반복하기 등 내현적 행동으로 나타날 수도 있다.

(4) 강박장애를 가진 사람은 자신의 강박적인 사고나 행동이 비합리적이라는 사실을 인식하고 있다.

(5) 강박장애를 가진 사람은 사고-행위융합(Thought-Acting Fusion)을 특징으로 한다. 사고-행위융합은 사고와 행위를 연결함으로써, 사고한 바의 것이 직접적인 행위와 다르지 않다고 믿는 경향을 말한다. 강박장애를 가진 사람은 단순히 생각하는 것, 그것이 바로 중요하며 의미 있다고 믿는다.

(6) 사고-행위융합에는 비윤리적인 생각을 하는 것 자체가 곧 비도덕적이라고 믿는 도덕성융합(Moral Fusion), 비윤리적인 생각이 십중팔구 행위로 나타난다는 발생가능성융합(Likelihood Fusion)이 있다.

2 DSM-5의 주요진단기준

(1) 강박사고 혹은 강박행동 중 어느 하나가 존재하거나 둘 다 존재한다.

① 강박사고(Obsessions)는 다음의 두 가지로 정의된다.

> • 반복적이고 지속적인 사고, 충동 또는 심상의 장애가 진행되는 어느 순간에 침입적이고 원치 않게 경험되며, 대다수에게 현저한 불안과 고통을 유발한다.
> • 개인은 그와 같은 사고, 충동 또는 심상을 무시 또는 억압하려고 하거나 다른 사고 또는 행동(즉, 강박행동의 수행)으로써 이를 중화시키려고 한다.

② 강박행동(Compulsions)은 다음의 두 가지로 정의된다.

> • 반복적인 행동(손 씻기, 정리하기, 확인하기 등) 또는 정신적인 활동(기도하기, 숫자세기, 마음속으로 단어 반복하기 등)으로, 개인은 그와 같은 행동이 강박사고에 대한 반응으로 혹은 엄격히 적용되어야 하는 규칙에 따라 수행해야만 하는 것으로 느낀다.
> • 그와 같은 행동이나 정신적 활동은 불안이나 고통을 예방 또는 감소시키고, 어떤 두려운 사건이나 상황을 방지하기 위한 것이다. 그러나 그러한 행동이나 정신적 활동은 중화하거나 방지하려는 것과 실제적으로 연결되어 있지 않거나 혹은 명백히 지나친 것이다.

(2) 강박사고나 강박행동이 많은 시간을 소모하게 하거나(예 하루 한 시간 이상을 차지함), 사회적·직업적 기능 또는 다른 중요한 기능영역에서 임상적으로 유의미한 고통이나 손상을 초래한다.

(3) 강박증상들은 물질(예 남용약물, 치료약물)이나 다른 의학적 상태의 생리적 효과에 기인한 것이 아니다.

(4) 이러한 장애는 다른 정신장애의 증상들에 의해 더 잘 설명되지 않는다.

예 범불안장애에서 과도한 걱정, 신체변형장애에서 외모에 대한 집착, 저장장애에서 불필요한 물건의 처분곤란, 발모증에서 머리카락 뽑기, 피부벗기기장애에서 피부 벗기기, 정형적 동작장애에서 상동 증적 행동 등

3 강박장애의 원인과 치료

(1) 원인

① **인지행동적 입장**

㉠ 침투적 사고(우연히 의식 속에 떠오르는 원치 않는 불쾌한 생각)의 속성을 왜곡하는 자동적 사고의 작동

        ⓒ 사고-행위융합 : 사고한 바의 것이 직접적인 행위와 다르지 않다고 믿는 경향

        ⓒ 추론융합 : 현실의 직접적 증거보다 상상한 가능성에 따라 행동

        ⓔ 사고억제의 역설적 효과 : 침투적 사고를 억제하려는 시도가 오히려 침투적 사고를 더욱 빈번하게 떠오르도록 함

   ② **정신분석적 입장** : 항문기의 억압된 욕구나 충동의 재활성화에 따른 격리, 반동형성, 대치, 취소 등의 방어기제 사용

   ③ **생물학적 및 생화학적 입장**

        ㉠ 뇌의 구조적 결함으로 인한 기능 이상(囫 전두엽 또는 기저핵의 기능손상)

        ⓒ 세로토닌 이상 등

(2) 치료

   ① **인지행동치료**

        ㉠ 노출 및 반응방지법 : 두려워하는 자극과 사고를 강박행동 없이 견디어 내도록 함(불안장애의 치료기법으로 널리 활용)

        ⓒ 사고중지 : 집착적 사고의 차단 및 적응적 사고로의 주의집중

        ⓒ 역설적 의도 : 예상되는 불안 및 공포를 의도적으로 익살을 섞어 과장되게 생각하고 표현하도록 유도

        ⓔ 자기주장훈련 : 상대방을 공격하지 않으면서 자신의 감정을 솔직하게 표현하도록 유도

   ② **약물치료** : 항우울제인 클로미프라민(Clomipramine), SSRI 등

제2절   기타 강박장애

1 신체변형장애

개인이 자신의 신체적 외모상의 주관적인 결함에 대해 과도하고 왜곡되게 집착하는 장애이다. 이와 같은 장애를 가진 사람은 외모에 대한 높은 미적 민감성을 통해 자기 외모의 균형 및 조화를 평가하며, 얼굴의 미묘한 비대칭이나 사소한 결함에 집착한다. 특히 장애증상의 심리적 원인을 받아들이지 않으므로 심리치료를 거부하며, 성형수술을 원하는 경향이 있다.

2 저장장애

불필요한 물건을 버리지 못한 채 이를 보관하고자 하는 강한 충동을 느끼는 한편, 물건을 버리는 것 자체를 고통으로 받아들이는 장애이다. 강박적 저장(Compulsive Hoarding)과 강박적 수집(Compulsive Collecting)

을 특징으로 하며, 이와 같은 장애를 가진 사람은 자신의 지나친 저장 혹은 수집 행동의 심각성을 인식하지 못한다. 특히 우유부단함, 유목화/조직화의 결함, 기억의 결함, 손실의 과장된 평가 등 인지기능상의 결함을 나타낸다.

3 모발뽑기장애

머리카락을 뽑는 행동을 통해 쾌감과 만족감을 느끼는 것으로서, 그로 인해 사회적·직업적 적응에 심각한 어려움을 경험하는 장애이다.

4 피부벗기기장애

반복적으로 피부를 문지르거나 긁거나 벗기거나 뜯는 등의 행동을 보이는 것으로서, 다양한 심리적인 문제와 함께 나타나는 장애이다.

01 정신분석적 입장에서 볼 때 강박장애와 밀접하게 연관된 주요 방어기제가 <u>아닌</u> 것은?

① 투사　　　　　　　② 고립
③ 대치　　　　　　　④ 취소

02 DSM-5에 따른 강박 및 관련 장애의 하위유형에 해당하지 <u>않는</u> 것은?

① 신체변형장애
② 강박성 성격장애
③ 저장장애
④ 피부벗기기장애

03 다음 중 괄호 안에 들어갈 말로 알맞은 것은?

> 강박장애는 원하지 않는 생각과 행동을 반복하게 되는 장애로, 극심한 불안이나 고통을 유발하는 강박사고(Obsessions)와 이를 중화하기 위한 (　　)을(를) 특징으로 한다.

① 강박행동
② 강박동작
③ 이상행동
④ 외현적 행동

01 강박장애와 밀접하게 연관된 주요방어기제로는 격리 또는 고립(Isolation), 반동형성(Reaction Formation), 대치(Substitution), 취소(Undoing) 등이 있다.

02 강박성 성격장애는 성격장애의 범주에 해당한다.

03 강박장애는 원하지 않는 생각과 행동을 반복하게 되는 장애로, 극심한 불안이나 고통을 유발하는 강박사고(Obsessions)와 이를 중화하기 위한 강박행동(Compulsions)을 특징으로 한다.

정답　01① 　02② 　03①

04 침투적 사고에 대한 내용이다.

04 강박장애의 원인에 대한 인지행동적 입장에서 이야기하는 "우연히 의식 속에 떠오르는 원치 않는 불쾌한 사고"는 다음 중 무엇인가?

① 추론융합
② 사고억제
③ 사고-행위융합
④ 침투적 사고

05 저장장애의 특징에 해당된다.

05 불필요한 물건을 버리지 못한 채 이를 보관하고자 하는 강한 충동을 느끼는 한편, 물건을 버리는 것 자체를 고통으로 받아들이는 장애는 무엇인가?

① 신체변형장애
② 저장장애
③ 모발뽑기장애
④ 피부벗기기장애

06 **강박장애의 특징**
- 강박사고와 강박적 행동이 반복적으로 발생하는 장애
- 강박사고란 반복적으로 의식에 침투하는 고통스러운 생각, 충동 또는 심상을 의미하는 것으로 주로 음란하거나 근친상간적인 생각, 공격적이거나 신성 모독적인 생각, 오염에 대한 생각, 반복적 의심, 물건을 순서대로 정리하려는 충동 등
- 강박행동이란 불안을 감소시키기 위해서 반복적으로 나타내는 행동
- 강박장애 환자들은 자신의 사고와 행동이 부적절하다는 것을 알지만 그러한 행동을 반복하게 됨
- 강박장애 환자들은 강박적 사고와 행동으로 인해 많은 시간을 허비하기 때문에 현실적응에 어려움을 경험

06 강박장애의 특징을 모두 고른 것은?

┌─────────────────────────────────┐
│ ㄱ. 자신의 행동이 비합리적임을 알지만 강박행동을 멈추 │
│   지 못한다.   │
│ ㄴ. 강박행동을 수행한 후에 대개는 잠시 동안 불안을 덜 │
│   느낀다.   │
│ ㄷ. 일부 강박행동은 의례행동(Ritual Behavior)으로 발전 │
│   한다.   │
└─────────────────────────────────┘

① ㄱ, ㄴ
② ㄱ, ㄷ
③ ㄴ, ㄷ
④ ㄱ, ㄴ, ㄷ

정답 04 ④ 05 ② 06 ④

07 다음 중 괄호 안에 들어갈 가장 적절한 말은 무엇인가?

> 정신분석적 모델에서 본 강박장애의 원인은 (   )의 억압된 욕구나 충동의 재활성화에 따른 격리로 본다.

① 항문기　　　　　② 구강기
③ 남근기　　　　　④ 잠재기

08 다음 보기에서 설명하는 A군은 어떤 정신장애로 볼 수 있는가?

> A군은 청소년기가 되면서 수시로 머리카락을 뽑으며 그러한 행동을 통해 쾌감과 만족감을 느끼고 이로 인해 친구관계와 학교 적응에 심각한 어려움을 경험하고 있다.

① 강박장애
② 신체이형장애
③ 수집광
④ 털뽑기장애

09 다음 중 강박장애에서 보이는 강박사고의 특징으로 가장 적절하지 <u>않은</u> 것은?

① 반복적이고 지속적인 사고이다.
② 머릿속으로 1, 2, 3, 4 등을 센다.
③ 침투적인 특징이 있다.
④ 심한 고통과 불안을 느낀다.

정답　07 ①　08 ④　09 ②

10 전환장애는 신체증상 및 관련 장애의 하위장애이다.

10 다음 중 강박 및 관련 장애(DSM-5)의 하위장애로 가장 적절하지 **않은** 것은?

① 신체이형장애

② 수집광

③ 피부뜯기장애

④ 전환장애

정답 10 ④

제 7 장

외상 및 스트레스 사건 관련 장애

이성으로 비관해도 의지로써 낙관하라!

– 안토니오 그람시 –

제 **7** 장 | 외상 및 스트레스 사건 관련 장애

DSM-5에 따른 하위유형

1. 반응성 애착장애(Reactive Attachment Disorder)
2. 탈억제 사회관여 장애 또는 탈억제성 사회적 유대감 장애(Disinhibited Social Engagement Disorder)
3. 외상 후 스트레스 장애(Posttraumatic Stress Disorder)
4. 급성 스트레스 장애(Acute Stress Disorder)
5. 적응장애(Adjustment Disorder) 등

제1절   외상 후 스트레스 장애

1 의의 및 특징

(1) 외상 후 스트레스 장애는 충격적인 외상사건을 경험하고 난 후 다양한 심리적 부적응 증상이 나타나는 장애이다.

(2) 외상, 즉 트라우마(Trauma)는 발생횟수에 따라 일회적 외상(Single-Blow Trauma)과 반복적 외상(Repeated Trauma)으로 구분된다.

(3) 외상은 인간 외적 외상(Impersonal Trauma), 대인관계적 외상(Interpersonal Trauma), 애착 외상(Attachment Trauma)으로 구분된다.

(4) 충격적인 경험을 한 후 예민한 각성상태가 지속되고 고통스런 기억에서 완전히 벗어나지 못하며, 그로 인해 관련된 생각을 회피하려고 한다.

(5) 외상 후 스트레스 장애를 가진 사람은 재현성 환각이나 악몽을 통해 과거의 외상사건에 대한 생각에서 쉽게 벗어나지 못하며, 사건 당시의 경험을 회상하도록 하는 다양한 자극들에 대해 극도의 불안과 두려움을 느낀다.

(6) 장애의 징후는 외상사건 직후부터 나타나는 경우가 대부분이지만, 수개월이 지난 후, 혹은 몇 해가 지난 후에 나타나기도 한다.

(7) 외상 후 스트레스 장애는 다른 정신장애와의 공병률이 매우 높으며, 특히 외상 후 스트레스 장애 환자의 약 50%에서 주요우울장애가 나타나는 것으로 보고되고 있다.

(8) 공황장애와 마찬가지로 약물치료와 인지행동치료가 활용된다. 특히 포아(Foa)에 의해 개발된 지속노출치료(Prolonged Exposure)가 가장 효과적인 것으로 보고되고 있다.

2 DSM-5의 주요진단기준

(1) 실제적 혹은 위협에 의한 죽음에의 노출, 심각한 상해 또는 성폭력에의 노출을 다음의 어느 한 가지 이상의 방식으로 경험한다. 기출

- 외상사건을 직접 경험한다.
- 외상사건이 다른 사람에게서 일어나는 것을 목격한다.
- 외상사건이 가까운 가족성원이나 친구에게 일어난 것을 알게 된다(주의: 실제 죽음이나 죽음에 대한 위협에 노출된 경우, 그 외상 사건은 반드시 폭력적이거나 불의의 사고여야 한다).
- 외상사건의 혐오스러운 세부내용에 반복적 혹은 극단적으로 노출된다.

(2) 외상사건이 일어난 이후 외상사건과 관련된 침투증상이 다음 중 한 가지 이상으로 나타난다. 기출

- 외상사건의 고통스러운 기억을 자신의 의지와 상관없이 반복적이고 침투적으로 경험한다(주의: 만 6세 이상 아동에게는 외상적 사건의 주제나 국면이 반복적인 형태의 놀이로 표출될 수 있다).
- 외상사건과 관련된 내용 및 정서가 포함된 고통스러운 꿈들을 반복적으로 경험한다(주의: 아동의 경우 내용을 알 수 없는 무서운 꿈을 꾸기도 한다).
- 외상사건이 마치 되살아나는 듯한 행동이나 느낌이 포함된 해리반응을 경험한다(그와 같은 반응은 극단적인 표현과 함께 현재 상황에 대한 인식의 완전한 상실로 나타날 수 있다). (주의: 아동의 경우 외상 특유의 재현이 놀이로 나타날 수 있다)
- 외상사건의 특징과 유사하거나 이를 상징화한 내적 혹은 외적 단서에 노출되는 경우 강렬한 혹은 장기적인 심리적 고통을 경험한다.
- 외상사건의 특징과 유사하거나 이를 상징화한 내적 혹은 외적 단서에 대해 현저한 생리적 반응을 나타낸다.

(3) 외상사건이 일어난 이후 외상사건과 관련된 지속적인 자극회피가 다음 중 한 가지 이상의 방식으로 나타난다.

> • 외상사건에 대한 혹은 그것과 밀접하게 연관된 고통스러운 기억, 생각, 감정을 회피하거나 이를 회피하려고 노력한다.
> • 외상사건에 대한 혹은 그것과 밀접하게 연관된 고통스러운 기억, 생각, 감정을 유발하는 외적인 단서들(사람, 장소, 대화, 활동, 대상, 상황)을 회피하거나 이를 회피하려고 노력한다.

(4) 외상사건이 일어난 이후 혹은 악화된 이후 외상사건과 관련된 인지와 기분의 부정적인 변화가 다음 중 2가지 이상으로 나타난다.

> • 외상사건의 중요한 측면을 기억하지 못한다(전형적으로 해리성 기억상실에 기인하며, 두부외상이나 알코올 또는 약물과 같은 다른 요인들에 기인하지 않는다).
> • 자기자신, 타인 혹은 세상에 대한 과장된 부정적 신념이나 기대를 지속적으로 나타낸다.
>   예 "나는 나쁜 사람이다", "세상에 그 누구도 믿을 수 없다", "이 세계는 위험천만하다", "나의 전체 신경체계가 영구히 파괴되었다"
> • 외상사건의 원인이나 결과에 대한 왜곡된 인지를 지속적으로 나타내며, 이러한 인지가 그 자신이나 타인을 책망하도록 이끈다.
> • 부정적인 정서상태(예 두려움, 공포, 분노, 죄책감 혹은 수치심)를 지속적으로 나타낸다.
> • 중요한 활동에 대한 관심이나 참여가 현저히 감소한다.
> • 다른 사람으로부터 거리감 혹은 소외감을 느낀다.
> • 긍정적인 감정(예 행복감, 만족감 혹은 사랑의 감정)을 지속적으로 느끼지 못한다.

(5) 외상사건이 일어난 이후 혹은 악화된 이후 외상사건과 관련된 각성 및 반응성에서의 현저한 변화가 다음 중 2가지 이상으로 나타난다.

> • 사람이나 사물에의 언어적 혹은 물리적 공격으로 나타나는 짜증스러운 행동과 분노폭발
> • 무모한 행동 혹은 자기파괴적 행동
> • 과도한 경계
> • 과도한 놀람반응
> • 주의집중 곤란
> • 수면장애 예 수면을 취하거나 수면상태를 유지하는 것의 어려움 또는 불안정한 수면

(6) 위에 제시된 장애[(2), (3), (4), (5)]의 진단기준이 1개월 이상 나타난다. 기출

(7) 이러한 장애가 사회적·직업적 기능 또는 다른 중요한 기능영역에서 임상적으로 유의미한 고통이나 손상을 초래한다.

(8) 이러한 장애는 물질(예 치료약물, 알코올)이나 다른 의학적 상태의 생리적 효과에 기인한 것이 아니다.

> ※ 주의 : 위의 진단기준은 성인, 청소년, 만 6세 이상 아동에게 적용된다. 만 6세 미만의 아동에 대해서는 별도의 진단기준을 적용한다.

제2절 외상 후 스트레스 장애의 원인과 치료

1 원인

(1) 외상사건 : 가장 분명한 촉발요인으로, 외상 전 요인(가족력, 아동기의 외상경험 등), 외상 중 요인(외상경험 자체), 외상 후 요인(사회적 지지체계 부족, 추가적인 생활 스트레스 등)으로 구분

(2) 생물학적 입장 : 외상 후 스트레스 장애에 대한 취약성, 신경전달물질의 이상

(3) 정신분석적 입장 : 유아기의 비해결된 무의식적 갈등, 억압·부인(부정)·취소의 방어기제 동원

(4) 행동주의적 입장 : 외상사건은 무조건 자극이 되고 외상과 관련된 단서들이 조건자극이 됨으로써 불안반응이 조건형성됨

(5) 스트레스반응이론 : 외상사건을 경험한 사람이 절규 → 회피 → 동요 → 전이 → 통합의 단계를 거침

(6) 인지적 입장 : 박살난 가정이론(세상과 자신에 대한 가정 혹은 신념의 파괴)

2 치료

(1) 정신역동적 치료 : 카타르시스를 통한 외상사건의 재구성 및 심리 내적 갈등의 해소

(2) 약물치료 : SSRI, 삼환식 항우울제 등

(3) 지속적 노출법 : 외상사건의 불안한 기억에 대한 단계적·반복적 노출, 외상과 관련된 공포의 둔감화

(4) 인지처리치료 : 외상사건에 대한 보다 정교한 재평가, 외상사건에 부여한 부정적 의미의 수정

(5) 안구운동 둔감화 및 재처리 치료 : 외상사건의 괴로운 기억내용을 떠올리도록 하는 동시에 치료자의 손가락 움직임을 눈으로 따라가게 함

제3절 급성 스트레스 장애와 적응장애

1 급성 스트레스 장애

심한 트라우마적 사건 바로 이후에 나타나는 단기간의 불편한 기억으로, 외상성 사건 발생 후 4주 이내에 시작되고 지속기간은 단 3일에서 1개월이라는 점을 제외하면, 외상 후 스트레스 장애와 유사하다.

2 적응장애

스트레스의 강도와 관계없이 어떤 스트레스 혹은 충격적 사건 발생 3개월 이내에 우울, 불안, 감정조절의 어려움, 불면증상이 나타나기 시작하고 이러한 증상으로 인해 일상생활에 어려움이 찾아올 경우 진단될 수 있다.

제4절　반응성 애착장애와 탈억제성 사회적 유대감장애

1 반응성 애착장애 [기출]

대략 생후 9개월 이상 만 5세 이전의 아동에게서 주로 발병하며, 아동이 양육자와의 애착외상(Attachment Trauma)으로 인해 부적절하고 위축된 대인관계 패턴을 나타낸다. 유아기 및 초기 아동기에 특정 양육자와 일관성 있고 안정된 애착형성이 중요함에도 불구하고 양육자에게서 충분한 애정을 받지 못하거나 학대 혹은 방임상태로 양육되면서 애착외상이 발생한다.

2 탈억제성 사회적 유대감장애

양육자로부터 학대나 방임을 당한 경험을 지니고 있지만, 위축되는 대신 무분별한 사회성과 과도한 친밀감을 나타내는 경우로, 양육자와의 애착외상을 경험한 아동이 누구든지 낯선 성인에게 아무런 주저 없이 과도한 친밀감을 표현하며 접근하는 경우 진단될 수 있다.

01 DSM-5의 반응성 애착장애의 원인과 가장 거리가 <u>먼</u> 것은?

① 안락함, 자극, 애정 등 소아의 기본적인 감정적 욕구를 지속적으로 방치한다.
② 소아의 기본적인 신체적 욕구를 지속적으로 방치한다.
③ 돌보는 사람이 반복적으로 바뀜으로써 안정된 애착을 저해한다.
④ 유전적 원인으로 발생되며 주로 지능장애를 유발하는 대표적인 장애이다.

02 외상적 사건에 대한 기억과 연관된 불안을 감소시키는 데 초점을 맞추고 있는 치료법으로, 경험적으로 지지된 치료로서 학계로부터 널리 인정을 받고 있는 치료법은?

① 불안조절훈련
② 안구운동 둔감화와 재처리 치료
③ 지속노출치료
④ 인지적 처리치료

03 전쟁포로로 붙잡혀 있다가 풀려난 사람이 종전 후 총소리에 극심하게 불안증상을 느낄 때 가장 가능성이 높은 장애는?

① 자폐 스펙트럼 장애
② 외상 후 스트레스 장애
③ 조현병(정신분열증)
④ 청각장애

01 ④의 내용은 지적 장애에 해당한다.

02 외상 후 스트레스 장애의 대표적인 치료법 : 지속노출치료(Prolonged Exposure)
• 포아(Foa)와 리그스(Riggs)가 제시한 방법(1993)
• 외상사건을 단계적으로 떠올리게 하여 불안한 기억에 반복적으로 노출시킴으로써 궁극적으로 외상사건을 큰 불안 없이 직면할 수 있도록 유도하는 방법

03 외상 후 스트레스 장애는 격렬한 외상사건을 목격하거나 경험한 후 나타나는 불안증상 및 우울증상을 말한다. 외상 후 스트레스 장애를 가진 사람은 재현성 환각이나 악몽을 통해 과거의 외상사건에 대한 생각에서 쉽게 벗어나지 못하며, 사건 당시의 경험을 회상하도록 하는 다양한 자극들에 대해 극도의 불안과 두려움을 느낀다.

정답 (01 ④ 02 ③ 03 ②)

04 ①은 급성 스트레스 장애의 특징에 해당한다.

04 외상 후 스트레스 장애의 특징에 해당하지 <u>않는</u> 것은?

① 심한 트라우마적 사건 바로 이후에 나타나며 지속기간은 단 3일에서 1개월 정도이다.

② 재현성 환각이나 악몽을 통해 과거의 외상사건에 대한 생각에서 쉽게 벗어나지 못한다.

③ 수개월이 지난 후에 혹은 몇 해가 지난 후에 나타나기도 한다.

④ 약물치료와 인지행동치료가 활용된다.

05 외상은 인간 외적 외상, 대인관계적 외상, 애착외상으로 구분된다.

05 다음 중 외상의 유형에 해당하지 <u>않는</u> 것은?

① 인간 내적 외상

② 인간 외적 외상

③ 대인관계적 외상

④ 애착외상

06 반응성 애착장애에 대한 설명이다.

06 대략 생후 9개월 이상 만 5세 이전의 아동에게서 주로 발병하며, 아동이 양육자와의 애착외상(Attachment Trauma)으로 인해 부적절하고 위축된 대인관계 패턴을 나타내게 되는 질환은?

① 반응성 애착장애

② 탈억제 사회관여 장애

③ 적응장애

④ 급성 스트레스 장애

정답 04 ① 05 ① 06 ①

07 다음 중 외상 후 스트레스 장애의 주요증상 네 가지로 가장 적절하지 <u>않은</u> 것은?

① 외상과 관련된 자극에 대한 지속적 회피
② 외상과 관련된 인지와 기분의 부정적 변화
③ 외상과 관련된 자극에 대한 해리 및 반응의 저하
④ 외상과 관련된 침투증상

08 다음 중 탈억제성 사회적 유대감장애의 특징으로 가장 적절하지 <u>않은</u> 것은?

① 초기 애착외상이 있다.
② 9개월 이상 5세 이전에 발병한다.
③ 낯선 성인에게 주저 없이 과도한 친밀감을 표현한다.
④ 초기 주 양육자가 자주 바뀌어도 발생할 수 있다.

09 다음 중 외상 후 스트레스 장애의 치료법으로 적절하지 <u>않은</u> 것은?

① 노출 및 반응방지법
② 약물치료
③ 인지처리치료
④ 안구운동 둔감화 및 재처리 치료

07 외상 후 스트레스 장애의 주요증상 네 가지는 외상과 관련된 침투증상, 외상과 관련된 자극에 대한 지속적 회피, 외상과 관련된 인지와 기분의 부정적 변화, 외상과 관련된 각성 및 반응에서의 현저한 변화이다.

08 탈억제성 사회적 유대감장애 진단을 위한 기준 연령은 최소 연령 9개월 이상이다.

09 노출 및 반응방지법은 강박장애의 주된 치료법이고 외상 후 스트레스 장애는 지속 노출치료법을 사용한다.

정답 07 ③ 08 ② 09 ①

10 가까운 사람이 아닌 타인의 사망소
식을 미디어를 통해 전달받는 것은
외상사건에 해당하지 않는다.

10 다음 사례 중 급성 스트레스 장애에서 말하는 외상사건 경험으로 적절하지 <u>않은</u> 것은?

① A군은 친구들과 새벽에 자가용을 타고 가던 중 사고가 나서 친구 두 명이 죽었다.

② B양은 새벽에 횡단보도를 건너던 중 앞 사람이 자동차에 치여 사망하는 장면을 보았다.

③ C군은 아버지가 새벽까지 근무하고 퇴근하시던 중 자동차에 치여 돌아가셨다는 사실을 들었다.

④ D양은 TV를 통해 자가용에 치여 사망하는 행인의 소식을 반복적으로 시청하였다.

정답 10 ④

제 8 장

성격장애

할 수 있다고 믿는 사람은 그렇게 되고, 할 수 없다고 믿는 사람도 역시 그렇게 된다.

- 샤를 드골 -

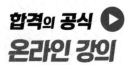

제 8 장 | 성격장애

제1절 A군 성격장애

1 유형

- 편집성 성격장애(Paranoid Personality Disorder)
- 조현(분열)성 성격장애(Schizoid Personality Disorder)
- 조현(분열)형 성격장애(Schizotypal Personality Disorder)

(1) 편집성 성격장애 : DSM-5의 주요진단기준

편집성 성격장애는 다음의 7가지 특성 중 4가지 이상의 항목에 해당해야 한다.

- 충분한 근거 없이 타인이 자신을 이용하거나 해를 입히거나 속인다고 의심한다.
- 친구나 동료의 진실성이나 신뢰성에 대한 부당한 의심에 집착되어 있다.
- 정보가 자신에게 악의적으로 사용될 수 있다는 두려움으로 인해 타인에게 자신의 속내를 드러내지 않는다.
- 타인의 사소한 말이나 사건 속에 자신에 대한 비하와 위협의 의도가 있는지 파악하고자 한다.
- 모욕, 손상 또는 경멸 등 자신이 품은 원한을 오랫동안 간직한다.
- 타인의 의견에는 아랑곳하지 않은 채 자신의 인격이나 명성이 공격당한 것으로 간주하여 즉각적으로 화를 내거나 반격한다.
- 특별한 이유 없이 자신의 배우자나 성적 상대자의 정절에 대해 반복적으로 의심한다.

(2) 조현(분열)성 성격장애 : DSM-5의 주요진단기준 <u>기출</u>

조현(분열)성 성격장애는 다음의 7가지 특성 중 4가지 이상의 항목에 해당해야 한다.

> • 가족의 일원이 되는 것을 포함하여 친밀한 관계를 원하지도 즐기지도 않는다.
> • 거의 항상 혼자서 하는 활동을 선택한다.
> • 타인과 성적 경험을 가지는 것에 대해 흥미가 없다.
> • 즐거움을 주는 활동이 거의 없으며, 극히 소수의 활동에서 즐거움을 얻는다.
> • 직계가족 이외에 가까운 친구나 속내를 털어놓을 수 있는 친구가 없다.
> • 타인의 칭찬이나 비평에 무관심한 반응을 보인다.
> • 정서적으로 냉담하고 고립적이며 단조로운 정동을 보인다.

(3) 조현(분열)형 성격장애 : DSM-5의 주요진단기준

조현(분열)형 성격장애는 다음의 9가지 특성 중 5가지 이상의 항목에 해당해야 한다.

> • 관계망상적 사고(분명한 관계망상은 제외)
> • 행동에 영향을 미치는, 하위문화의 기준에 부합하지 않는 괴이한 믿음이나 마술적 사고
>   예 미신, 천리안에 대한 믿음, 텔레파시, 육감. 단, 아동 및 청소년의 경우 기괴한 환상이나 집착
> • 신체적 착각을 포함한 유별난 지각경험
> • 괴이한 사고와 언어
>   예 애매하고 우회적이며 은유적이고, 지나치게 자세하게 묘사하거나 상동증적인 사고와 언어
> • 의심 또는 편집증적 사고
> • 부적절하거나 메마른 정동
> • 괴이하고 엉뚱하거나 득이한 행동이나 외모
> • 직계가족 이외에 가까운 친구나 마음을 털어놓을 수 있는 사람이 없음
> • 과도한 사회적 불안이 좀처럼 줄어들지 않으며, 이와 같은 불안은 자신에 대한 부정적 판단보다는 편집증적 공포와 연관됨

2 원인과 치료

(1) 편집성 성격장애

① 원인

㉠ 정신역동적 입장

• 항문기 고착 성격, 신뢰감의 기본적 결여

• 자주 사용하는 방어기제 : 투사, 부인, 반동형성

ⓛ 인지적 입장

　　• 자동적・역기능적 사고 : 인간은 악마적・기만적이라는 신념, 타인에 대한 적대적 신념

② **치료**

　　㉠ 약물치료 : 클로로프로마진 혹은 할로페리돈 등

　　㉡ 분노조절치료

(2) 조현(분열)성 성격장애

① **원인**

　　㉠ 유전적 요인 : 가족력

　　㉡ 정신역동적 입장 : 부모로부터의 거부경험, 좌절된 욕구의 해소, 통합되지 못한 자기표상

　　㉢ 인지적 입장 : 부정적인 자기개념, 대인관계에 대한 회피적 사고

② **치료**

　　㉠ 정신역동적 치료

　　㉡ 약물치료 : 항정신 약물, 항우울제

(3) 조현(분열)형 성격장애

① **원인**

　　㉠ 유전적 요인 : 가족력

　　㉡ 환경・사회적 요인 : 불안정애착

　　㉢ 인지적 입장 : 인지적 왜곡

② **치료**

　　㉠ 인지치료

　　㉡ 사회적 기술훈련, 언행의 모방학습

　　㉢ 약물치료 : 항정신 약물

제2절 B군 성격장애

1 유형 [기출]

- 반사회성 성격장애(Antisocial Personality Disorder)
- 연극성(히스테리성) 성격장애(Histrionic Personality Disorder)
- 경계성 성격장애(Borderline Personality Disorder)
- 자기애성 성격장애(Narcissistic Personality Disorder)

(1) 반사회성 성격장애 : DSM-5의 주요진단기준

반사회성 성격장애는 다음의 7가지 특성 중 3가지 이상의 항목에 해당해야 한다.

- 법에서 정한 사회적 규범을 준수하지 못하며, 구속사유에 해당하는 행위들을 반복적으로 한다.
- 자신의 이익이나 쾌락을 위해 반복적으로 거짓말을 하며, 가명을 사용하거나 타인을 속이는 것과 같은 사기를 일삼는다.
- 행동이 계획적이지 못하며 충동적이다.
- 자극 과민성과 공격성으로 육체적 싸움이 잦으며, 폭력사건에 연루된다.
- 자신 및 타인의 안전에 아랑곳하지 않으며, 서슴없이 무모한 행위를 한다.
- 직업활동을 지속적으로 성실하게 수행하지 못하며, 채무를 이행하지 못하는 등 무책임한 양상을 보인다.
- 자책의 결여로 타인에 대한 상해, 학대, 절도행위를 하고도 무관심한 태도를 보이거나 오히려 자신의 행위를 합리화한다.

(2) 연극성(히스테리성) 성격장애 : DSM-5의 주요진단기준

연극성(히스테리성) 성격장애는 다음의 8가지 특성 중 5가지 이상의 항목에 해당해야 한다.

- 자신이 관심의 초점이 되지 못하는 상황에서 불편해 한다.
- 다른 사람과의 상호작용에서 종종 부적절한 성적 유혹 또는 도발적 행동을 한다.
- 감정변화가 급격하며, 감정표현이 피상적이다.
- 주위의 관심을 자신에게로 끌어들이기 위해 시종일관 육체적 외모를 사용한다.
- 지나치게 인상적으로 말하면서도 세부적 내용이 결여된 대화양식을 가지고 있다.
- 자기연극화(Self-Dramatization), 연극조, 과장된 감정표현을 한다.
- 피암시성이 높다.
  - 예 타인이나 주위환경에 의해 쉽게 영향을 받음
- 대인관계를 실제보다 더욱 친밀한 것으로 생각한다.

(3) 경계성 성격장애 : DSM-5의 주요진단기준

경계성 성격장애는 다음의 9가지 특성 중 5가지 이상의 항목에 해당해야 한다.

- 실제적이거나 가상적인 유기를 피하기 위해 필사적으로 노력한다.
- 대인관계에 있어서 상대방에 대한 이상화와 평가절하의 교차가 극단적이고 반복적으로 나타난다.
- 정체감 혼란 : 자기상(Self-Image)이나 자기지각(Sense of Self)이 지속적으로 심각한 불안정성을 보인다.
- 자신에게 손상을 줄 수 있는 충동성을 최소 2가지 이상의 영역에서 나타내 보인다.
  예 낭비, 성관계, 물질남용, 난폭운전, 폭식(또는 폭음)
- 자살행동, 자살시늉, 자살위협 또는 자해행위를 반복적으로 나타내 보인다.
- 현저한 기분 변화로 인해 정서가 불안정하다.
  예 간헐적인 심한 불쾌감, 과민성 또는 불안이 수시간 지속되나 수일을 넘기는 경우는 극히 드묾
- 만성적인 공허감을 느낀다.
- 부적절하고 심한 분노를 느끼거나 분노를 조절하는 데 어려움을 느낀다.
  예 빈번히 울화통을 터뜨림, 계속해서 화를 냄, 자주 몸싸움을 함
- 일시적으로 스트레스에 의한 망상적 사고나 심한 해리 증상을 보인다.

(4) 자기애성 성격장애 : DSM-5의 주요진단기준

자기애성 성격장애는 다음의 9가지 특성 중 5가지 이상의 항목에 해당해야 한다.

- 자신의 중요성에 대해 과장된 지각을 가지고 있다.
  예 자신의 성취와 재능을 과장함. 상응할 만한 성취도 없으면서 최고로 인정받기를 기대함
- 무제한적인 성공, 권력, 탁월함, 아름다움 혹은 이상적인 사랑에 대한 공상을 자주 한다.
- 자신은 매우 특별하고 독특하다고 믿고, 특별하거나 지위가 높은 사람(또는 기관)만이 자신을 이해할 수 있으며, 자신 또한 그런 사람(기관)과 어울려야 한다고 생각한다.
- 타인으로부터 과도한 찬사를 요구한다.
- 특권의식을 가진다.
  예 근거 없이 특별한 대우를 기대하거나 다른 사람들의 자연스러운 순종을 기대함
- 타인을 이용하려고 한다.
  예 자신의 목적을 달성하기 위해 타인을 이용함
- 감정이입 능력의 결여로 인해 타인의 감정이나 요구를 인정하거나 확인하려고 하지 않는다.
- 종종 타인을 질투하거나 또는 자신이 타인의 질투대상이라고 생각한다.
- 오만방자한 행동이나 태도를 보인다.

2 원인과 치료

(1) 반사회성 성격장애

① 원인

ㄱ 유전적 요인 : 뇌파의 이상, 자율신경계 및 중추신경계의 각성 저하

ㄴ 환경적 요인 : 부모의 양육태도 문제, 학대 등

ㄷ 정신역동적 입장 : 초자아 미발달, 도덕성 결여

ㄹ 인지적 입장 : 잘못된 신념(내가 원하는 것을 얻기 위해서는 어떤 행동도 정당화가 가능하다.)

② 치료

ㄱ 치료의지 없음 : 범죄를 저지른 후 감옥에 갇히는 등의 상황보다는 치료받는 게 유리할 경우에만 치료받음

ㄴ 예후 나쁨

(2) 연극성(히스테리성) 성격장애

① 원인

ㄱ 정신역동적 입장

• 오이디푸스콤플렉스(Oedipus Complex)

• 젖가슴과 남근의 동일시(Breast-Penis Equation)

ㄴ 인지적 입장 : 모든 사람으로부터 사랑받아야 한다는 생각

② 치료

ㄱ 정신역동적 치료

ㄴ 약물치료 : 항우울제, 항불안제

(3) 경계성 성격장애

① 원인

ㄱ 정신역동적 입장

• 유아기의 분리-개별화 단계의 갈등

• 학대, 양육태만 등

ㄴ 인지적 입장

• 세상에 대한 무기력

• 거부에 대한 두려움

ㄷ 생물학적 입장

• 세로토닌 수준 낮음

• 뇌신경인지적 결함

② **치료**

    ㉠ 정신역동적 치료

    ㉡ 행동치료 : 한계를 설정하여 문제행동에 초점을 두고 접근

    ㉢ 인지치료 : 분노조절, 대처방법

    ㉣ 약물치료 : SSRI, 항불안제, 항정신병

(4) 자기애성 성격장애

① **원인**

    ㉠ 정신역동적 입장

        • 유아기적 자기애

        • 좌절경험이 없음

    ㉡ 인지적 입장 : 긍정적 정보만 선택하고 부정적 정보는 무시하거나 왜곡 수용

② **치료**

    ㉠ 정신역동적 치료

    ㉡ 인지치료

    ㉢ 약물치료 : 리튬, 세로토닌

제3절　C군 성격장애

1 유형 기출

- 회피성 성격장애(Avoidant Personality Disorder)
- 의존성 성격장애(Dependent Personality Disorder)
- 강박성 성격장애(Obsessive-Compulsive Personality Disorder)

(1) 회피성 성격장애 : DSM-5의 주요진단기준

회피성 성격장애는 다음의 7가지 특성 중 4가지 이상의 항목에 해당해야 한다.

- 비판, 비난 또는 거절을 두려워하여 의미 있는 대인적 접촉을 포함한 직업적 활동을 회피한다.
- 자신에 대해 호감을 가지고 있다는 확신이 서지 않는 사람과는 만남을 피한다.
- 창피당하고 조롱당할까봐 두려워하여 친밀한 관계를 제한한다.
- 사회적 상황에서 비판이나 거절당할 것이라는 생각에 사로잡혀 있다.
- 부적절감으로 인해 새로운 대인관계적 상황에서 위축된 모습을 보인다.
- 스스로를 사회적으로 무능하고 개인적인 매력이 없으며, 다른 사람들에 비해 열등하다고 본다.
- 당황스러워 하는 모습을 들킬까봐 두려워서 개인적인 위험이 따르는 일이나 다른 새로운 활동을 하지 않으려고 한다.

(2) 의존성 성격장애 : DSM-5의 주요진단기준

의존성 성격장애는 다음의 8가지 특성 중 5개 이상의 항목에 해당해야 한다.

- 일상적인 결정에 대해서도 타인의 많은 충고와 보장을 필요로 한다.
- 자기 인생의 중요한 부분까지도 떠맡길 수 있는 타인을 필요로 한다.
- 자신이 의지하는 사람에게서 지지와 칭찬을 상실할지도 모른다는 두려움으로 인해 반대의견을 제시하지 못한다(현실적인 보복의 두려움은 포함되지 않음).
- 동기나 활력의 부족이라기보다는 자신감 부족으로 인해 자신의 일을 단독으로 시작하거나 수행하는 데 어려움을 느낀다.
- 타인의 지지와 보호를 얻기 위해서라면 어떠한 일이든 마다하지 않는다.
- 일을 혼자 감당할 수 없다는 과장된 두려움으로 인해, 혼자 있는 것에 대해 불편감과 무력감을 느낀다.
- 의존 상대와의 친밀한 관계가 끝나는 경우 서둘러 다른 지지와 보호의 대상을 찾는다.
- 스스로를 돌봐야 하는 공포에 대해 비현실적으로 집착한다.

(3) 강박성 성격장애 : DSM-5의 주요진단기준

강박성 성격장애는 다음의 8가지 특성 중 4개 이상의 항목에 해당해야 한다.

- 세부사항, 규칙, 목록, 순서, 조직, 시간계획에 집착하여 일을 큰 틀에서 전체적으로 보지 못한다.
- 완벽주의 성향으로 인해 오히려 과제를 완수하기 어렵다.
  예 자신의 지나치게 엄격한 표준에 맞지 않으므로 계획을 완수하기 어려움
- 일과 생산성에 지나치게 몰두하여 여가활동을 즐기거나 가까운 사람들과 즐거운 시간을 가지지 못한다(이는 분명한 경제적 필요성 때문이 아님).
- 도덕적 · 윤리적 · 가치적 측면에서 지나치게 양심적이고 고지식하며, 융통성이 결여되어 있다(이는 문화적 또는 종교적 일체화에 기인한 것이 아님).
- 실용적으로도 감상적으로도 아무런 가치가 없는 물건을 쉽게 버리지 못한다.
- 자신이 일하는 방식에 따르지 않는 사람에게는 일을 위임하거나 함께 일하려고 하지 않는다.
- 미래의 재난에 대비하기 위해 돈을 쌓아두어야 한다는 생각으로 인해, 자신과 타인 모두에게 매우 인색하다.
- 경직되고 완고한 모습을 보인다.

---

2 원인과 치료

(1) 회피성 성격장애

① 원인

    ㉠ 정신역동적 입장 : 부정적 자아상

    ㉡ 인지적 입장

        • 자신에 대한 부정적 신념

        • 거부당할 것이라는 믿음

② 치료

    ㉠ 개인심리치료

    ㉡ 사회기술훈련 : 자기주장훈련 등

    ㉢ 인지행동치료

    ㉣ 약물치료 : SSRI, 베타차단제

(2) 의존성 성격장애

① 원인

    ㉠ 기질적 요인 : 변연계의 이상

    ㉡ 환경 · 사회적 요인 : 과잉보호

ⓒ 정신역동적 입장 : 구강기 고착

ⓔ 인지적 입장 : 잘못된 신념(나는 근본적으로 무기력하고 부적절한 사람이다.)

② **치료**

ⓐ 정신역동적 치료

ⓑ 사회기술훈련

ⓒ 인지행동치료

ⓓ 약물치료 : 불안 경감

(3) 강박성 성격장애

① **원인**

ⓐ 정신역동적 입장

- 항문기 고착
- 부모의 과잉통제적 양육으로 인한 초자아의 내면화
- 거부에 대한 두려움

ⓑ 인지적 입장 : 장애를 초래하는 사고 유형("실수를 범하는 것은 곧 실패하는 것이며, 이러한 실패는 견딜 수 없는 것이다" 등)

② **치료**

ⓐ 인지치료

ⓑ 집단치료

ⓒ 약물치료 : 항우울제

01 B군 성격장애에 해당하지 <u>않는</u> 것은?

① 경계성 성격장애

② 강박성 성격장애

③ 반사회성 성격장애

④ 연극성 성격장애

02 성격장애와 연관된 방어기제를 바르게 짝지은 것은?

① 강박성 성격장애 – 합리화(Rationalization)

② 조현(분열)성 성격장애 – 행동화(Acting-Out)

③ 반사회성 성격장애 – 주지화(Intellectualization)

④ 편집성 성격장애 – 투사(Projection)

---

01 강박성 성격장애는 C군 성격장애에 해당한다.

02 ① 지나치게 완벽주의적이고 세부적인 사항에 집착하며 과도한 성취 지향성과 인색함을 특징적으로 나타내는 성격장애이다. 방어기제로 주지화, 격리, 반동형성, 취소, 대치 등을 주로 사용한다.

② 타인과의 친밀한 관계형성에 관심이 없고 감정표현이 부족하여 사회적 적응에 현저한 어려움을 보이는 성격장애이다. 방어기제로 주지화를 주로 사용한다.

③ 사회의 규범이나 법을 지키지 않으며 무책임하고 폭력적인 행동을 반복적으로 나타내어 사회적 부적응을 초래하는 성격장애이다. 행동화의 방어기제를 주로 사용한다.

정답 01 ② 02 ④

03 ① 다른 사람에 의해 부당하게 취급 되거나 이용될 것이라는 생각 때 문에 타인에 대한 의심과 불신감 을 특징적으로 나타내는 것은 편 집성 성격장애의 특징이다.
③ 이성에 대한 관심과 욕구가 지나 치게 강하고, 외모와 신체적 매력 을 통해 관심을 끌려는 행동이 지 배적으로 나타나는 것은 연극성 성격장애의 특징이다.
④ 타인으로부터 호감을 받기를 갈망 하지만 비난 또는 거절을 받을지 도 모른다는 두려움 때문에 지속 적으로 대인관계를 기피하게 되는 것은 회피성 성격장애이다.

04 **조현성 성격장애 : 진단기준**
• 가족의 일원이 되는 것을 포함하여 친밀한 관계를 원하지도 즐기지도 않는다.
• 거의 항상 혼자서 하는 활동을 선 택한다.
• 다른 사람과 성경험을 갖는 일에 거의 흥미가 없다.
• 만약 있다고 하더라도, 소수의 활동 에만 즐거움을 얻는다.
• 직계가족 이외에는 가까운 친구나 마음을 털어놓는 친구가 없다.
• 타인의 칭찬이나 비평에 무관심해 보인다.
• 정서적인 냉담, 무관심 또는 둔마 된 감정반응을 보인다.
조현형 성격장애 : 진단기준
• 관계망상과 유사한 사고
• 행동에 영향을 미치는 괴이한 믿음 이나 마술적 사고
• 신체적 착각을 포함한 유별난 지각 경험
• 괴이한 사고와 언어
• 의심이나 편집증적인 사고
• 부적절하거나 메마른 정동
• 괴이하고 엉뚱하거나 특이한 행동 이나 외모
• 직계가족 외에는 가까운 친구나 마음 을 털어놓을 수 있는 사람이 없다.
• 과도한 사회적 불안

정답 03 ② 04 ③

03 각 성격장애의 일반적인 증상에 대한 설명으로 옳은 것은?

① 강박성 성격장애 : 다른 사람에 의해 부당하게 취급되거나 이용될 것이라는 생각 때문에 타인에 대한 의심과 불신감을 특징적으로 나타낸다.
② 조현(분열)성 성격장애 : 타인에 대한 관심과 흥미가 부족 하여 타인과 지속적인 사교적 관계를 맺지 못한다.
③ 자기애성 성격장애 : 이성에 대한 관심과 욕구가 지나치게 강하고, 외모와 신체적 매력을 통해 관심을 끌려는 행동이 지배적이다.
④ 의존성 성격장애 : 타인으로부터 호감을 받기를 갈망하지만 비난 또는 거절을 받을지도 모른다는 두려움 때문에 지속적 으로 대인관계를 기피하게 된다.

04 조현성 성격장애와 조현형 성격장애의 공통점을 옳게 고른 것은?

> ㄱ. 의심이나 편집증적 사고
> ㄴ. 정체성 문제
> ㄷ. 제한된 정서 및 감정
> ㄹ. 사회적 고립

① ㄱ, ㄴ ② ㄴ, ㄷ
③ ㄷ, ㄹ ④ ㄴ, ㄹ

05 반사회성 성격장애의 원인과 가장 거리가 <u>먼</u> 것은?

① 부모의 적대감과 학대

② 변덕스럽고 충동적인 부모의 양육태도

③ 신경전달물질인 세로토닌(Serotonin)의 부족

④ 붕괴된 자아와 강한 도덕성의 발달

05 반사회성 성격장애의 원인
- 뇌파 이상, 자율신경계와 중추신경계의 각성이 저하되는 경향, 세로토닌의 부족
- 어린 시절의 양육경험 : 변덕스럽고 지배적인 부모의 양육태도, 어린 시절의 신체적 학대, 교사로부터의 낙인, 무관심한 부모 등
- 정신분석적 입장 : 어머니와 유아 간의 관계형성의 문제
- 인지적 입장 : '내가 원하는 것을 이루기 위해서는 어떠한 행동도 정당화될 수 있다', '내가 먼저 공격하지 않으면 다른 사람이 먼저 나를 공격할 것이다', '다른 사람이 나를 어떻게 생각하는지는 중요하지 않다' 등의 독특한 신념을 가짐

06 "외모가 중요해", "나는 언제나 다른 사람의 주의를 끌어야 해", "감정은 즉각적으로 직접 표현해야 해" 등과 같은 인지도식을 가진 성격장애는?

① 편집성 성격장애

② 히스테리성 성격장애

③ 자기애성 성격장애

④ 강박성 성격장애

06 히스테리(연극)성 성격장애의 주요 특징에 해당하는 내용이다.

07 조현형 성격장애의 진단기준에 포함되지 <u>않는</u> 것은?

① 괴이한 사고와 언어

② 과도한 사회적 불안

③ 관계망상적 사고

④ 불안정하고 강렬한 대인관계

07 '불안정하고 강렬한 대인관계'는 경계성 성격장애에 주로 나타나는 증상에 해당된다.

정답 05 ④ 06 ② 07 ④

08 사례는 자신에 대한 과도한 자신감을 특징으로 하는 자기애성 성격장애의 내용에 해당한다.

08 다음 사례는 어떤 진단범주에 속하는가?

> 이번 학기 기말고사에서 B학점을 받게 된 영희는 매우 큰 충격에 빠졌다. 영희는 지금까지 자기보다 더 우수한 사람은 볼 수 없고 자기는 외모, 성격, 지성 등 모든 면에서 남보다 월등하다는 자신감이 있었기 때문에 충격이 더 컸다. 그리고 이렇게 된 것은 교수가 문제를 잘못 출제하였기 때문이라고 결론지어 이를 따지고자 한다.

① 경계성 성격장애
② 주요우울장애
③ 반사회성 성격장애
④ 자기애성 성격장애

09 회피성 성격장애는 C군 성격장애에 해당되며 편집성 성격장애, 조현(분열)성 성격장애, 조현(분열)형 성격장애는 사회적으로 고립되어 있으며 기이한 성격특성을 나타내는 군집인 A군에 속한다.

09 대체로 불안이 높고 자기신뢰가 부족하며 인간관계에서 두려움을 갖는 행동을 특징으로 나타내는 C군 성격장애에 해당되는 것은?

① 편집성 성격장애
② 조현(분열)성 성격장애
③ 조현(분열)형 성격장애
④ 회피성 성격장애

10 자신이 사회적으로 무능하고 개인적인 매력이 없으며, 열등하다고 생각하는 것은 DSM의 분류기준상 회피성 성격장애에 해당한다.

10 의존성 성격장애의 진단기준에 해당하지 않는 것은?

① 자신이 사회적으로 무능하고 열등하다고 생각한다.
② 자신의 일을 혼자서 시작하거나 수행하기가 어렵다.
③ 타인의 보살핌과 지지를 얻기 위해 무슨 행동이든 한다.
④ 타인의 충고와 보장이 없이는 일상적인 일도 결정을 내리지 못한다.

정답 08 ④ 09 ④ 10 ①

11 다음 중 경계성 성격장애의 특징으로 가장 적절하지 <u>않은</u> 것은?

① 정서가 불안정하고 기분변화가 극심하다.

② 정체감 혼란이 있고 감정표현이 피상적이다.

③ 만성적인 공허감을 느낀다.

④ 자살위협, 자살행동 등을 반복적으로 보인다.

11 감정표현이 피상적인 것은 연극성 성격장애의 특징이다.

12 다음 중 강박성 성격장애의 특징으로 가장 적절하지 <u>않은</u> 것은?

① 고지식하며 융통성이 적다.

② 세부사항에 집착하고 전체적인 큰 틀을 잘 못 본다.

③ 침투적 사고를 하는 경향이 있다.

④ 과도하게 양심적이다.

12 침투적 사고는 강박장애의 특징에 해당한다.

13 다음 〈보기〉는 어떤 장애의 특징을 보여주는 것인가?

┌─ 보기 ─

• 성적으로 유혹적이고 도발적이다.
• 과장된 감정표현을 한다.
• 피상적인 감정표현과 빠른 감정의 변화를 보인다.
• 높은 피암시성을 보인다.

① 히스테리성 성격장애

② 자기애성 성격장애

③ 반사회성 성격장애

④ 경계성 성격장애

13 보기는 타인으로부터 강화를 열망하는 연극성(히스테리성) 성격장애의 특징이다.

정답 (11 ② 12 ③ 13 ①)

14 종종 권위자의 요구나 규칙을 따르는 것에 반항하는 것은 적대적 반항장애의 특징에 해당한다.

14 다음 중 반사회성 성격장애의 특징으로 가장 적절하지 <u>않은</u> 것은?

① 종종 권위자의 요구나 규칙을 따르는 것에 반항한다.

② 매우 충동적이며 계획적이지 못하다.

③ 자신의 이익이나 쾌락을 위해 여러 번 거짓말을 하고 타인을 속인다.

④ 법을 준수하지 못하며 구속될 만한 행동을 자주한다.

정답 14 ①

제 9 장

신체증상 및 관련 장애

※ DSM-IV의 분류기준에서 신체형장애로 지칭되던 장애가 DSM-5에서는 신체증상 및 관련 장애로 변경되어 제시되고 있다.

비관론자는 어떤 기회가 찾아와도 어려움만을 보고,
낙관론자는 어떤 난관이 찾아와도 기회를 바라본다.

– 윈스턴 처칠 –

제 9 장 | 신체증상 및 관련 장애

제1절 신체증상장애

1 임상적 특징

(1) 신체증상장애는 DSM-5에서 처음 제시된 것으로, 한 가지 이상의 신체적 증상으로 고통을 호소하거나 그로 인해 일상생활이 현저히 방해를 받는 경우를 말한다.

(2) DSM-5에서는 신체증상장애의 핵심요인으로서 신체증상이나 그와 결부된 건강에 대한 과도한 사고, 감정 또는 행동이 다음의 3가지 방식 중 최소 1가지 이상의 방식으로 나타나야 진단이 가능하다고 제시하고 있다.

> • 자신의 증상의 심각성에 대한 부적합하고 지속적인 생각
> • 건강이나 증상에 대한 지속적으로 높은 수준의 불안
> • 이와 같은 증상이나 건강염려에 대해 과도한 시간과 에너지를 소모함

(3) 신체증상장애는 신체증상에 대한 과도한 사고와 염려가 최소 6개월 이상 지속될 경우 진단된다.

(4) 신체증상장애를 가진 사람에게서 나타나는 주된 증상은 통증(Pain)으로, 이는 특정 신체부위의 통증과 같이 구체적인 것일 수도, 막연히 피로감을 나타내는 것일 수도 있다.

(5) 신체증상장애의 주된 특징은 질병에 대한 과도한 걱정 혹은 건강염려로, 환자들은 자신의 증상의 심각성을 강조하여 삶의 중심주제로 다룬다.

2 유병률 및 경과

(1) 유병률은 대략 5~7% 정도이며, 남성보다 여성에게서 높을 것으로 추정하고 있다.

(2) 사회경제적 지위나 교육수준이 낮으며, 도시보다는 시골에 거주하는 사람에게서 나타나는 경향이 있다.

(3) 초기 아동기나 청소년기에 시작하는 경향이 있으며, 증세의 기복과 함께 만성적인 경과를 보이는 경우
가 많다.

(4) 서양인보다는 아시아계나 아프리카계 사람에게서 더욱 흔하게 나타난다는 연구결과가 보고된 바 있다.

제2절 질병불안장애

1 임상적 특징

(1) DSM-Ⅳ에서 건강염려증(Hypochondriasis)으로 불린 것으로, 자신이 심각한 질병에 걸렸다는 집착과
공포를 나타내는 경우를 말한다.

(2) DSM-5에 따른 질병불안장애의 주요진단기준은 다음과 같다.

> • 심각한 질병을 가지고 있거나 심각한 질병에 걸렸다는 생각에의 과도한 집착
> • 신체적 증상이 존재하지 않거나 신체적 증상이 존재하더라도 그 강도가 약함. 만약 다른 의학적
>   조건을 가지고 있거나 그 악화가능성이 매우 높더라도 그와 같은 집착은 명백히 과도하거나 불균
>   형한 것이어야 함
> • 긴깅에 대해 매우 높은 수준의 불안증상을 보이며, 개인적 건강상태에 대해 매우 민감한 반응을 보임
> • 건강과 관련된 과도한 행동양상(예 질병의 증상을 찾기 위한 반복적인 검사)이나 부적응적인 회피행
>   동(예 의사와의 면담약속이나 병원에의 방문을 회피함)을 보임
> • 질병에의 집착이 최소 6개월 이상 지속되어야 하며, 두려워하는 질병이 그 기간 동안에 변화해야 함

2 유병률 및 경과

(1) 유병률은 일반적인 병원 환자들 중 대략 4~9% 정도인 것으로 보고되고 있으며, 남성과 여성의 발병률
이 비슷한 것으로 알려져 있다.

(2) 초기 청소년기에 보다 흔히 나타나며, 증상의 호전과 악화가 반복되는 만성적인 경향을 보인다.

(3) 인지행동치료와 스트레스 관리훈련이 효과적인 것으로 보고되고 있다.

제3절　전환장애

1 임상적 특징

(1) 전환(Conversion)은 개인의 무의식적·심리적 갈등이 신체증상으로 나타나는 경향을 말한다.

(2) 운동기능이나 감각기능상의 장애가 나타나지만 그와 같은 기능상의 장애를 설명할 수 있는 신체적 혹은 기질적 이상이 발견되지 않는 장애를 말한다. 즉, 심리적 요인과 연관된 명확히 설명하기 어려운 한 가지 이상의 증상이 수의적 운동기능이나 감각기능에 영향을 미치는 것이다.

(3) 과거 히스테리성 신경증(Hysterical Neurosis)이라고도 불린 것으로, 특히 신경학적 손상을 시사하는 한 가지 이상의 신체적 증상을 나타내므로 기능성 신경증상장애(Functional Neurological Symptom Disorder)로 불리기도 한다.

(4) 크게 다음의 4가지 유형으로 구분할 수 있다.

> - 운동기능의 이상 : 신체균형이나 협응기능의 이상, 신체 일부의 국소적 마비 또는 쇠약, 발성불능에 따른 불성증(Aphonia), 음식을 삼키지 못함 등
> - 감각기능의 이상 : 촉각 또는 통각의 상실, 갑작스런 시력상실 또는 물체가 이중으로 보이는 이중시야, 소리를 듣지 못함 등
> - 경련 또는 발작 : 급작스럽게 손발이 뒤틀리는 경련, 특이한 신체감각 등
> - 복합적 증상(혼재증상) : 위의 세 가지 유형의 이상증상들이 복합적으로 나타나는 경우

(5) 신체증상은 의도적으로 가장된 것이 아니며, 그에 선행된 심리적 갈등이나 스트레스를 전제로 한다.

(6) 전환장애 환자들은 증상의 심각성에 대해 마치 걱정하지 않는 듯한 무관심한 태도(La Belle Indifference)를 보이기도 한다.

2 유병률 및 경과

(1) 아동이나 청소년에게서 상대적으로 높은 발병률을 보이며, 남성보다는 여성에게서 많이 나타난다.

(2) 입원치료를 받는 경우 보통 2주 이내의 짧은 기간에 증상이 완화되지만, 1년 이내 재발률이 20~25%로 높은 편이다.

제4절 　허위성 장애

1 　임상적 특징

(1) 환자의 역할을 하기 위하여 신체적 또는 심리적 증상을 의도적으로 만들어 내거나 위장하는 경우를 의미한다.

(2) 증상을 만들어내고자 일부러 약물을 복용하기도 하고 자신이 가장하려는 질병을 철저히 연구하여 의학에 대한 많은 지식을 보유하고 있기도 하다.

(3) 허위성 장애는 단순히 환자가 되고 싶어서 의도적으로 증상을 만들어 내거나 가장하는 경우이지만 꾀병은 목적(금전적 보상, 형벌 회피 등)을 위하여 의도적으로 병을 만들어 내는 것이라는 점에서 다르다.

(4) 뮌하우젠 증후군(Munchausen syndrome)은 허위성 장애의 극단적・장기적 형태로 볼 수 있다.

2 　유병률 및 경과

(1) 여자보다 남자에게 흔하고, 잘 알려지지 않은 매우 드문 장애에 해당된다.

(2) 단발입원으로 호전되는 경우도 있으나 일반적으로 만성적인 경과를 보인다.

(3) 성인기 초에 시작되며, 신체적 혹은 심리적인 장애로 인하여 입원 후 시작되는 경우가 많다.

01 DSM-5 신체증상 및 관련 장애에 속하는 장애를 모두 고른 것은?

> ㄱ. 질병불안장애
> ㄴ. 전환장애
> ㄷ. 신체증상장애

① ㄱ, ㄴ
② ㄱ, ㄷ
③ ㄴ, ㄷ
④ ㄱ, ㄴ, ㄷ

01 신체증상 및 관련 장애의 주요 하위 유형
- 신체증상장애
- 질병불안장애
- 전환장애
- 허위성(가장성 또는 인위성) 장애 등

02 심리적 갈등이나 스트레스로 인해 갑작스런 시력상실이나 마비와 같은 감각이상 또는 운동증상을 나타내는 질환은?

① 공황장애
② 전환장애
③ 신체증상장애
④ 질병불안장애

02 전환장애
- 전환장애는 DSM-5에서 신체증상 및 관련 장애의 하위유형에 속한다.
- 전환장애는 주로 신경학적 손상을 시사하는 한 가지 이상의 신체적 증상을 나타내는 경우로, 기능성 신경 증상장애라고 불리기도 한다.
- 전환장애 환자는 자신의 증상에 대해 그다지 걱정하지 않는 무관심한 태도를 나타낸다.

정답 (01 ④ 02 ②)

03 ① 실제적인 신체적 질병은 없다.
② 먼 과거에 일어났던 일에 대한 상당한 정도의 기억상실을 수반하는 것은 해리성 장애이다.

03 어떤 사람이 '신체화 장애'인 것 같다는 이야기는 무엇을 의미하는가?

① 실제적인 신체적 질병이 있다.
② 증상은 먼 과거에 일어났던 일에 대한 상당한 정도의 기억상실을 수반한다.
③ 통상 중년 이후에 최초 증상이 나타난다.
④ 복합적인 신체증상과 정서적 증상들이 여러 해 동안 지속된다.

04 수면장애를 흔히 동반하는 질환은 우울증으로 볼 수 있다.

04 다음 중 신체화 장애에 대한 설명으로 옳지 <u>않은</u> 것은?

① 수면장애를 흔히 동반한다.
② 심리치료에 대한 저항이 강하다.
③ 여자가 남자보다 유병률이 높다.
④ 신체화 증상이 이차적 이득에 의해 강화받는다.

05 허위성 장애의 특징에 해당한다.

05 다음 질환은 무엇에 대한 설명인가?

> • 의도적으로 신체적 증상 혹은 심리적 증상을 일으킨다.
> • 증상을 호소하는 목적이 뚜렷하지 않다.
> • 어떤 이유로든 환자의 역할을 하고 싶어 하는 것으로 보인다.

① 꾀병
② 전환장애
③ 허위성 장애
④ 해리성 장애

정답 03 ④ 04 ① 05 ③

06 뮌하우젠 증후군은 다음 중 어느 질환의 하위범주에 해당하는가?

① 신체증상장애
② 질병불안장애
③ 전환장애
④ 허위성 장애

07 다음 사례의 환자는 어느 장애로 볼 수 있는가?

> "갑자기 왼쪽 다리가 움직이지 않습니다. 신경과에서 여러 가지 검사를 받아 보았지만 아무 이상이 없다고 하네요. 결국 정신과로 가라고 해서 왔습니다. 예전에도 같은 쪽 다리가 2주 가량 마비되었다가 저절로 나은 적이 있어요."

① 신체증상장애
② 질병불안장애
③ 전환장애
④ 허위성 장애

08 다음 중 신체증상 및 관련 장애의 하위장애로 적절하지 <u>않은</u> 것은?

① 전환장애
② 질병불안장애
③ 허위성 장애
④ 신체이형장애

09 두통 또는 복통은 신체증상장애의 증상에 해당한다.

09 다음 중 전환장애의 유형으로 가장 적절하지 <u>않은</u> 것은?

① 경련 또는 발작
② 감각기능의 이상
③ 두통 또는 복통
④ 운동기능의 이상

---

10 보기는 질병불안장애에 대한 설명이다. 신체강박장애라는 진단명은 존재하지 않는다.

10 다음 〈보기〉에서 설명하는 장애는 무엇인가?

> ─ 보기 ─
> • 자신이 심각한 질병에 걸렸다는 생각에 대한 집착과 공포를 보인다.
> • 건강에 대해 매우 높은 수준의 불안증상을 보인다.
> • 자신의 건강상태에 대해 매우 민감한 반응을 보인다.
> • 진료추구형과 진료회피형이 있다.

① 질병불안장애
② 신체강박장애
③ 신체증상장애
④ 전환장애

---

11 인위성(허위성) 장애는 환자가 되는 것 자체가 목적이어서 달성 후 증상이 사라지는 것이 없다. 이 점이 꾀병과 다른 점이다.

11 다음 중 인위성 장애에 대한 설명으로 가장 적절하지 <u>않은</u> 것은?

① 자녀 등을 환자로 만드는 등 타인에게 부과된 인위성 장애도 있다.
② 일정한 목적을 달성하면 증상이 서서히 사라진다.
③ 환자의 역할을 하기 위해 증상을 의도적으로 만들어 낸다.
④ 다른 사람에게 자신이 아프고 장애가 있거나 부상당한 것처럼 표현한다.

정답 (09 ③ 10 ① 11 ②)

제 10 장

해리장애

당신이 저지를 수 있는 가장 큰 실수는 실수를 할까 두려워하는 것이다.

– 앨버트 하버드 –

제 10 장 | 해리장애

1 임상적 특징

(1) 개인의 중요한 과거경험이나 정보를 기억하지 못하는 것으로, 과거에는 심인성 기억상실증(Psychogenic Amnesia)으로도 불렸다.

(2) DSM-5에서는 해리성 기억상실증의 핵심증상으로, 통상적인 망각과는 일치하지 않는 중요한 자서전적 정보에 대한 회상능력의 상실을 제시하고 있다.

(3) DSM-5에서 해리성 기억상실증은 해리성 둔주(Dissociative Fugue)가 함께 나타나는 유형과 그렇지 않은 유형으로 구분된다. 해리성 둔주는 갑자기 일상적 활동영역에서 벗어나 예정에 없는 여행이나 방황을 하는 것으로, 정체감의 혼돈으로 나타나는 해리상태를 말한다.

(4) 보통 특정한 사건에 대한 국소적 또는 선택적 기억상실로 나타나지만, 정체성과 생활사에 대한 전반적인 기억상실로 나타나는 경우도 있다. 그러나 그와 같은 경우에도 일반상식이나 지식과 같은 비개인적인 정보의 기억에는 손상이 없으며, 언어 및 학습능력 등 일반적 적응기능 또한 유지되는 경우가 대부분이다.

(5) 정신분석학적 관점에서 해리성 기억상실증을 가진 사람은 억압(Repression) 및 부인(Denial)의 방어기제를 통해 불안과 공포의 경험을 무의식 안으로 억압하거나 의식에서 몰아내는 경향을 보인다.

(6) 뇌손상이나 뇌기능장애가 아닌 심리적 요인에 의해 기억상실이 급작스럽게 발생하며, 일시적인 지속과 함께 회복된다. 이와 같이 해리성 기억상실증 환자들이 고통스럽고 상처받은 사건의 기억을 회상하지 못하게 되는 것을 상태의존적 학습(Statedependent Learning)으로 설명하기도 한다.

2 유병률

남성보다는 여성에게서 많이 나타나며, 노년기보다는 청년기에 흔히 발병하는 것으로 보고되고 있다.

제2절 │ 해리성 정체감 장애

1 임상적 특징

(1) 의의

① 과거에 다중인격장애 또는 다중성격장애(Multiple Personality Disorder)로도 불렸다.

② 한 사람 안에 서로 다른 정체성과 성격을 가진 여러 사람이 존재하면서 상황에 따라 각기 다른 사람이 의식에 나타나서 말과 행동을 하는 모습을 보인다.

③ 한 사람에게 둘 이상의 서로 다른 정체감을 지닌 인격이 존재하는 해리상태에 해당하며, 인격의 수는 2~100개 이상 보고되고 있으나 사례들 중 절반 이상에서 그 수가 10개 이하인 것으로 알려져 있다.

④ 각각의 인격은 반복적으로 개인의 행동을 통제하며, 개별적인 과거력과 자아상을 가진다. 특히 한 인격이 의식에 나타나 경험한 것을 다른 인격이 기억하지 못하는 경우가 많다.

⑤ 자신의 이름을 그대로 유지하는 일차적 인격은 수동적·의존적이고 우울감과 죄책감을 느끼는 반면, 다른 이름을 가지는 교체되는 인격은 통제적·적대적이고 다른 인격과 갈등을 일으킨다.

⑥ 아동기에 신체적 또는 성적 학대를 경험한 사람에게서 흔히 나타나며, 심리사회적 스트레스에 자극되어 인격의 교체가 나타난다.

⑦ 한 연구결과에 따르면, 해리성 정체감 장애를 가진 환자들은 다른 장애집단에 비해 피암시성 또는 피최면성 수준이 높은 것으로 나타났다.

⑧ 과거연구들에서는 남성보다 여성에게서 많이 나타난다는 보고가 있었으나, 최근 미국 정신의학협회(APA)에 따르면, 남성 1.6%, 여성 1.4%로, 1년 유병률이 비슷한 양상을 보이고 있다.

(2) DSM-5에 의한 해리성 정체감 장애의 주요진단기준

① 둘 또는 그 이상의 구분되는 성격상태를 특징적으로 나타내는 정체감의 분열로, 이는 일부 문화권에서는 빙의(Possession)경험으로 기술되기도 한다. 정체감의 분열은 자기감 및 행위주체감의 현저한 비연속성을 포함하며, 여기에 정서, 행동, 의식, 기억, 지각, 인지 및 감각-운동기능이 수반된다. 이러한 징후 및 증상들은 객관적인 관찰이나 주관적인 보고로 나타날 수 있다.

② 일상의 사건, 중요한 개인정보 그리고(혹은) 외상적 사건의 회상에 있어서 반복적인 공백이 통상적인 망각과 일치하지 않는다.

③ 이러한 증상들은 사회적·직업적 기능 또는 다른 중요한 기능영역에서 임상적으로 유의미한 고통이나 손상을 초래한다.

④ 이러한 장애는 널리 받아들여지는 문화적 혹은 종교적 관습의 정상적인 부분이 아니다.

> ※ 주의 : 아동의 경우 그와 같은 증상들이 상상의 놀이친구 또는 다른 환상극으로 더 잘 설명되지 않는다.

⑤ 이러한 증상들은 물질의 생리적 효과(예 알코올 중독 상태에서의 일시적 기억상실이나 혼돈된 행동) 혹은 다른 의학적 상태의 생리적 효과(예 복합부분발작)에 기인한 것이 아니다.

2 해리성 정체감 장애의 4요인 모델(Kluft)

(1) 해리능력 : 외상에 직면했을 때 현실로부터 해리될 수 있는 내적 능력

(2) 외상경험 : 신체적 학대 혹은 성적 학대 등 아동의 일상적 방어능력을 넘어서는 압도적인 외상경험

(3) 응집력 있는 자아획득의 실패 : 해리에 의한 대체인격의 증가 및 발달로 인한 하나의 응집력 있는 자아형성의 어려움

(4) 진정경험의 결핍 : 외상경험에 대해 위로와 진정기능을 해 줄 수 있는 타인의 부재

제3절 이인증/비현실감 장애

1 임상적 특징 기출

(1) DSM-Ⅳ에서의 이인성 장애(Depersonalization Disorder)는 이인증과 비현실감을 핵심증상으로 한다는 의미에서 명칭이 조정되었다. 즉, DSM-5 분류기준에 따른 이인증/비현실감 장애는 DSM-Ⅳ 분류기준상 이인성 장애를 대체한 것이다.

(2) 이인증은 자기 자신이 평소와 다르게 낯선 상태로 변화되었다고 느끼는 것인 반면, 비현실감은 자신이 아닌 외부세계가 이전과 다르게 변화되었다고 느끼는 것이다. DSM-5에서는 이와 같은 이인증과 비현실감을 다음과 같이 제시하고 있다.

> • 이인증(Depersonalization) : 비현실, 분리의 경험, 또는 자신의 생각, 느낌, 감각, 신체 또는 행동에 대해 외부의 관찰자가 되는 경험
> 　예 인지적 변화, 시간감각의 왜곡, 비현실적인 자기 혹은 자기의 부재, 감정적 또는 신체적 마비
> • 비현실감(Derealization) : 비현실의 경험, 또는 자신이 주변환경과 분리된 것 같은 경험
> 　예 사람 또는 사물들이 비현실적이거나 꿈속에 있는 것 같거나, 안개가 낀 것 같거나, 생명이 없는 것 같거나, 시각적으로 왜곡된 것 같은 경험

(3) 이인증과 비현실감은 자기 자신 또는 세상과 분리된 듯한 주관적인 경험으로, 지각적 통합의 실패를 의미하는 전형적인 해리증상으로 볼 수 있다. 즉, 자기 자신이나 세상과 관련하여 평소와 전혀 다른 지각경험을 함으로써 현실감각이 일시적으로 손상되는 것이다.

(4) 이인증/비현실감 장애를 가진 사람은 정신과정이나 신체에서 지속적 혹은 반복적으로 분리된 듯한 느낌, 그리고 마치 외부의 관찰자가 된 듯한 느낌을 가지게 된다. 또한 자신이 기계적으로 행동하는 자동장치(Automaton)인 것처럼 느끼거나, 영화와 같은 비현실적인 세상에서 사는 것처럼 느끼기도 한다.

(5) 이인증이나 비현실감을 경험하는 동안에도 현실검증력은 손상되지 않은 채 유지된다. 예를 들어, 자신이 기계가 된 듯한 경험을 하는 동안에도 실제로 자신이 기계가 아니라는 사실을 인식한다.

(6) 이인증은 수초에서 수년 간 지속되기도 하며, 생명을 위협하는 급작스러운 상황에서 순간적으로 나타나기도 한다. 특히 병리적인 이인증은 증상의 강도가 강한 것은 물론 그 지속기간도 길고 빈도도 잦다.

(7) 정신분석적 입장에서는 이인증/비현실감의 경험을 자아가 꿈과 연합하여 불안을 경감시키고자 하는 일종의 방어기제로 간주한다. 즉, 자신과 현실을 실제가 아닌 낯선 것으로 느끼도록 함으로써 불안을 유발하는 소인이 의식 속에 들어오는 것을 막는 것으로 본다.

2 유병률

이인증/비현실감 장애의 유병률은 대략 2%이며, 남성과 여성의 유병률이 대체로 비슷한 것으로 보고되고 있다.

제10장 | 실전예상문제

01 이인성 장애의 증상적 특징에 해당하는 것은?

① 자아로부터 분리되거나 소외되는 느낌을 갖는다.

② 적어도 둘 이상의 정체감이나 성격상태가 반복적으로 나타난다.

③ 자기 자신에 대한 기억이나 사건을 망각한다.

④ 일반적으로 기억상실이 갑작스럽게 나타나고 갑작스럽게 회복된다.

02 DSM-5에서 해리장애의 범주에 포함되지 <u>않는</u> 것은?

① 망상장애(Delusional Disorder)

② 해리성 정체감 장애(Dissociative Identity Disorder)

③ 해리성 기억상실증(Dissociative Amnesia)

④ 이인증/비현실감 장애(Depersonalization/Derealization Disorder)

03 해리성 정체감 장애의 4요인 모델에서 4요인에 해당되지 <u>않는</u> 것은?

① 해리능력

② 외상경험

③ 응집력 있는 자아획득의 실패

④ 지지적인 타인

---

01 이인성 장애
- 꿈속 혹은 영화 속에서 사는 듯한 느낌
- 현실검증력
- 자기로부터 분리되어 외부 관찰자가 된 듯한 느낌

02 망상장애는 조현병 스펙트럼 및 기타 정신병적 장애의 하위범주에 해당한다.

03 해리성 정체감 장애의 4요인 모델 (Kluft)
- 해리능력
- 외상경험
- 응집력 있는 자아획득의 실패
- 진정경험의 결핍

정답 01 ① 02 ① 03 ④

04 이인증/비현실감 장애
- 이인증이나 비현실감을 지속적으로 경험하는 것
- 이인증 : 자신의 생각, 감정, 감각, 신체 또는 행위에 관해서 생생한 현실로 느끼지 못하고 그것과 분리되는 경험
- 비현실감 : 주변 환경이 비현실적인 것으로 느껴지거나 그것과 분리된 듯한 느낌을 갖게 되는 경험

04 다음 사례에 가장 적합한 진단명은 무엇인가?

> 이○군은 자신이 꿈속에 사는 듯 느껴졌고, 자기 신체와 생각이 자기 것이 아닌 듯 느껴졌다. 자신의 몸 일부는 왜곡되어 보였고, 주변 사람들이 로봇처럼 느껴졌다.

① 해리성 정체성 장애
② 해리성 둔주
③ 이인증/비현실감 장애
④ 착란장애

05 블리스(Bliss)는 해리성 정체감 장애를 가진 환자들이 다른 장애집단에 비해 피암시성 또는 피최면성 수준이 높으며, 이와 같은 특성이 장애의 소인이라고 지적한 바 있다.

05 DSM-5에 의거한 해리성 정체감 장애에 대한 설명과 가장 거리가 먼 것은?

① 기억에 있어서 빈번한 공백을 경험한다.
② DSM-5에서는 빙의경험을 해리성 정체감 장애의 증상과 기본적으로 동일하다고 여기고 있다.
③ 한 사람 안에 둘 이상의 각기 다른 정체감을 지닌 인격이 존재하는 경우를 말한다.
④ 최면에 잘 걸리지 않는 성격을 보인다.

06 정신분석학적 관점에서 해리성 장애 환자들, 특히 해리성 기억상실증 환자들의 경우 억압(Repression) 및 부인(Denial)의 방어기제를 흔히 사용하는 것으로 알려져 있다.

06 정신분석학적 관점에서 볼 때 해리성 장애 환자들에게서 가장 흔히 나타나는 방어기제는?

① 억압
② 반동형성
③ 전치
④ 주지화

정답 (04 ③ 05 ④ 06 ①)

07 다음 내용 중 이인증/비현실감 장애에 대한 설명으로 **틀린** 것은?

① 자신의 신체 일부나 전체를 이전과 다르게 경험한다.
② 자신이 꿈속이나 영화 속에서 사는 것처럼 느낀다.
③ 이인증을 경험하는 동안 현실검증력에 손상이 생긴다.
④ 사회적 · 직업적 기능영역에 심한 손상이 초래된다.

08 다음 중 이인증/비현실감 장애의 증상으로 가장 적절하지 **않은** 것은?

① 이군은 교통사고 이후로 사고 당시 함께 차에 타고 있다가 사망한 친구를 찾고 있다.
② 박양은 고3 이후로 스트레스를 심하게 받으면 마치 자신의 영혼이 자신의 몸을 떠나서 자신을 관찰하는 것처럼 느껴지는 경험을 한다.
③ 김군은 직장에서 정규직으로 전환되지 못한 이후로 거울을 보면 자신이 낯설게 느껴지고 꼭 다른 사람이 거울에 서 있는 것처럼 느껴진다.
④ 최양은 오래 사귀던 애인과 헤어진 이후로 자신의 팔을 만지면 꼭 나무토막처럼 느껴지는 이상한 경험을 한다.

09 다음 중 해리성 기억상실증을 보이는 사람이 주로 사용하는 방어기제는 무엇인가?

① 반동형성　　② 합리화
③ 전치　　④ 부인

07 이인증을 경험하는 동안 현실검증력은 정상이다.

08 이인증/비현실감 장애는 비현실의 경험, 또는 자신이 주변 환경과 분리된 것 같은 경험을 하는 것이 특징이다.

09 해리성 기억상실증을 보이는 사람은 억압 또는 부인 방어기제를 주로 사용한다.

정답 07③　08①　09④

10 클러프트(Kluft)가 말한 해리성 정체감 장애의 4요인 모델이다.

10 다음의 4요인을 기술한 모형은 어떤 질환에 대한 설명인가?

- 해리능력
- 외상경험
- 응집력 있는 자아획득 실패
- 진정경험의 결핍

① 해리성 둔주
② 해리성 기억상실증
③ 해리성 정체감 장애
④ 이인증/비현실감 장애

11 해리성 정체감 장애는 각 인격마다 성격, 이름, 특징이 다르다.

11 다음 중 해리성 정체감 장애의 특징으로 가장 적절하지 <u>않은</u> 것은?

① 한 사람 안에 둘 이상의 서로 다른 정체감을 가진 인격이 존재한다.
② 각 인격은 같은 이름을 사용하나 기억은 공유하지 못한다.
③ 아동기에 극심한 신체적 성적 학대를 경험한 경우가 있다.
④ 일차적 인격은 수동적이고 의존적인 경향이 높다.

정답 10 ③ 11 ②

제 11 장

섭식장애

※ DSM-5의 분류상 DSM-IV의 분류기준에 따른 섭식장애는 급식 및 섭식장애로 확장되었다. DSM-IV의 유아기 또는 초기 아동기의 급식 및 섭식장애의 하위유형이었던 이식증과 반추장애를 포함하였으며, 부록에 있었던 폭식장애에 정식진단명을 부가하여 추가되었다.

나는 내가 더 노력할수록 운이 더 좋아진다는 걸 발견했다.

- 토마스 제퍼슨 -

제11장 | 섭식장애

제1절 신경성 식욕부진증

1 임상적 특징

(1) 의의

① 끊임없이 마른 몸매를 추구하며, 왜곡된 신체상(사실 말랐는데 뚱뚱하다고 생각하는 등)을 가지고 있다. 비만을 극도로 두려워하며, 음식섭취를 제한하여 체중이 현저하게 적게 나간다.

② 청소년기에 시작되며, 여성에게 더 흔하게 나타난다.

③ 체중이 계속 감소함에도 불구하고 음식섭취를 제한하고, 음식에 대한 생각에 사로잡혀 있으며, 자신에게 문제가 있음을 부인할 수 있다.

④ 급격한 체중감소로 생명을 위협하는 결과를 초래할 수 있다.

(2) DSM-5의 주요진단기준

① 필요한 양에 비해 영양분 섭취를 제한함으로써 나이, 성별, 발달수준, 신체건강의 맥락에서 현저한 저체중을 초래한다. 현저한 저체중은 정상의 최저수준보다 체중이 덜 나가는 것으로 정의되며, 아동 및 청소년의 경우 기대치의 최저수준보다 체중이 덜 나가는 것을 의미한다.

② 현저한 저체중 상태임에도 불구하고, 체중이 증가하거나 비만이 되는 것에 대한 극심한 두려움, 혹은 체중 증가를 막기 위한 지속적인 행동을 보인다.

③ 체중이나 체형의 경험방식에서의 장애, 자기평가에 있어서 체중이나 체형의 지나친 영향, 혹은 현재의 체중미달의 심각성에 대한 지속적인 인식부족을 나타내 보인다.

> ※ 다음 중 하나를 명시할 것
> • 제한형(Restricting Type) : 지난 3개월 동안 폭식이나 제거행동(즉, 스스로 구토를 유도하거나 하제, 이뇨제, 관장제를 사용함)이 반복적으로 나타나지 않는다. 이러한 하위유형은 체중미달이 주로 체중관리, 단식 그리고(혹은) 과도한 운동에 의해 이루어진 것임을 나타낸다.
> • 폭식/제거형(Binge-Eating/Purging Type) : 지난 3개월 동안 폭식이나 제거행동(즉, 스스로 구토를 유도하거나 하제, 이뇨제, 관장제를 사용함)이 반복적으로 나타났다.

2 원인 및 치료

(1) 원인

① **정신분석적 입장**

㉠ 성적인 욕구에 대한 방어적 행동(성적 욕구를 부인하기 위해 음식을 거부)

㉡ 어머니의 모성적 특성을 소유하려는 소망의 좌절감에 대한 우회적 표현으로서 음식에 대한 거부

② **가족치료적 입장**

㉠ 가족성원들 간의 과도한 관여에 따른 자기정체감 미형성

㉡ 자신의 신체 속에 내재된 간섭적·적대적 어머니상이 자라는 것을 멈추게 하려는 시도

㉢ 부모-자녀관계에서의 자율성 쟁취를 위한 시도

③ **행동주의적 입장**

㉠ 날씬함에 대한 사회적 강화, 뚱뚱함에 대한 사회적 처벌에서 비롯된 날씬한 몸매를 위한 과도한 음식섭취에의 공포

㉡ 음식을 먹지 않는 것의 부적 강화에 따른 음식거부행동의 극단적 양상

㉢ 음식에 대한 접근-회피갈등(특히 음식 회피행동이 압도적으로 우세)

④ **인지적 입장**

㉠ 자신의 신체에 대한 왜곡된 지각

㉡ 자신의 실제 몸매와 이상적인 몸매 사이의 심한 괴리감

⑤ **생물학적 입장**

㉠ 시상하부의 이상 : 적정한 체중수준의 저하, 식욕을 느끼지 못함

㉡ 자가중독이론 : 과도한 운동 후 엔도르핀(Endorphin) 수준 상승에 따른 식욕억제 및 긍정적 정서경험이 의존성을 형성함

(2) 치료

① **인지행동치료 및 가족치료**

㉠ 신체상에 대한 둔감화, 비합리적 신념 및 인지적 왜곡의 수정

㉡ 가족갈등의 의사소통문제 해소

② **입원치료**

㉠ 정상체중의 30% 이상 체중이 감소된 경우, 절식행동이 심각한 경우

㉡ 음식섭취를 통한 체중 증가에 초점

③ **외래치료** : 신체상에 대한 왜곡, 음식섭취의 억제, 사회적 적응문제에 초점

④ **약물치료** : 식욕자극제, 항우울제 등

제2절 신경성 폭식증

1 임상적 특징

(1) 의의

① 반복적으로 다량의 음식을 빠르게 섭취(폭식)하고 나서, 과도하게 섭취한 음식에 대한 보상행동을 하려는 행동이 나타난다.

② 보상행동으로 구토를 유도하거나, 설사제를 사용하거나, 다이어트를 하거나, 금식하거나, 과도한 운동을 한다.

(2) DSM-5의 주요진단기준 기출

① 폭식삽화가 반복적으로 나타난다. 이러한 폭식삽화는 다음의 2가지 양상으로 특징지어진다.

> • 일정한 시간 동안(예 2시간 이내) 대부분의 사람이 유사한 상황에서 유사한 시간 동안 먹는 양보다 명백히 많은 양의 음식을 먹는다.
> • 폭식삽화 중에 음식섭취의 조절능력이 결여되어 있음을 느낀다.
>   예 음식섭취를 멈출 수 없다거나, 음식의 종류 혹은 양을 조절할 수 없다고 느낌

② 스스로 구토를 유도하거나 하제, 이뇨제, 관장제 혹은 다른 약물의 사용, 금식, 과도한 운동과 같이 체중 증가를 억제하기 위한 반복적이면서 부적절한 보상행동을 한다.

③ 폭식과 부적절한 보상행동이 평균적으로 최소 1주일에 1회 이상 3개월 동안 동시에 일어난다.

④ 체형과 체중이 자기평가에 과도한 영향을 미친다.

⑤ 이러한 장애는 신경성 식욕부진증의 삽화 기간 동안에만 발생하지 않는다.

2 원인 및 치료

(1) 원인

① 정신분석적 입장

　㉠ 억압과 부인(부정) 등의 방어기제들이 강렬한 폭식욕구에 의해 기능을 상실할 때 식욕부진증에서 폭식증으로 전환됨

　㉡ 부모에 대한 무의식적 공격성의 표출

　㉢ 대인관계에서의 갈등에 대한 공격성의 표출

　㉣ 어린 시절 부모와의 분리에서 비롯되는 무의식적 두려움에 대한 방어

② **행동주의적 입장**

　　㉠ 음식에 대한 접근─회피갈등(음식에 대한 접근행동과 회피행동의 반복)

　　㉡ 폭식 후 보상행동을 통한 불안완화에 따라 불안감소가 보상행동을 강화(폭식─배출행동의 반복)

(2) 치료

① **외래치료와 입원치료**

　　㉠ 심각한 체중감소가 없으므로 보통 외래치료를 수행

　　㉡ 하루에 한 번 이상 폭식─배출행동이 나타나거나 심한 우울증, 경계선 성격장애를 보이는 경우 입원치료를 수행

② **인지행동치료**

　　㉠ 음식섭취 후 배출행동의 통제

　　㉡ 인지적 재구성을 통한 음식과 체중의 비합리적 신념에의 도전

　　㉢ 신체상의 둔감화, 자신의 몸에 대한 긍정적 평가기법

　　㉣ 건강하고 균형 있는 섭식행동 유도, 식이요법 및 운동프로그램 지속 등

③ **기타** : 표현적─지지적 정신역동치료, 가족치료 등

제3절　기타 장애

1　이식증

(1) 영양분이 없는 물질 혹은 먹는 것이 아닌 물질(종이, 흙, 머리카락 등)을 적어도 1개월 이상 지속적으로 먹는 경우를 말한다.

(2) 경제적 빈곤, 부모의 무지·무관심, 아동의 발달지체와 관련되는 경우가 많다.

(3) 치료 시 아동이 먹는 것에 대해서 세심한 관심을 가지고 적절하게 양육하도록 교육하는 것이 필요하며, 영양분 결핍에 의해 이식증이 초래된 경우라면 결핍된 양분을 보충해야 한다.

2　반추장애

(1) 위장장애나 뚜렷한 구역질 반응이 없는 상태에서 음식을 입 밖으로 뱉어내거나 되씹은 후 삼키는 행동이 나타난다.

(2) 주요발병원인은 부모의 무관심, 정서적 자극의 결핍, 스트레스가 많은 생활환경, 부모-아동관계의 갈등인 것으로 알려져 있다.

(3) 아동의 생명을 위협하는 장애가 될 수 있으므로 영양학적 개입과 행동치료를 통해 신속하게 치료하는 것이 중요하다.

(4) 아동에게 음식을 먹이고 정서적인 관계를 맺는 양육자의 태도를 변화시키는 교육이 요구된다.

3 회피적/제한적 음식섭취장애

(1) 식사량이 너무 적거나 특정 음식의 섭취를 피하는 특징을 보인다.

(2) 식사량이 극히 적어서 체중이 크게 감소하게 되는데 아동에게 이 장애가 있을 경우 예상한 만큼 자라지 않을 수 있다.

(3) 영양결핍이 일반적으로 나타나며 생명을 위협하게 될 수 있고, 먹는 것과 관련된 문제이기 때문에 타인과 함께 식사하고 타인과의 관계를 유지하는 등 정상적인 사회활동에 참여하기가 어려울 수 있다.

(4) 일반적으로 아동기에 시작되며 처음에는 아동기에 일반적으로 나타나는 입맛이 까다로운 것과 유사해 보일 수 있으나, 식습관이 까다로울 경우 일반적으로 소수 음식에만 국한되며, 이 장애가 있는 아동과 달리 입맛이 까다로운 아동은 식욕이 정상적이고, 전체적으로 음식을 충분히 섭취하며, 정상적으로 자라고 성장한다는 점에서 차이가 있다.

4 폭식장애

(1) 통제불가능을 느끼면서 다량의 음식을 섭취하는 행동을 말하는데, 폭식 시 대부분의 사람들이 비슷한 시간과 비슷한 상황에서 먹는 음식량보다 훨씬 많은 음식량을 섭취하게 된다.

(2) 폭식 중 또는 폭식 이후, 통제력을 잃은 것 같은 느낌을 받는다.

(3) 폭식 후에는 섭취한 음식물을 강제로 제거하거나, 과도한 운동을 하거나, 금식하는 등의 신경성 폭식증에서 나타나는 행동이 나타나지 않는다.

(4) 지속적인 과식과 달리, 에피소드로 폭식이 나타난다.

(5) 인지행동치료, 대인관계 심리치료, 그리고 약물치료가 효과적인 것으로 알려져 있다.

01 이식증은 DSM-5에서는 급식 및 섭식장애의 하위범주로 분류된다.

01 DSM-5에서 이식증이 속하는 범주는?

① 유아기 또는 초기 아동기의 급식 및 섭식장애
② 급식 및 섭식장애
③ 양극성 및 관련 장애
④ 신경인지장애

02 신경성 식욕부진증은 음식 자체를 거부하는 것으로 먹고 거부하는 것을 번갈아하는 신경성 폭식증에 비해 의학적 합병증이 심하다고 볼 수 있다. 예후가 좋지 않은 장애로 사망률도 5~18%에 달한다.

02 신경성 식욕부진증에 관한 설명으로 틀린 것은?

① 제한적 섭취로 인해 체중이 심각하게 줄어든다.
② 체중 증가에 대한 극심한 두려움이 있다.
③ 신체를 왜곡하여 지각한다.
④ 신경성 폭식증보다 의학적 합병증이 적게 나타난다.

03 신경성 폭식증
• 짧은 시간 내에 많은 양을 먹는 폭식행동과 이로 인한 체중 증가를 막기 위해 구토 등의 보상행동이 반복되는 경우
• 보통 사람들이 먹는 것보다 훨씬 많은 양의 음식을 단시간에 먹어 치우는 폭식행동을 나타냄
• 이런 경우 음식섭취를 스스로 조절할 수 없게 됨

03 DSM-5에서 제시한 폭식삽화에 관한 설명으로 올바른 것은?

① 음식섭취에 대한 통제의 상실
② 주관적으로 많다고 느껴지는 음식섭취
③ 3시간 이상 지속적 음식섭취
④ 부적절한 보상행동(Purging)의 사용

정답 01 ② 02 ④ 03 ①

04 신경성 식욕부진증에 관한 설명으로 옳지 <u>않은</u> 것은?

① 폭식하거나 하제를 사용하는 경우는 해당하지 않는다.
② 체중과 체형이 자기평가에 지나치게 영향을 미친다.
③ 말랐는데도 체중의 증가와 비만에 대한 극심한 두려움이
   있다.
④ 나이와 신장을 고려한 정상체중의 85% 이하로 체중을 유지
   한다.

05 신경성 식욕부진증에 대한 설명으로 가장 적절한 것은?

① 우울장애로 인하여 나타나게 되는 증상이다.
② 신경증에 의해 유발된 식욕상실증이다.
③ 식욕이 없기도 했다가 증가되기도 한다.
④ 체중증가에 대한 공포와 체중에 대한 강한 집착을 보인다.

06 다음은 어떤 질환에 해당되는 내용인가?

> • 짧은 시간 내에 많은 양의 음식을 먹는 폭식행동과 이로
>   인한 체중증가를 막기 위하여 구토나 설사제 등을 복용
> • 폭식행동이 주 2회 이상, 3개월 이상 지속

① 신경성 폭식증
② 신경성 식욕부진증
③ 반추장애
④ 이식증

---

04 신경성 식욕부진증은 체중감소를 위
해 하제나 이뇨제 등을 사용하기도
한다.

05 신경성 식욕부진증의 특징
• 체중증가에 대한 극심한 두려움
• 높은 사망률
• 대부분이 여성 환자
• 왜곡된 신체상
• 음식섭취를 심하게 줄이거나 거부

06 신경성 폭식증의 특징
• 폭식행동과 이에 대한 제거행동을
  반복함
• 체중 증가에 대한 두려움
• 대부분이 여성 환자
• 정상체중 유지

정답 04 ① 05 ④ 06 ①

07 폭식장애는 폭식 후에는 섭취한 음식물을 강제로 제거하거나, 과도한 운동을 하거나, 금식하는 등의 신경성 폭식증에서 나타나는 행동이 나타나지 않는 것을 특징으로 한다.

08 회피적/제한적 음식섭취장애의 특징으로 볼 수 있다.

09 음식의 냄새, 질감, 모양에 대한 혐오 때문에 먹는 것을 거부하는 것은 회피적/제한적 음식섭취장애이다.

---

07 폭식장애에 대한 내용으로 가장 옳은 것은?

① 최소한의 정상적인 체중을 유지하는 것을 거부한다.
② 체조선수나 발레선수 같은 운동선수에게서 흔하게 나타난다.
③ 엄청난 양의 음식을 섭취하나 이를 만회하려는 보상행동은 나타나지 않는다.
④ 비만에 해당하는 여성 청소년에게서 주로 나타난다.

08 다음과 같은 특징을 보이는 장애의 명칭은 무엇인가?

> • 식사량이 너무 적거나 특정 음식의 섭취를 피하는 특징을 보인다.
> • 영양결핍이 일반적으로 나타나며 생명을 위협하게 될 수 있고, 먹는 것과 관련된 문제이기 때문에 타인과 함께 식사하고 타인과의 관계를 유지하는 등 정상적인 사회활동에 참여하기가 어려울 수 있다.

① 회피적/제한적 음식섭취장애
② 이식증
③ 신경성 식욕부진증
④ 반추장애

09 다음 중 신경성 식욕부진증에 대한 설명으로 가장 적절하지 <u>않은</u> 것은?

① 살찌는 것에 대한 극심한 두려움을 보인다.
② 음식의 냄새, 질감, 모양에 대한 혐오 때문에 먹는 것을 거부한다.
③ 여성 환자의 비율이 높다.
④ 실제로는 마른 상태인데도 자신이 살을 빼야 한다고 생각한다.

정답 07 ③ 08 ① 09 ②

10 섭식장애에서 다음과 같은 행동을 보이는 것을 무엇이라고 하는가?

> • 구토를 유도한다.
> • 설사제를 사용한다.
> • 심한 다이어트를 한다.
> • 금식하거나 과도한 운동을 한다.

① 폭식삽화
② 보상행동
③ 혐오행동
④ 회피행동

11 다음 중 반추장애의 원인으로 가장 적절하지 <u>않은</u> 것은?

① 아동기 성폭력 경험
② 어린 시절 부모의 무관심
③ 성장기 정서적 자극의 결핍
④ 어린 시절 스트레스가 많은 생활환경

12 다음 〈보기〉의 내용은 신경성 식욕부진증의 하위유형 중 무엇에 대한 설명인가?

> ┌ 보기 ┐
> • 지난 3개월 동안 폭식행동을 하는 경우도 있으나 반복적으로 보이지는 않았다.
> • 지난 3개월 동안 단식 등을 통한 체중관리를 열심히 했다.
> • 지난 3개월 동안 운동을 과할 정도로 열심히 했다.
> • 지난 3개월 동안 반복해서 스스로 구토를 유도하거나 이뇨제, 과잣제를 사용하지 않았다.

① 폭식/제거형   ② 안정형
③ 보상형   ④ 제한형

10 신경성 폭식증에서 보이는 폭식삽화 후 보상행동에 해당한다.

11 아동기 성폭력 경험은 신경성 식욕부진증의 원인 중 하나이다.

12 신경성 식욕부진증의 하위유형에는 제한형과 폭식/제거형이 있으며, 보기는 제한형에 대한 설명이다.

정답 10 ② 11 ① 12 ④

SD에듀와 함께, 합격을 향해 떠나는 여행

제 12 장

물질 관련 장애

무언가를 시작하는 방법은 말하는 것을 멈추고 행동을 하는 것이다.

– 월트 디즈니 –

물질 관련 및 중독장애(Substance-Related and Addictive Disorders)

① 물질 관련 및 중독장애는 DSM-Ⅳ 분류기준상의 물질 관련 장애(Substance-Related Disorders)를 확장한 것이다.

② 물질 관련 및 중독장애는 크게 물질 관련 장애(Substance-Related Disorders)와 비물질 관련 장애 (Non-Substance-Related Disorders)로 구분되며, 이는 다시 다양한 하위유형으로 분류된다. 특히 DSM-5의 분류기준에서는 DSM-Ⅳ에서 다른 곳에 분류되지 않는 충동조절장애(Impulse-Control Disorders Not Elsewhere Classified)에 해당한 병적 도박(Pathological Gambling)을 도박장애 (Gambling Disorder)로 명칭을 변경하여 물질 관련 및 중독장애의 비물질 관련 장애로 분류하고 있다.

물질 관련 장애	• 알코올 관련 장애(Alcohol-Related Disorders) • 카페인 관련 장애(Caffeine-Related Disorders) • 칸나비스(대마) 관련 장애(Cannabis-Related Disorders) • 환각제 관련 장애(Hallucinogen-Related Disorders) • 흡입제 관련 장애(Inhalant-Related Disorders) • 아편류(아편계) 관련 장애(Opioid-Related Disorders) • 진정제, 수면제 또는 항불안제 관련 장애(Sedative-, Hypnotic- or Anxiolytic Related Disorders) • 흥분제(자극제) 관련 장애(Stimulant-Related Disorders) • 타바코(담배) 관련 장애(Tobacco-Related Disorders) 등
비물질 관련 장애	• 도박장애(Gambling Disorder)

제1절　알코올 관련 장애

1 알코올 사용장애(Alcohol Use Disorder)

(1) 알코올 사용장애는 알코올 의존과 알코올 남용이 통합된 것이다. 이는 그동안 여러 연구들을 통해 알코올 의존과 알코올 남용의 상관이 매우 높다는 결론에 따른 것이다.

(2) 알코올 의존은 잦은 음주로 인해 알코올에 대한 내성이 생김으로써 알코올의 사용량 및 사용빈도가 증가하는 경우를 말한다. 특히 알코올 의존은 알코올을 사용하지 않을 경우 금단현상이 나타남으로써 더 많은 양의 알코올을 필요로 한다.

(3) 알코올 남용은 잦은 과음으로 인해 가정, 학교, 직장에서 자신의 역할을 제대로 수행하지 못하거나 법적인 문제를 반복적으로 유발하는 경우를 말한다. 알코올 의존과 달리 알코올에 대한 내성이나 금단증상을 나타내지는 않는다.

(4) DSM-5에 따른 알코올 사용장애의 주요진단기준은 다음과 같다. 임상적으로 유의미한 손상이나 고통을 유발하는 알코올 사용의 부적응적 패턴이 다음 중 최소 2가지 이상으로, 지난 12개월 이내에 나타난다. 기출

- 알코올을 의도했던 것보다 더 많은 양 혹은 더 오랜 기간 마신다.
- 알코올 사용을 줄이거나 통제하려고 지속적으로 노력하지만 매번 실패한다.
- 알코올의 획득, 사용 혹은 그 영향으로부터의 회복에 있어서 상당히 많은 시간을 보낸다.
- 알코올 사용에의 갈망, 강한 욕구 혹은 충동을 느낀다.
- 반복적인 알코올 사용이 직장, 학교 혹은 가정에서의 주된 역할의무수행에서 실패를 야기한다.
- 알코올의 효과에 의해 야기되거나 악화되는 사회적 혹은 대인관계상의 문제가 반복됨에도 불구하고 알코올 사용을 계속한다.
- 알코올 사용으로 인해 중요한 사회적, 직업적 혹은 여가활동이 포기되거나 감소된다.
- 신체적인 위험이 존재하는 상황에서도 알코올 사용을 반복한다.
- 알코올에 의해 야기되거나 악화될 수 있는 반복적인 신체적 혹은 정신적 문제가 있음을 알면서도 알코올 사용을 계속한다.
- 내성(Tolerance)이 다음 중 어느 하나의 양상으로 나타난다.
  − 중독 혹은 원하는 효과에 이르기 위해 현저히 증가된 양의 알코올이 요구된다.
  − 같은 양의 알코올 사용을 계속함에도 불구하고 그 효과는 현저히 감소한다.
- 금단(Withdrawal)이 다음 중 어느 하나의 양상으로 나타난다.
  − 알코올의 특징적인 금단증후군(Withdrawal Syndrome)이 나타난다.
  − 금단증상을 경감시키거나 피하기 위해 알코올[혹은 벤조디아제핀(Benzodiazepine) 등의 관련 물질]을 마신다.

2 알코올 유도성 장애(Alcohol-Induced Disorders)

(1) 알코올 유도성 장애는 알코올 사용으로 인해 나타나는 부적응적인 후유증과 연관된 것으로서, 알코올 중독, 알코올 금단, 그 밖에 알코올 사용으로 인한 다양한 정신장애들이 포함된다.

(2) 알코올 중독은 과도하게 알코올을 사용하여 심하게 취한 상태에서 부적응적 행동을 나타내는 경우를 말한다. DSM-5에서는 알코올 중독의 증상들을 다음의 6가지로 제시하고 있으며, 그중 1가지 이상의 증상이 나타날 때 알코올 중독으로 진단할 수 있다고 명시하고 있다.

- 불분명한 언어
- 운동조정장애(운동실조)
- 불안정한 걸음
- 안구진탕
- 집중력 또는 기억력 손상
- 혼미 또는 혼수

(3) 알코올 금단은 지속적으로 사용하던 알코올을 중단했을 때 여러 가지 신체적·생리적 혹은 심리적 증상이 나타나는 경우를 말한다. DSM-5에서는 알코올 금단의 증상들을 다음의 8가지로 제시하고 있으며, 그중 2가지 이상의 증상이 나타날 때 알코올 금단으로 진단할 수 있다고 명시하고 있다.

- 자율신경계 기능 항진
- 손 떨림 증가
- 불면
- 오심 또는 구토
- 일시적인 시각적·촉각적·청각적 환각 또는 착각
- 정신운동성 초조
- 불안
- 대발작

(4) 알코올 사용으로 인한 정신장애로는 알코올 사용으로 인해 불안장애 증세가 나타나는 알코올 유도성 불안장애(Alcohol-Induced Anxiety Disorder), 발기불능 등의 성기능에 어려움이 나타나는 알코올 유도성 성기능 장애(Alcohol-Induced Sexual Dysfunction), 지속적인 알코올 사용으로 치매증세가 나타나는 알코올 유도성 치매(Alcohol-Induced Persisting Dementia) 등 다양한 장애유형들이 있다.

(5) 알코올로 유도된 장애들의 증세들은 독립적인 정신장애들과 유사하다. 다만, 알코올로 유도된 장애는 일시적이고, 심한 알코올 중독 혹은 알코올 금단 후에 관찰되며, 이러한 중독 혹은 금단이 끝난 후 수일 혹은 수주 내에 회복되는 경우가 많다.

제2절 기타 물질장애

1 물질 관련 장애에 포함되는 약물 : DSM-5에 규정된 10가지 중독성 물질

- 알코올(Alcohol)
- 카페인(Caffeine)
- 대마(Cannabis)
- 환각제(Hallucinogens)
- 흡입제(Inhalants)
- 아편류(Opioids)
- 진정제, 수면제 및 항불안제(Sedatives, Hypnotics and Anxiolytics)
- 흥분제(Stimulants)
- 타바코(Tobacco)
- 그 밖의 다른 혹은 미상의 물질들

2 아편류에 해당하는 약물들

- 천연 아편류 : 모르핀(Morphine)
- 반합성 아편류 : 헤로인(Heroin)
- 모르핀 유사작용 합성 아편류 : 코데인(Codeine), 하이드로 모르핀(Hydromorphone), 메사돈(Methadone), 옥시코돈(Oxycodone), 메페리딘(Meperidine), 펜타닐(Fentanyl) 등

제3절 도박중독

1 특징

(1) 도박에 과도하게 집착한다.

(2) 자신이 바라는 흥분감을 얻기 위해 돈의 액수를 늘리려고 한다.

(3) 도박행동의 조절이나 중지에 대한 노력이 반복적으로 실패한다.

(4) 도박행동에 대한 제한을 시도할 때 안절부절못하거나 과민해진다.

(5) 무기력감이나 우울감, 죄책감 등의 문제에서 벗어나기 위한 수단으로 도박을 한다.

(6) 도박으로 잃은 돈을 만회하기 위해 다시 도박장을 찾는다.

(7) 자신의 도박행동에 대한 사실을 감추기 위해 가족이나 치료자들에게 거짓말을 한다.

(8) 도박자금을 마련하기 위해 도둑질, 지폐위조, 사기 등 불법행위를 시도한다.

(9) 도박으로 인해 대인관계에 문제가 발생하거나 직업상·교육상의 기회를 상실한다.

(10) 도박에 의한 경제적 궁핍, 생계곤란의 문제로 인해 다른 사람에게 의존한다.

(11) 도박을 중단하면 금단증상이 나타나며, 심하면 자살을 초래한다.

2 도박중독자가 하는 말의 변화단계

단계	특징
제1단계: 부인	도박에 의한 문제 자체를 인정하지 않는다. ⑩ 난 아무런 문제없어
제2단계: 문제축소	자신의 도박 사실을 감출 수 없으므로 애써 축소하고자 한다. ⑩ 그냥 취미삼아 하는 거라니까
제3단계: 책임전가	문제를 축소하는 것이 어려우므로 그러한 책임을 외부로 돌린다. ⑩ 내가 도박을 하는 건 스트레스 때문이야
제4단계: 변명	책임을 외부로 전가하는 것이 어려우므로 변명을 시작한다. ⑩ 빌린 돈을 갚기 위해서는 달리 방법이 없어
제5단계: 합리화	합리화의 단계는 변명의 단계와 비슷한 시기에 나타나며, 내용도 흡사하다. ⑩ 살면 얼마나 살겠어. 이렇게 즐기면서 사는 거지
제6단계: 공격	변명이나 합리화가 통하지 않는 경우 오히려 공격적인 태도를 보인다. ⑩ 내가 돈 좀 따보겠다는데 네가 보태준 거라도 있어?

3 도박중독의 단계

(1) 제1단계 : 승리단계

① 때때로 도박을 하여 흥분과 도박경험을 가진다.

② 승리에 대한 환상에 의해 배팅금액을 증가시키는 경향이 있다.

(2) 제2단계 : 손실단계

① 점차 도박에 집착하기 시작하여 도박을 멈출 수 없는 상태에 이른다.

② 직업을 소홀히 하고 가족에 무관심하며, 자신의 도박 사실을 숨기면서 빚이 늘어간다.

(3) 제3단계 : 절망단계

① 도박에 투여되는 시간과 금전의 양이 현저히 증가하면서 빚을 갚기 위해 주변에 요청하며, 가족과 친구에게서 소외된다.

② 도박에 의한 불법행위를 자행하며, 심리적인 공황상태에 이르게 된다.

(4) 제4단계 : 포기단계

① 심각한 정서적 고통으로 절망과 포기상태에 이르게 되어 약물사용이 증가하며, 금단증상을 경험한다.

② 이혼이나 법적 구속상태에 이르기도 하며, 자살을 시도하는 경우도 있다.

(5) 제5단계 : 결심단계

① 도움에 대한 정서적 열망과 함께 도박을 중단하고자 하는 결심을 하게 된다.

② 도박문제에 대해 책임 있는 태도를 보이면서 새로운 희망을 품게 된다.

(6) 제6단계 : 재건단계

① 자신감을 회복하며, 가족과의 관계도 점차 개선된다.

② 빚을 스스로 갚아나가며, 새로운 분야에 대해 관심을 가진다.

(7) 제7단계 : 성장단계

① 도박에 대한 집착이 감소하고, 타인에게 애정과 호의를 표현한다.

② 자신에 대한 통찰을 통해 문제에 직면할 수 있게 되며, 적극적인 삶의 태도를 보이게 된다.

01 알코올 중독과 가장 관련이 깊은 정신장애들만으로 짝지은 것은?

① 치매, 공포장애, 우울장애

② 치매, 허위성 장애, 해리성 기억상실증

③ 우울장애, 성격장애, 조현병

④ 성격장애, 적응장애, 신체형 장애

01 DSM-5의 알코올 관련 장애
- 알코올 사용장애
- 알코올 유도성 장애 : 알코올 중독, 알코올 금단, 다양한 알코올 유도성 장애

02 도박중독의 심리·사회적 특징에 대한 설명으로 옳은 것은?

① 도박중독자들은 대체로 도박에만 집착할 뿐 다른 개인적인 문제를 가지지 않는다.

② 도박중독자들은 직장에서 도박자금을 마련하기 위해 남보다 더 열심히 노력한다.

③ 심리적 특징으로 단기적인 만족을 추구하기보다는 장기적인 만족을 추구한다.

④ 노박행위에 문제가 있음을 받아들이지 않고 변명하고 논쟁하려 든다.

02 ① 개인의 신체적·정신적 건강을 해치는 것은 물론 가족경제와 사회경제에도 악영향을 미친다.
② 도박행위에 열중함으로써 도박자금조달이나 생계유지를 위해 다른 사람에게 의존하는 양상을 보인다.
③ 장기적인 만족을 추구하기보다는 단기적인 만족을 추구한다.

정답 (01 ① 02 ④)

03 알코올 오용(남용)은 알코올 사용장애의 주요진단기준에 해당한다.

03 DSM-5의 알코올 관련 장애에 대한 설명으로 틀린 것은?

① 알코올 유도성 장애에는 알코올 중독, 알코올 오용, 그리고 다양한 알코올 유도성 정신장애들이 포함된다.

② 알코올 사용장애는 알코올 의존과 알코올 남용이 통합된 것이다.

③ 알코올 유도성 성기능장애는 발기불능 등의 성기능에 어려움이 나타나는 장애이다.

④ 지속적인 알코올 섭취로 치매증세가 나타나는 경우 알코올 유도성 치매에 해당한다.

04 심한 알코올 중독 시 환자 가족의 동의로도 입원이 가능하다.

04 알코올 관련 장애에 대한 설명 중 옳지 않은 것은?

① 남자가 여자보다 높은 발병률을 보인다.

② 알코올 중독은 알코올성 기억상실증을 초래하기도 한다.

③ 알코올 중독환자가 입원 시 반드시 환자 본인의 동의가 필요하다.

④ 태아 때 알코올에 자주 노출된 사람은 청년기에 알코올 남용의 위험이 높아진다.

05 알코올 의존에 대한 설명이다.

05 빈번한 음주로 알코올에 대한 내성이 생겨 알코올 섭취량 혹은 빈도가 증가하고 술을 마시지 않을 때 여러 가지 고통스러운 금단현상이 나타나게 되어 술을 반복하여 마시게 되는 경우는 무엇인가?

① 알코올 남용

② 알코올 의존

③ 알코올 중독

④ 코르사코프 증후군

정답 (03 ① 04 ③ 05 ②)

06 물질을 끊으면 매우 고통스러운 금단증상을 경험하게 되는 물질 관련 장애는?

① 물질의존
② 물질중독
③ 물질남용
④ 물질섬망

07 도박중독에 대한 설명으로 옳지 <u>않은</u> 것은?

① 도박에 과도하게 집착한다.
② 도박행동의 조절이나 중지에 대한 노력이 반복적으로 실패한다.
③ 도박자금을 마련하기 위해 도둑질, 지폐위조, 사기 등 불법행위를 시도하지는 않는다.
④ 도박을 중단하면 금단증상이 나타나며, 심하면 자살을 초래한다.

08 다음 약물 중 그 성격이 <u>다른</u> 하나는?

① 카페인
② 코데인
③ 옥시코돈
④ 펜타닐

09 다음 중 DSM-5에 따른 알코올 관련 장애 명칭으로 적절하지 <u>않은</u> 것은?

① 알코올 중독
② 알코올 의존
③ 알코올 사용장애
④ 알코올 금단

---

06 물질 관련 장애 중 물질을 끊으면 매우 고통스러운 금단증상을 경험하게 되는 상태를 물질의존이라고 한다.

07 도박자금을 마련하기 위해 도둑질, 지폐위조, 사기 등 불법행위를 시도한다.

08 ②·③·④ 아편류에 해당하는 약물

09 의존과 남용은 구분의 의미가 없어서 사용장애로 묶였다. 따라서 알코올 의존이라는 진단명은 없다.

정답 06 ① 07 ③ 08 ① 09 ②

10 카페인은 사용장애가 없다.

10 다음 중 DSM-5에 따른 물질 관련 장애 진단명으로 적절하지 <u>않은</u> 것은?

① 타바코 사용장애

② 흥분제 중독

③ 칸나비스 중독

④ 카페인 사용장애

11 환각제와 흡입제는 둘 다 금단이 없다.

11 다음 중 DSM-5에 따른 물질 관련 장애 중 금단이 없는 물질로 적절하게 묶인 것은?

① 아편류-진정제

② 타바코-흥분제

③ 환각제-흡입제

④ 카페인-칸나비스

12 DSM-5에서는 도박장애만 비물질 관련 장애에 포함되어 있다.

12 다음 중 물질 관련 및 중독장애(DSM-5)에서 비물질 관련 장애의 하위장애는 무엇인가?

① 게임중독

② 인터넷장애

③ 쇼핑중독

④ 도박장애

정답 10 ④ 11 ③ 12 ④

제 13 장

성 관련 장애

미래가 어떻게 전개될지는 모르지만, 누가 그 미래를 결정하는지는 안다.

– 오프라 윈프리 –

제13장 | 성 관련 장애

제1절   성도착장애

1 의의

(1) 성도착은 변태성욕을 의미하는 것으로, 성적 욕구를 충족시키는 대상이나 방식, 행위나 상황에서의 비정상적인 양상을 특징으로 한다.

(2) 이 장애는 인간이 아닌 동물이나 물건 등을 성행위 대상으로 하거나, 아동을 포함한 동의하지 않은 사람을 대상으로 성행위를 하려고 하거나, 자기 자신 또는 상대방의 고통이나 굴욕감에서 성적 욕망을 느끼는 등의 방식으로 나타난다. 즉, 성도착장애는 부적절한 대상이나 목표에 대해 강렬한 성적 욕망을 느끼면서 성적 상상이나 행위를 반복적으로 나타내는 것이다.

(3) 문화권에 따라 수용되는 성적 행위 및 대상이 다르므로 진단에 있어서 사회문화적인 요인이 고려되어야 한다.

(4) 그 하위유형들이 성범죄의 대다수를 차지하고 있는 만큼, 법적 구속의 대상이 될 수 있다.

(5) 남성이 여성에 비해 20배 정도 많이 나타나는 것으로 추정되고 있으며, 보통 18세 이전에 발병하여 20대 중반 이후 서서히 감소하는 경향이 있는 것으로 보고되고 있다.

2 DSM-5의 분류기준에 의한 주요하위유형 및 특징 [기출]

(1) **관음장애(Voyeuristic Disorder)**

다른 사람이 옷을 벗거나 성행위를 하는 모습을 몰래 훔쳐보면서 성적 흥분을 느끼는 경우이다. 이때 관찰대상과의 성행위를 상상하기는 하지만 실제로 그와 성행위를 하는 경우는 극히 드물다.

(2) **노출장애(Exhibitionistic Disorder)**

낯선 사람에게 자신의 성기를 노출시키거나 혹은 노출시켰다는 상상을 하면서 자위행위를 하는 경우이다. 다만, 이와 같은 노출증적 행동에도 불구하고 낯선 사람과 성행위를 하려고 시도하는 경우는 거의 없다.

(3) 접촉마찰장애 또는 마찰도착장애(Frotteuristic Disorder)

동의하지 않은 사람에게 자신의 성기나 신체 일부를 반복적으로 접촉하거나 문지르는 행위를 하는 경우이다. 이와 같은 행위는 보통 사람들이 붐비는 곳에서 행해진다.

(4) 성적 피학장애(Sexual Masochism Disorder)

상대방에게 굴욕을 당하거나 매질을 당하거나 묶이는 등 고통을 당하는 행위를 통해 성적 흥분을 느끼거나 혹은 성적 행위를 반복하는 경우이다. 이때 고통을 당하는 행위는 실제적인 것일 수도 가상적인 것일 수도 있다.

(5) 성적 가학장애(Sexual Sadism Disorder)

성적 피학장애와 반대되는 경우로, 상대방에게 굴욕감을 주거나 고통을 가하여 성적 흥분을 느끼거나 혹은 성적 행위를 반복하는 경우이다. 가학적 상상이나 행위는 상대방에 대한 가해자의 우월성을 상징하는 행동(결박하기, 채찍질하기, 불로 지지기 등)들로 나타난다.

(6) 아동성애장애 또는 소아애호장애(Pedophilic Disorder)

사춘기 이전의 아동을 대상으로 성적 공상이나 성행위를 6개월 이상 반복적으로 나타내는 경우이다. 행위자의 연령은 최소한 16세 이상이어야 하며, 성애대상 아동과는 최소한 5세 이상 연상이어야 진단된다.

(7) 성애물장애 또는 물품음란장애(Fetishistic Disorder)

여성의 속옷, 스타킹, 신발 등 무생물인 물건에 대해 성적 흥분을 느끼면서 집착하는 경우이다. 이와 같은 성애물은 성적 흥분을 위해 필요하며, 성애물이 없는 경우 발기부전이 일어나기도 한다.

(8) 의상전환장애 또는 복장도착장애(Transvestic Disorder)

이성의 옷을 수집하여 바꿔 입음으로써 성적 흥분을 느끼는 경우이다. 이성애적인 남성에게서만 보고되고 있으며, 성불편증으로 인해 이성의 옷을 입는 경우는 의상전환장애로 진단되지 않는다.

제2절　성기능장애

1 의의

(1) 성기능장애 또는 성기능부전은 원활한 성행위를 방해하는 기능적 문제를 의미하는 것으로, 성적 욕구의 장애와 함께 성반응의 주기를 특징으로 하는 정신생리적 변화상의 장애이다.

(2) 정상적인 성행위의 과정으로 성반응주기(Sexual Response Cycle)는 '성욕구단계 → 고조단계 → 절정 단계 → 해소단계'로 전개된다.

(3) 성기능장애는 성반응주기 중 마지막 해소단계를 제외한 한 단계 이상에서 비정상적인 반응을 보이는 경우에 해당한다.

(4) 성기능장애는 발생과정, 발생상황, 원인적 요인에 따라 다양한 방식으로 구분된다.

발생과정	• 평생형 : 성적 활동이 시작된 시기부터 문제가 지속되어 옴 • 획득형 : 정상적인 성기능이 이루어지다가 어느 시점에서 문제가 발생함
발생상황	• 상황형 : 성기능상의 문제가 특정자극, 특정상황, 특정대상에 대해 제한적으로 나타남 • 일반형 : 성기능상의 문제가 자극, 상황, 대상에 관계없이 전반적으로 나타남
원인적 요인	• 심리적 요인, 신체적 질병, 약물사용 등이 복합적 요인으로 작용함

(5) 성기능장애의 원인은 크게 즉시적 원인(Current Causes)과 역사적 원인(Historical Causes)으로 구분 할 수 있다.

① **즉시적 원인**

> • 성적 수행에 대한 두려움 : 성행위 시 자신이 성기능을 제대로 발휘하지 못하여 상대방을 실망시 킬 수 있다는 두려움
> • 관찰자적 역할 : 성행위 시 성행위 자체에 몰두하기보다는 상대방의 성적 반응을 살피는 데 집중 하는 태도

② **역사적 원인**

> • 종교적 신념 : 성을 죄악시하는 종교적 신념
> • 충격적 성경험 : 어린 시절의 성추행이나 성폭행 경험으로 인한 성적 외상
> • 동성애적 성향 : 이성과의 성관계 및 결혼생활에 부정적인 영향을 미치는 동성애 성향
> • 잘못된 성지식 : 성장과정에서 부적절하게 습득된 성에 대한 왜곡된 지식
> • 과도한 음주 : 성적 흥분감소, 발기곤란 등을 야기하는 부적절한 음주습관
> • 신체적 문제 : 신체적 질병, 약물복용, 폐경, 성병 등에 의한 성적 욕구감퇴
> • 사회문화적 요인 : 성이나 성역할에 대해 왜곡된 신념으로 성에 대한 갈등을 유발하는 사회문화적 환경

(6) 정신분석적 관점에서는 남성의 성기능장애를 거세불안, 여성의 성기능장애를 남근선망과 관련되어 있 다고 본다.

(7) 인지적 관점에서는 성행위에 대한 역기능적 신념, 즉 성행위에 대한 부적절한 태도로 성행위에 몰두하지 못한 채 자신의 상태를 확인하려는 자기초점적 주의(Self-Focused Attention)를 원인으로 제시하고 있다.

(8) 성기능장애는 개인보다는 부부를 주된 치료대상으로 하며, 치료에 선행하여 신체적 검사와 심리적 검사를 통해 증상과 관련된 요인들을 다각적으로 평가하게 된다.

2 DSM-5의 분류기준에 의한 주요하위유형 및 특징

(1) **지루증 또는 사정지연(Delayed Ejaculation)** : 남성이 사정에 어려움을 겪으며 성적 절정감을 느끼지 못하는 경우이다.

(2) **발기장애(Erectile Disorder)** : 성행위의 욕구가 있음에도 불구하고 음경이 발기되지 않아 성교에 어려움을 겪는 경우이다.

(3) **여성 절정감장애 또는 여성 극치감장애(Female Orgasmic Disorder)** : 여성이 적절한 성적 자극이 주어졌음에도 불구하고 절정감을 느끼지 못하는 경우이다.

(4) **여성 성적 관심/흥분장애(Female Sexual Interest/Arousal Disorder)** : 여성의 성적 욕구가 현저히 저하되어 있거나 성적인 자극에도 불구하고 흥분을 느끼지 못하는 경우이다.

(5) **생식기(성기)-골반통증/삽입장애(Genito-Pelvic Pain/Penetration Disorder)** : 성교 시 지속적으로 생식기(성기)에 통증을 느끼는 경우이다.

(6) **남성 성욕감퇴장애(Male Hypoactive Sexual Desire Disorder)** : 남성이 성적 욕구를 느끼지 못하거나 성욕이 현저히 저하되어 스스로 고통스럽게 생각하거나 부부관계 혹은 이성관계에서 어려움을 겪는 경우이다.

(7) **조루증 또는 조기사정[Premature (Early) Ejaculation]** : 여성이 절정감을 느끼기도 전에 남성이 사정을 하는 경우가 빈번히 나타나는 경우이다.

제3절 성불편증

1 의의

(1) 성불편증은 DSM-IV 분류기준상 성정체감장애(Gender Identity Disorders)에 해당하는 것으로, 성전환증(Transsexualism)이라고도 불린다.

(2) 자신의 생물학적·해부학적 성과 성역할에 대해 지속적이고 심각한 불편감을 호소하면서, 반대의 성에 대해 자신을 동일시하거나 반대의 성이 되기를 희망하는 경우를 말한다.

(3) 성불편증을 가진 남아의 경우 여성의 외모로 치장하기를 좋아하며, 소꿉놀이와 같은 놀이를 즐긴다. 반면, 성불편증을 가진 여아의 경우 남성의 옷을 입거나 짧은 머리를 좋아하며, 운동이나 거친 놀이를 즐긴다.

(4) 성인의 경우 반대 성을 가진 사람으로 행동하면서, 사회로부터 그렇게 받아들여지기를 강렬히 소망한다. 그리고 완전한 반대의 성이 되고자 성전환수술을 받고 싶어 한다.

(5) 성불편증을 가진 사람은 대부분 사회로부터 고립되어 있으며, 부모와의 관계 또한 심각하게 손상되어 있다.

(6) 성불편증은 동성의 사람에 대해 성적인 흥분을 느끼거나 성적인 욕구를 충족시키기 위해 성행위를 하는 동성애(Homosexuality)와 구분되어야 한다. 그 이유는 대부분의 동성애자의 경우 자신의 생물학적 성이나 성역할에 대해 심각한 불편감을 호소하지도, 성전환을 원하지도 않기 때문이다.

(7) 청소년이나 성인의 경우 의상전환장애와 같이 성적 공상을 통한 성적 흥분을 목적으로 옷을 바꿔 입는 것이 아닌, 자신에게 주어진 성에 대한 지속적인 불편으로 인해 다른 성역할을 하면서 옷을 바꿔 입는다.

(8) 아동의 경우 남아가 여아에 비해 5배 정도, 성인의 경우 남성이 여성에 비해 2~3배 정도 많이 나타나는 것으로 추정되고 있다.

2 DSM-5의 주요진단기준

(1) 아동의 성불편증

자신의 경험된/표현된 성별과 할당된 성별 사이의 현저한 불일치가 최소 6개월 동안 다음 중 적어도 6가지 이상 나타난다.

- 반대 성이기를 강렬히 열망하거나 자신이 반대 성이라고 주장한다.
- 남아(할당된 성별)의 경우 여성복으로 옷을 바꿔 입거나 여성복장으로 가장하는 것을 매우 선호한다. 여아(할당된 성별)의 경우 전형적인 남성복만을 입기를 매우 선호하는 반면, 전형적인 여성복을 입는 것에 강렬히 저항한다.
- 소꿉놀이나 환상극에서 반대 성 역할을 강렬히 선호한다.
- 전형적으로 반대 성에 의해 사용되는 장난감이나 게임, 반대 성에 의해 참여되는 활동을 강렬히 선호한다.
- 반대 성의 놀이상대가 되기를 강렬히 선호한다.
- 남아(할당된 성별)의 경우 전형적인 남성 장난감, 게임, 활동에 대해 강한 거부반응을 보인다. 여아(할당된 성별)의 경우 전형적인 여성 장난감, 게임, 활동에 대해 강한 거부반응을 보인다.
- 자신의 해부학적 성별에 대해 강한 혐오감을 나타낸다.
- 자신이 경험한 성별의 일차 성징 및(혹은) 이차 성징에 일치하는 것을 강렬히 선호한다.

(2) 청소년 및 성인의 성불편증

자신의 경험된/표현된 성별과 할당된 성별 사이의 현저한 불일치가 최소 6개월 동안 다음 중 적어도 2가지 이상 나타난다.

- 자신의 경험된/표현된 성별과 일차 성징 및(혹은) 이차 성징 사이에 현저한 불일치를 나타낸다.
- 자신의 경험된/표현된 성별과의 현저한 불일치로 인해 자신의 일차 성징 및(혹은) 이차 성징을 제거하기를 강렬히 열망한다.
- 반대 성의 일차 성징 및(혹은) 이차 성징을 강렬히 열망한다.
- 반대 성(혹은 자신의 할당된 성별과 다른 어떤 대체 성별)이기를 강렬히 열망한다.
- 반대 성으로 대우받기를 강렬히 열망한다.
- 자신이 반대 성의 전형적인 감정과 반응을 지니고 있다는 강한 확신을 가지고 있다.

제13장 | 실전예상문제

01 DSM-5에 따르면, 성기능장애에 해당되지 <u>않는</u> 것은?

① 조루증
② 성정체감장애
③ 남성 성욕감퇴장애
④ 발기장애

02 다음과 같은 내용에 해당하는 장애는?

> • 경험하는 성별과 자신의 성별 간 심각한 불일치
> • 자신의 성적 특성을 제거하고자 하는 강한 욕구
> • 다른 성별 구성원이 되고자 하는 강한 욕구

① 성도착증　　　② 동성애
③ 성기능장애　　④ 성불편증

03 DSM-5에서 성불편증에 대한 설명으로 가장 거리가 <u>먼</u> 것은?

① 성인의 경우 반대 성을 지닌 사람으로 행동하며 사회에서 그렇게 받아들여지기를 강렬하게 소망한다.
② 자신의 생물학적 성과 성역할에 대해 지속적으로 불편감을 느낀다.
③ 아동에서부터 성인에 이르기까지 다양한 연령대에서 나타날 수 있다.
④ 동성애자들이 주로 보이는 장애이다.

04 노출장애는 낯선 사람에게 자신의 성기를 노출시키거나 혹은 노출시켰다는 상상을 하면서 자위행위를 하는 경우이다. 다만, 이와 같은 노출증적 행동에도 불구하고 낯선 사람과 성행위를 하려고 시도하는 경우는 거의 없다.

04 DSM-5의 노출장애(Exhibitionistic Disorder)에 대한 설명과 가장 거리가 먼 것은?

① 성도착적 초점은 낯선 사람에게 성기를 노출시키는 것이다.

② 성기를 노출시켰다는 상상을 하면서 자위행위를 하기도 한다.

③ 보통 18세 이전에 발생하며 40세 이후에는 상태가 완화되는 것으로 보인다.

④ 노출증적 행동을 나타내는 경우에 대개 낯선 사람과 성행위를 하려고 시도한다.

05 ④는 성적 가학장애의 특징에 해당된다.

05 DSM-5에서 성불편증에 대한 설명으로 가장 거리가 먼 것은?

① 성인의 경우 반대 성을 지닌 사람으로 행동하며 사회에서 그렇게 받아들여지기를 강렬하게 소망한다.

② 자신의 생물학적 성과 성역할에 대해 지속적으로 불편감을 느낀다.

③ 아동에서부터 성인에 이르기까지 다양한 연령대에서 나타날 수 있다.

④ 상대방에게 굴욕감을 주거나 고통을 가하여 성적 흥분을 느끼거나 혹은 성적 행위를 반복하는 경우이다.

06 성기능장애에 대한 설명이다.
①·②·③ 성도착장애에 대한 설명이다.

06 다음 중 그 성격이 다른 장애는?

① 관음장애

② 노출장애

③ 의상전환장애

④ 조기사정

정답 (04 ④ 05 ④ 06 ④)

07 성기능장애의 원인 중 역사적 원인으로 가장 적절하지 <u>않은</u> 것은?

① 신체적 문제
② 충격적 성경험
③ 자기초점적 주의
④ 잘못된 성지식

08 성기능장애는 성행위 과정의 성반응주기 중 특정 단계의 비정상적인 반응으로 인해 발생한다. 4단계 중 정상적인 반응을 보이는 단계는 무엇인가?

① 성욕구단계
② 고조단계
③ 절정단계
④ 해소단계

09 다음 중 노출장애에 대한 설명으로 가장 적절하지 <u>않은</u> 것은?

① 성기를 노출했다는 상상을 하면서 자위행위를 한다.
② 속옷이 보일 듯한 짧은 옷을 입는다.
③ 낯선 사람에게 성기를 노출한다.
④ 성행위를 하려는 시도를 하지 않는다.

07 자기초점적 주의는 인지적 관점과 관련된 설명이다.

08 성기능장애는 성반응주기인 성욕구단계, 고조단계, 절정단계, 해소단계 중 해소단계를 제외한 단계 이상에서 비정상적인 반응을 보이는 경우이다.

09 노출장애는 성기를 노출하는 것 또는 노출했다는 상상을 하며 자위행위를 하는 것이다. 짧은 옷을 입는, 소위 노출증이라 불리는 사람들은 노출장애라 할 수 없다

정답 07 ③ 08 ④ 09 ②

10 성도착은 변태성욕을 의미하는 것으로, 성적 욕구를 충족시키는 대상이나, 방식, 행위나 상황에서의 비정상적인 양상을 특징으로 한다.

10 다음 중 괄호 안에 순서대로 들어갈 말로 적절하지 않은 것은?

성도착은 변태성욕을 의미하는 것으로, 성적 욕구를 충족시키는 (   )(이)나, (   ), (   )나 상황에서의 비정상적인 양상을 특징으로 한다.

① 방식　　　　　　② 행위

③ 시간　　　　　　④ 대상

정답　10 ③

제 14 장

신경발달장애

당신이 할 수 있다고 생각하든, 할 수 없다고 생각하든 그렇게 될 것이다.

– 헨리 포드 –

제**14**장 │ 신경발달장애

제1절 지적 장애

1 의의

(1) 지적 장애는 DSM-IV의 분류기준상 정신지체(Mental Retardation)에 해당하는 것으로, DSM-IV에서는 유아기, 아동기 또는 청소년기에 통상 처음 진단되는 장애(Disorders Usually First Diagnosed in Infancy, Childhood or Adolescence)의 하위유형으로 분류되었다. 그러나 DSM-5에서는 유아기, 아동기 또는 청소년기에 통상 처음 진단되는 장애에서 분리되어 지적 장애(Intellectual Disability) 또는 지적 발달장애(Intellectual Developmental Disorder)의 새로운 명칭과 함께 신경발달장애(Neurodevelopmental Disorders)의 하위유형으로 분류된다.

(2) DSM-5에서는 지적 장애를 발달기에 나타나는 개념적 영역(Conceptual Domain), 사회적 영역(Social Domain), 실제적 또는 실행적 영역(Practical Domain)에 있어서 지적 기능 및 적응기능상의 결손으로 정의하고 있다. 지적 기능은 추론, 문제해결, 계획, 추상적 사고, 판단, 학교에서의 학습, 경험을 통한 학습 등을 의미하며, 적응기능은 가정, 학교, 직장, 공동체와 같은 다양한 환경에서의 의사소통, 사회적 참여, 독립적인 생활 등 일상생활을 영위할 수 있는 능력과 연관된다.

(3) DSM-IV에서의 정신지체와 마찬가지로 DSM-5에서의 지적 장애 또한 그 심각도에 따라 경도(Mild), 중(등)도(Moderate), 고도 또는 중증도(Severe), 심도 또는 최중증도(Profound)로 구분하고 있다.

(4) 지적 장애는 지능이 비정상적으로 낮아서 학습 및 사회적응에 어려움을 나타내는 장애이다. 특히 18세 이전에 표준화된 지능검사결과 지능지수(IQ)가 70점 미만을 나타낸다.

(5) 지적 장애를 유발하는 원인은 매우 다양하다. 그 주요원인으로 유전자 이상, 임신 중 태내환경 이상, 임신 및 출산 과정에서의 이상, 후천성 아동기 질환, 그 밖에 열악한 환경요인 등이 제시되고 있다. 특히 지적 장애의 약 5% 정도가 다운증후군(Down's Syndrome), 취약 X 증후군(Fragile X Syndrome), 클라인펠터증후군(Klinefelter's Syndrome) 등의 염색체 이상에 의해 유발되는 것으로 알려져 있다.

(6) 지적 장애의 유병률은 일반인구의 약 1%에 해당하며, 남성이 전체의 약 60%를 차지하는 것으로 보고되고 있다.

2 지적 장애의 수준

(1) 경도 또는 가벼운 정도(Mild)

① 지능수준은 IQ 50~55에서 70 미만까지로, 전체 지적 장애자의 약 85%를 차지한다.

② 주의집중력과 지적 학습능력이 부족하며, 10대 후반에 초등학교 6학년 정도의 지적 수준을 보인다.

③ 성인기에 타인의 지도와 지원으로 생계유지를 위한 최소한의 사회적·직업적 기술을 습득할 수 있다.

④ 지역사회에서의 독립적인 생활이나 지도 및 지원에 의한 일상생활이 가능하며, 숙련을 요하지 않는 작업장이나 보호받는 작업장에서는 자활할 수 있다.

(2) 중(등)도 또는 중간 정도(Moderate)

① 지능수준은 IQ 35~40에서 50~55까지로, 전체 지적 장애자의 약 10%를 차지한다.

② 사회적 관습을 잘 이해하지 못하므로 스스로 타인과 원활한 대인관계를 맺기 어렵다.

③ 대부분 사회학습을 통해 의사소통기술을 습득할 수 있으며, 지도감독 하에 사회적·직업적 기술을 습득할 수 있다.

④ 성인기에 보호기관에서의 지도감독 하에 비숙련 또는 반숙련작업을 수행할 수 있다.

(3) 고도(중증도) 또는 심한 정도(Severe)

① 지능수준은 IQ 20~25에서 35~40까지로, 전체 지적 장애자의 약 3~4%를 차지한다.

② 혼자 옷을 입고 식사를 하는 등의 기본적인 자기보살핌행동을 할 수 있으며, 초보적인 언어를 습득할 수 있다.

③ 성인기에 매우 집중적인 지도감독 하에 비숙련작업을 수행할 수 있다.

(4) 심도(최중증도) 또는 아주 심한 정도(Profound)

① 지능수준은 IQ 20~25 이하로, 전체 지적 장애자의 약 1~2%를 차지한다.

② 현저한 발달지체와 함께 지적 학습 및 사회적 적응이 거의 불가능하다.

③ 초기 아동기에서부터 지속적인 돌봄과 지도감독이 필요하다.

제2절   의사소통장애

1 의의

(1) 정상적인 지능수준에도 불구하고 의사소통에 사용되는 말이나 언어의 사용에 결함이 있는 경우를 말한다.

(2) 각 유형별 특징은 아래와 같다.

① **언어장애** : 언어의 발달과 사용에 지속적인 곤란을 나타내는 경우를 말한다. 이는 어휘의 부족, 문장 구조의 빈곤, 대화능력의 장애를 비롯한 언어의 이해나 표현능력의 손상에 의한 것이다.

② **말소리장애** : 발음의 어려움으로 인해서 언어적 의사소통에 지장을 초래하는 경우를 말한다. 나이나 교육수준에 비해서 현저하게 부정확하거나 잘못된 발음을 사용하고, 단어의 마지막 음을 발음하지 못하거나 생략하는 등의 문제를 나타낸다.

③ **아동기발병 유창성장애** : 말더듬기로 인해서 언어의 유창성에 장애가 있는 경우를 말한다. 말더듬기는 말을 시작할 때 첫 음이나 음절을 반복하여 사용하거나 특정한 발음을 길게 하거나 말을 하는 도중에 부적절하게 머뭇거리거나 갑자기 큰 소리로 발음하는 등 다양한 형태로 나타날 수 있다.

④ **사회적 의사소통장애** : DSM-5에서 처음으로 추가된 장애로, 언어적·비언어적 의사소통 기술의 사회적 사용에 지속적인 어려움을 나타내는 경우를 말한다.

2 DSM-5의 분류기준에 의한 하위유형 [기출]

(1) 언어장애(Language Disorder)

(2) 말소리장애(Speech Sound Disorder)

(3) 아동기발병 유창성장애(Childhood-Onset Fluency Disorder)

(4) 사회적 의사소통장애(Social Communication Disorder)

(5) 불특정형 의사소통장애(Unspecified Communication Disorder)

제3절 | 주의력결핍 및 과잉행동장애

(1) DSM-5의 주요진단기준

① 부주의 및(혹은) 과잉행동—충동성의 지속적인 패턴이 개인의 기능 또는 발달을 저해하며, 이는 다음의 '부주의' 및(혹은) '과잉행동 및 충동성'의 특징적 양상을 나타내 보인다.

㉠ 부주의 : 다음 중 6가지 이상의 증상들이 최소 6개월 이상 지속된다. 그와 같은 증상들은 발달수준에 적합하지 않으며, 사회적·학업적·직업적 활동에 직접적으로 부정적인 영향을 미친다.

> • 종종 세밀하게 주의를 기울이지 못하거나 학업, 직업 또는 다른 활동에서 빈번히 실수를 저지른다.
> • 종종 과제를 하거나 놀이를 할 때 지속적으로 주의를 집중하지 못한다.
> • 종종 다른 사람이 직접 말을 할 때 경청하지 않는 것처럼 보인다.
> • 종종 주어진 지시를 수행하지 못하며, 학업, 잡일, 작업장에서의 임무들을 완수하지 못한다.
> • 종종 과업과 활동을 체계화하지 못한다.
> • 종종 지속적인 정신적 노력을 요구하는 과업들에 참여하기를 회피하거나 싫어하거나 혹은 마지못해 한다.
> • 종종 과제나 활동을 하는 데 필요한 물건들을 잃어버린다.
> • 종종 외부자극에 의해 쉽게 산만해진다.
> • 종종 일상적인 활동을 잊어버린다.

㉡ 과잉행동 및 충동성 : 다음 중 6가지 이상의 증상들이 최소 6개월 이상 지속된다. 그와 같은 증상들은 발달수준에 적합하지 않으며, 사회적·학업적·직업적 활동에 직접적으로 부정적인 영향을 미친다.

> • 종종 손발을 가만히 두지 못하거나 의자에 앉아서도 몸을 꼼지락거린다.
> • 종종 가만히 앉아 있어야 할 상황에서 자리를 떠나 돌아다닌다.
> • 종종 상황에 부적절하게 뛰어다니거나 높은 곳을 기어오른다.
>   (주의 : 청소년이나 성인의 경우 좌불안석을 경험하는 것으로 제한될 수 있음)
> • 종종 조용한 여가활동에 참여하거나 놀지 못한다.
> • 종종 끊임없이 활동하거나 자동차에 쫓기는 것처럼 행동한다.
> • 종종 지나칠 정도로 수다스럽게 말을 한다.
> • 종종 질문이 채 끝나기도 전에 성급히 대답한다.
> • 종종 줄서기 상황에서 자신의 차례를 기다리지 못한다.
> • 종종 다른 사람의 활동을 방해하거나 간섭한다.

② 심각한 부주의 또는 과잉행동—충동성의 증상들이 12세 이전에 나타났다.

③ 심각한 부주의 또는 과잉행동—충동성의 증상들이 2가지 이상의 장면(예 가정, 학교 혹은 직장, 친구들 또는 친척들과 함께 있는 자리, 다른 활동상황)에서 나타난다.

④ 이러한 증상들이 사회적·학업적·직업적 기능의 질을 간섭하거나 저하시킨다는 명백한 증거가 있다.

⑤ 이러한 증상들이 조현병(정신분열증)이나 다른 정신증적 장애의 경과 중에만 나타나는 것이 아니며, 다른 정신장애(예 기분장애, 불안장애, 해리성 장애, 성격장애, 물질중독 또는 금단)에 의해 더 잘 설명되지 않는다.

(2) 원인 및 치료

① 원인

  ㉠ 유전적 요인

  ㉡ 뇌손상, 중추신경계손상, 신경전달물질인 도파민과 노르에피네프린의 이상

  ㉢ 부모의 성격이나 양육방식 등의 심리적 요인 등

② 치료

  ㉠ 약물치료 : 리탈린(Ritalin), 덱세드린(Dexedrine), 콘서타(Concerta), 페몰린(Pemoline) 등의 중추신경계 자극제 사용

  ㉡ 행동치료 : 타임아웃, 토큰경제, 반응대가, 과잉교정, 조건부 계약 등

  ㉢ 인지행동치료 : 자기관찰, 자기강화, 자기지시 등

  ㉣ 사회기술훈련, 부모훈련 등

제4절 자폐 스펙트럼 장애

(1) DSM-5의 주요진단기준 기출

① 다양한 맥락에 걸쳐 사회적 의사소통 및 사회적 상호작용에 지속적인 결함을 보이며, 이는 현재 또는 과거에 다음과 같이 나타난다.

> • 사회적 · 정서적 상호작용에 있어서 결함을 나타낸다.
> • 사회적 상호작용을 위해 사용되는 비언어적 의사소통 행동에 있어서 결함을 나타낸다.
> • 대인관계의 발전, 유지, 이해에 있어서 결함을 나타낸다.

② 행동, 흥미 또는 활동에 있어서 제한적이고 반복적인 패턴을 보이며, 이는 현재 또는 과거에 다음 중 최소 2가지 이상으로 나타난다.

> • 운동동작, 물체사용 또는 언어사용에 있어서 정형화된 또는 반복적인 패턴을 나타낸다.
> • 동일성에 대한 고집, 일상적인 것에의 완고한 집착 또는 언어적 혹은 비언어적 행동의 의식화된 패턴을 나타낸다.
> • 매우 제한적이고 고정된 흥미를 보이는데, 그 강도나 초점이 비정상적이다.
> • 감각적 자극에 대해 과도한 또는 과소한 반응을 나타내 보이거나, 주변 환경의 감각적 측면에 대해 비정상적인 흥미를 보인다.

③ 이러한 증상들은 초기 발달기에 나타난다.

④ 이러한 증상들은 사회적·직업적 기능 또는 다른 중요한 기능영역에서 임상적으로 유의미한 손상을 초래한다.

⑤ 이러한 장애들은 지적 장애(지적 발달장애)나 전반적 발달지연에 의해 더 잘 설명되지 않는다.

(2) 원인 및 치료

① 원인

㉠ 주로 생물학적 원인에 의해 발병

㉡ 다만, 유전적 요인과 함께 다른 생물학적 요인이나 환경적 요인 등이 복합적으로 작용한다는 견해가 지배적

㉢ 뇌의 신경학적 손상(기질적 뇌의 결함)

② 치료

㉠ 행동치료 : 조작적 조건형성이나 모델링을 통한 말하기, 다른 아이들과 놀기, 다른 사람의 말에 주의를 기울이기 등의 학습

㉡ 정신역동치료 : 음악, 미술, 놀이 등의 다양한 표현매체를 활용한 언어적 기술 및 상상적 활동 증진

㉢ 발달놀이치료 : 치료적 놀이 과정에서 치료자와의 신체적 접촉 및 상호작용을 통한 사회성 향상

㉣ 약물치료 : 공격적·파괴적인 행동이나 발작 등의 완화

제5절   특정 학습장애

> ※ DSM-Ⅳ에 읽기장애, 쓰기장애 등으로 구분하던 것을 DSM-5에서는 특정 학습장애로 통합하여 기술하고 있다.

1 의의

(1) 정상수준의 지능을 가지고 있으나 학습하고 학업기술을 사용하는 데 어려움을 보이는 상태를 말한다.

(2) 어려움을 보이는 특정 학습영역을 위한 중재를 받았음에도 읽기, 쓰기, 수학에서 적어도 한 가지 증상이 적어도 6개월 이상 지속적으로 나타났을 때 진단된다.

(3) 학습장애의 85%는 읽기장애이다.

> • 읽기장애는 "음운인식"과 "글자지식" 부족에서 비롯
> • 읽기문제 이외에도 아래 영역에서 문제를 나타냄
>   – 쓰기 : 철자쓰기, 정서법, 문법 등
>   – 읽기이해, 듣기이해
>   – 산수
>   – 정리정돈
>   – 사회성 스킬

2 특징

(1) 학령기 전 아동

① 대부분의 아이들보다 말이 늦음

② 발음에 문제가 있음

③ 어휘발달이 늦고, 정확한 단어를 찾기가 어려운 경우가 빈번함

④ 운율 만들기를 어려워함

⑤ 숫자, 알파벳, 요일, 색깔, 모양 등을 배우기가 어려움

⑥ 또래와의 상호작용이 어려움

⑦ 지시와 일과를 따르기 어려워함

⑧ 미세한 운동기능이 지연발달

(2) 초등학교 저학년 아동

① 글자와 소리의 관계를 더디게 학습

② 기본단어를 혼동

③ 읽기와 철자쓰기에서 동일한 실수를 지속적으로 함

④ 숫자의 순서를 바꾸고, 수학부호를 혼동

⑤ 사실을 기억하는 데 어려움이 있음

⑥ 새로운 기술을 느리게 배우고, 암기에 매우 의존

⑦ 충농적, 계획세우기를 어려워함

⑧ 연필을 안정적으로 잡지 못함

⑨ 협력이 잘 안 되고, 물리적 환경을 인식하는데 어려움이 있고, 사고가 빈번함

(3) 초등학교 고학년 아동

① 글자의 순서를 바꿈

② 접두사, 접미사, 어근과 기타 철자법을 배우는 데 더딤

③ 소리 내어 큰소리로 읽는 것을 피함

④ 단어 문제풀기가 어려움

⑤ 글자쓰기를 어려워함

⑥ 연필을 이상하게 잡음

⑦ 쓰기과제를 회피

⑧ 사실을 기억하는 것이 더디고 어려움

⑨ 친구를 사귀는 데 어려움이 있음

⑩ 바디랭귀지와 얼굴표정을 이해하는 데 어려움이 있음

3 학습부진 vs 학습장애

(1) 학습부진

① 정상지능

② 학업영역 전반에서 낮은 성취

③ 교과내용을 쉽게 재구성하여 보충교육을 제공하면 학습이 점차 향상되는 경향

④ 환경적·경제적 결손이 원인인 경우 많음

(2) 학습장애

① 정상지능

② 특정영역에서만 낮은 학업성취도

③ 개별화된 교육프로그램이 제공되어야 향상을 보임

④ 영역 간 성취도 차이가 큼(학년이 높을수록 여러 영역에서 어려움을 보이나, 근본적 문제는 1~2개 일 수 있음)

제6절 운동장애

1 의의

(1) 나이나 지능수준에 비해서 움직임 및 운동능력이 현저하게 미숙하거나 부적응적인 움직임을 반복적으로 나타내는 경우를 의미한다.

(2) 갑작스럽고 재빨리 일어나는 비목적적인 행동이 동일하게 반복되는 현상을 틱이라고 하는데, 운동틱과 음성틱으로 구분된다.
　① **운동틱** : 눈, 머리, 어깨, 입, 손 부위를 갑자기 움직이는 특이한 동작이 반복되는 경우
　② **음성틱** : 갑자기 소리를 내는 행동으로서 헛기침하기, 킁킁거리기, 컥컥거리기, 엉뚱한 단어나 구절을 반복하기, 외설스러운 단어를 반복하기 등

2 장애와 특징

(1) 틱장애 : 얼굴근육이나 신체일부를 갑작스럽게 움직이거나 갑자기 이상한 소리를 내는 이상행동을 반복적으로 나타내는 것을 말한다.
　① **뚜렛장애** : 다양한 운동틱과 한 개 이상의 음성틱이 1년 이상 지속적으로 나타나는 경우로 틱장애 중 가장 심각한 유형이다.
　② **지속성 운동 또는 음성틱장애** : 운동틱 또는 음성틱 중 한 가지의 틱이 1년 이상 지속적으로 나타나는 경우를 말한다. 이 경우, 틱이 1년 이상의 기간 동안 거의 매일 또는 간헐적으로 하루에도 몇 차례씩 일어나야 한다.
　③ **일시성 틱장애** : 운동틱이나 음성틱 중 한 가지 이상의 틱이 나타나지만 1년 이상 지속적으로 나타나지 않는 경우를 말한다.

(2) 발달성 운동조정장애 : 앉기, 기어다니기, 걷기, 뛰기 등의 운동발달이 늦고 동작이 서툴러서 물건을 자주 떨어뜨리고 깨뜨리거나 운동을 잘 하지 못하는 경우에 진단된다.

(3) 정형적 동작장애 : 특정한 패턴의 행동을 아무런 목적 없이 반복적으로 지속하여 정상적인 적응에 문제를 야기하는 경우를 말한다. 틱행동은 비의도적이고 급작스러운 방식으로 나타나는 반면, 정형적 행동은 나분히 의도성이 있고 율동적이며 자해직인 부분이 있다.

01 자폐 스펙트럼 장애는 지속적인 경과를 나타내는데, 학령기에 사회적 관심이 다소 증가하는 등 다소 호전되는 경향을 보이는 경우도 있고 때로는 오히려 악화되는 경우도 있다.

01 자폐 스펙트럼 장애에 관한 설명으로 **틀린** 것은?

① 의사소통의 장애가 현저하고 지속적이다.
② 상상적인 놀이를 하는 데 어려움이 있다.
③ 사회적 관습을 이해하는 데 어려움이 있다.
④ 연령증가와 함께 증상의 호전을 보인다.

02 타인의 행동을 적대적으로 해석하는 특성을 보이는 것은 성격장애 중 편집성 성격장애의 특징이다.

02 주의력결핍 및 과잉행동장애(ADHD)의 설명으로 **틀린** 것은?

① 주된 어려움 중 한 가지는 충동통제의 결함이다.
② 타인의 행동을 적대적으로 해석하는 특성을 가지고 있다.
③ 신호자극에 대해 각성하는 데 문제가 생겨 이 장애가 발생할 수도 있다.
④ 청소년 후기보나 선기, 그리고 소녀보다 소년에게서 더 흔하게 나타난다.

03 뚜렛장애는 틱장애의 하위유형 중 1년 이상 지속된 운동성 틱과 음성 틱을 동시에 가지고 있는 증세가 가장 심각한 유형에 해당한다.

03 여러 가지 운동틱과 한 가지 또는 그 이상의 음성틱이 1년 이상의 기간 동안 반복적으로 나타나는 장애는?

① 레트장애
② 뚜렛장애
③ 운동기술장애
④ 아스퍼거장애

정답 (01 ④ 02 ② 03 ②)

04 다음 사례에 해당하는 장애의 적절한 명칭은?

> 정신지체, 정서장애, 환경 및 문화적 결핍과는 관계없이 듣기, 말하기, 쓰기, 읽기 및 산수능력을 습득하거나 활용하는 데 한 분야 이상에서 어려움을 나타낸다. 일반적으로 개인의 능력발달에서 분야별 불균형이 나타나는 특징이 있으며, 지각장애, 지각-운동장애, 신경체계의 역기능 및 뇌손상과 같은 기본적인 정보처리과정의 장애로 인해 나타난다.

① 학습지진
② 학습장애
③ 학습부진
④ 학업지체

05 염색체 이상에 의해 유발되는 대표적인 지적 장애에 해당하지 않는 것은?

① Down's Syndrome
② Fragile X Syndrome
③ Klinefelter's Syndrome
④ Korsakoff's Syndrome

06 다음 중 자폐 스펙트럼 장애의 주요 증상으로 볼 수 없는 것은?

① 사회적 상호작용에서의 질적인 장애
② 과잉행동과 충동성
③ 의사소통에서의 질적인 장애
④ 행동이나 관심에서의 반복적이며 상동증적인 증상

04 학습장애와 학습부진은 학습지진과 달리 정상적인 지능범위 내에 있으면서도 학습에 대한 어려움을 느끼며 학업성취도가 낮은 경우에 해당한다. 그러나 학습부진이 특히 불안 및 우울 등 개인의 정서적 요인이나 가정불화 및 부적절한 교우관계 등 환경적 요인에 의한 것인 반면, 학습장애는 특히 대뇌의 특정 영역에서의 발달적인 기능장애에 의해 나타나는 것으로 알려져 있다.

05 코르사코프증후군(Korsakoff's Syndrome)은 만성 알코올중독자에게서 흔히 발생하는 것으로 지남력장애, 최근 및 과거 기억력의 상실, 작화증 등의 증상을 특징으로 한다.

06 과잉행동과 충동성은 주의력결핍 및 과잉행동장애(ADHD)의 주요증상에 해당한다.

정답 04 ② 05 ④ 06 ②

07 주의력결핍 및 과잉행동장애는 외부 자극에 의해 쉽게 산만해지며, 과제나 놀이를 할 때 지속적으로 주의를 집중하지 못하는 증상을 보인다.

07 주의력결핍 및 과잉행동장애(ADHD)의 특징적 증상과 가장 거리가 먼 것은?

① 주의가 쉽게 산만해진다.

② 자극에 대한 흥미와 관심이 부족하다.

③ 다른 사람의 활동을 방해하고 간섭한다.

④ 남의 말을 경청하지 않는 것처럼 보인다.

08 ①·②·③ 틱장애

08 다음 보기의 질환명 중 성격이 다른 하나는?

① 뚜렛장애

② 일시성 틱장애

③ 음성틱장애

④ 발달성 운동조정장애

09 특정 학습장애의 손상유형에는 읽기손상, 쓰기손상, 수학손상이 있다.

09 다음 중 특정 학습장애의 손상유형으로 가장 적절하지 않은 것은?

① 쓰기손상

② 수학손상

③ 읽기손상

④ 듣기손상

정답 07 ② 08 ④ 09 ④

10 다음과 같은 특징을 보이는 장애는 무엇인가?

> - 사회적 상호작용을 위해 사용되는 비언어적 의사소통 행동에 있어서 결함을 나타낸다.
> - 대인관계의 발전, 유지, 이해에 있어서 결함을 나타낸다.
> - 운동동작, 물체사용 또는 언어사용에 있어서 정형화된 또는 반복적인 패턴을 나타낸다.
> - 동일성에 대한 고집, 일상적인 것에의 완고한 집착 또는 언어적 혹은 비언어적 행동의 의식화된 패턴을 나타낸다.

① 주의력결핍 및 과잉행동장애

② 지적 장애

③ 자폐 스펙트럼 장애

④ 사회적 의사소통장애

10 자폐 스펙트럼 장애는 비언어적 의사소통에 있어서 결함이 있고, 대인관계 결함, 동일성에 대한 과도한 집착 등을 특징으로 한다.

11 DSM-5의 분류기준에 의한 의사소통장애 하위유형으로 옳게 묶인 것은?

① 아동기발병 유창성 장애, 말소리장애, 사회적 의사소통장애

② 언어장애, 사회적 의사소통장애, 상동적 언어장애

③ 말소리장애, 아동기발병 유창성 장애, 사회적 상호작용장애

④ 사회적 상호작용장애, 상동적 언어장애, 말소리장애

11 의사소통장애 하위유형으로는 언어장애, 말소리장애, 아동기발병 유창성 장애, 사회적 의사소통장애, 명시되지 않은 의사소통장애가 있다.

12 다음 중 ADHD의 주요 증상으로 가장 적절하지 <u>않은</u> 것은?

① 과잉행동

② 무질서

③ 부주의

④ 충동성

12 ADHD(주의력결핍 및 과잉행동장애)의 주요 증상은 부주의, 과잉행동, 충동성이다.

정답 10 ③ 11 ① 12 ②

SD에듀와 함께, 합격을 향해 떠나는 여행

제 15 장

파괴적 충동통제 및
품행장애

실패하는 게 두려운 게 아니라, 노력하지 않는 게 두렵다.

– 마이클 조던 –

제15장 | 파괴적 충동통제 및 품행장애

제1절 적대적 반항장애

(1) 반항성 장애 또는 적대적 반항장애는 어른에게 거부적·적대적·반항적인 행동을 지속적으로 나타내는 장애이다.

(2) DSM-5에서는 이 장애의 3가지 핵심증상으로 분노/과민한 기분, 논쟁적/반항적 행동, 복수심을 제시하고 있다. 특히 그와 같은 행동패턴이 최소 6개월 이상 지속되며, 다음의 8가지 항목 중 4가지 이상이 해당하는 경우 진단하도록 하고 있다.

- 분노/과민한 기분(Angry/Irritable Mood)
  - 종종 화를 참지 못하고 터뜨린다.
  - 종종 과민하게 반응하거나 쉽게 짜증을 낸다.
  - 종종 화를 내면서 분개한다.
- 논쟁적/반항적 행동(Argumentative/Defiant Behavior)
  - 권위자와 논쟁이 잦다. 혹은 아동 및 청소년의 경우 성인과 논쟁이 잦다.
  - 종종 권위자의 요구나 규칙을 따르는 것에 적극적으로 반항하거나 거절한다.
  - 종종 일부러 타인을 괴롭힌다.
  - 종종 자신의 실수나 부정한 행동에 대한 책임을 다른 사람의 탓으로 돌린다.
- 복수심(Vindictiveness)
  - 지난 6개월 안에 최소 2차례 이상 악의나 앙심을 품고 있다.

(3) 적대적 반항성을 가진 아동은 쉽게 화를 내고 어른의 요구나 규칙을 무시하며, 어른들과 논쟁하여 그에 도전하고, 고의적으로 타인의 기분을 상하게 하거나 귀찮게 한다.

(4) 이와 같은 문제를 가진 아동은 대부분 우울감과 열등감이 있으며, 인내심이 부족하다. 또한 청소년기에는 알코올, 담배, 흡입제 등을 남용하기 쉬우며, 품행장애나 기분장애로 발전하기도 한다.

제2절   품행장애

(1) 특히 아동 및 청소년기의 장애로, 다른 사람의 기본 권리나 나이에 적합한 사회 규준 및 규율을 위반하는 행동양상이 반복적이고 지속적으로 나타나는 장애이다.

(2) DSM-5에서는 이 장애의 4가지 핵심증상으로 사람과 동물에 대한 공격성, 재산파괴, 사기 또는 절도, 중대한 규칙위반을 제시하고 있다. 특히 지난 12개월 동안 다음의 15가지 항목 중 3가지 이상이 지속적이고 반복적으로 나타나고, 지난 6개월 동안 최소한 1가지 이상이 해당하는 경우 진단하도록 하고 있다.

기출

> • 사람과 동물에 대한 공격성(Aggression to People and Animals)
>   - 종종 다른 사람을 괴롭히거나 위협하거나 협박한다.
>   - 종종 싸움을 건다.
>   - 다른 사람에게 심각한 신체적 손상을 줄 수 있는 무기를 사용한다.
>   예 방망이, 벽돌, 깨진 병, 칼, 총
>   - 사람에게 신체적으로 잔인하게 대한다.
>   - 동물에게 신체적으로 잔인하게 대한다.
>   - 피해자가 보는 앞에서 도둑질을 한다.
>   예 노상강도, 소매치기, 강탈, 무장강도
>   - 다른 사람에게 성적 행위를 강요한다.
> • 재산파괴(Destruction of Property)
>   - 심각한 손해를 입히려는 의도로 고의적으로 불을 지른다.
>   - 다른 사람의 재산을 고의적으로 피괴한다(방화에 의한 것은 제외).
> • 사기 또는 절도(Deceitfulness or Theft)
>   - 다른 사람의 집, 건물 또는 자동차에 무단침입한다.
>   - 종종 물품을 획득하거나 환심을 사거나 의무를 피하기 위해 거짓말을 한다.
>   - 피해자와 맞서지 않은 상황에서 귀중품을 훔친다.
>   예 파괴나 침입 없이 물건을 사는 체하면서 훔침. 문서를 위조함
> • 중대한 규칙위반(Serious Violations of Rules)
>   - 종종 부모의 금지에도 불구하고 외박을 하는 행위가 13세 이전부터 시작되었다.
>   - 친부모 혹은 양부모와 같이 사는 동안 최소한 2번 이상 가출을 하거나, 1번 가출을 했으나 장기간 귀가하지 않은 경험이 있다.
>   - 종종 무단결석을 하는 행위가 13세 이전부터 시작되었다.

(3) 공격적인 반사회적 행동으로 약자를 괴롭히거나, 폭력을 행사하거나, 어른에게 반항적·적대적인 태도로 복종하지 않은 경향이 있다. 또한 무단결석, 잦은 가출, 흡연, 음주, 약물남용, 공공기물 파괴행동을 보인다.

(4) 품행장애를 가진 사람은 자신의 잘못된 행동에 대해 죄책감을 느끼지 않으며, 오히려 그 책임을 다른 사람의 탓으로 돌린다. 그로 인해 문제행동에 대한 처벌이 그와 같은 행동을 감소시키기는커녕 오히려 반항심과 분노를 유발하여 문제행동을 더욱 악화시키는 경향이 있다.

(5) 18세 이후 성인기에 반사회성 성격장애로 발전할 가능성이 높다. 특히 주의력결핍 및 과잉행동장애(ADHD), 품행장애, 반사회성 성격장애는 매우 유사한 유전적 소인에 의해 유발되는 것으로 알려져 있다. 기출

(6) 아동기와 청소년기에 흔한 장애로, 18세 이하 남아의 경우 6~16%, 여아의 경우 2~9%의 발병률을 보이는 것으로 보고되고 있다. 특히 사회경제적 수준이 낮고 도시에 거주하는 가정의 아동에게서 품행장애가 많이 나타나는 것으로 알려져 있다.

제3절 기타

1 간헐적 폭발성 장애

(1) 공격적 충동이 조절되지 않아 심각한 파괴적 행동으로 나타나게 되는 경우를 말한다.

(2) 이 장애를 지닌 사람은 심각한 공격적 행위 또는 재산이나 기물을 파괴하는 공격적 충동을 통제하지 못하는 사건이 일정하지는 않지만 계속해서 일어난다.

(3) 이러한 사건 동안에 나타나는 공격성의 정도가 그 사건을 일으킨 계기가 되는 심리사회적 압박감에 비례하지는 않는다.

(4) 공격적 발작을 하듯이 폭발적인 행동을 하기 전에 긴장감이나 각성상태를 먼저 느끼고 행동을 하고 나서는 즉각적인 안도감을 느낀다.

(5) 공격적 행동으로 인해 동요하고 후회하며 당혹스럽게 느끼게 된다.

(6) 이러한 문제로 인하여 직업상실, 학교적응곤란(정학), 이혼, 대인관계의 문제, 사고, 입원, 투옥 등을 겪을 수 있다.

2 방화증과 도벽증

(1) 방화증

① 불을 지르고 싶은 충동을 조절하지 못해 반복적으로 방화를 하는 경우를 말한다.

② 방화증을 가진 사람은 불을 지르기 전에 긴장이 되거나 흥분이 되며 불을 지르거나 또는 남이 불을 지르는 것을 볼 때 기쁨이나 만족감 또는 안도감을 느끼게 된다.

③ 어떤 목적이 있거나(경제적 이익, 사회적 이념구현, 범죄현장은폐, 분노나 복수심 표현 등), 다른 정신장애에 의한 판단력장애로 인해 불을 지르는 것이 아니어야 한다.

(2) 도벽증

① 남의 물건을 훔치고 싶은 충동을 참지 못해 반복적으로 도둑질을 하게 되는 경우를 말한다.

② 도벽증을 지닌 사람은 개인적으로 쓸모가 없거나 금전적으로 가치가 없는 물건을 훔치려고 하는 충동을 억누르지 못하고 물건을 훔치는 일이 반복적으로 일어난다.

③ 도벽증을 지닌 사람은 훔치는 물건보다는 훔치는 행위가 중요하며 그러한 행위를 하면서 느끼는 긴장감, 만족감, 스릴감에 대한 유혹을 통제하지 못하는 특징을 가진다.

④ 도벽증을 지닌 사람은 갑작스럽게 일어나는 훔치고자 하는 충동을 억누르지 못해 물건을 훔치게 되는데, 이러한 절도욕구에 대해서 불편해하고 발각되는 것에 대한 두려움을 지니지만 절도행위를 하는 동안의 만족감이 더 크기 때문에 절도행위를 반복하게 된다.

01 아동 및 청소년기에 나타나는 장애로 다른 사람의 기본 권리나 나이에 적합한 사회규준이나 규율을 위반하는 행동양상이 반복적이고 지속적으로 나타나는 것은?

① 품행장애
② 적대적 반항장애
③ 간헐적 폭발성 장애
④ 주의력결핍 및 과잉행동장애

02 방화증을 가진 사람의 특성으로 볼 수 <u>없는</u> 것은?

① 불을 지르고 싶은 충동을 조절하지 못해 반복적으로 방화를 한다.
② 남이 불을 지르는 것을 볼 때 기쁨이나 만족감 또는 안도감을 느끼게 된다.
③ 보험금을 타기 위한 목적 등 어떤 목적을 위하여 불을 지른다.
④ 다른 정신장애에 의한 판단력장애로 인해 불을 지르는 것이 아니다.

03 반항성 장애의 증상
- 분노/과민한 기분(Angry/Irritable Mood)
  - 종종 화를 참지 못하고 터뜨린다.
  - 종종 과민하게 반응하거나 쉽게 짜증을 낸다.
  - 종종 화를 내면서 분개한다.
- 논쟁적/반항적 행동(Argumentative/Defiant Behavior)
  - 권위자와 논쟁이 잦다. 혹은 아동 및 청소년의 경우 성인과 논쟁이 잦다.
  - 종종 권위자의 요구나 규칙을 따르는 것에 적극적으로 반항하거나 거절한다.
  - 종종 일부러 타인을 괴롭힌다.
  - 종종 자신의 실수나 부정한 행동에 대한 책임을 다른 사람의 탓으로 돌린다.
- 복수심(Vindictiveness)
  - 지난 6개월 안에 최소 2차례 이상 악의나 앙심을 품고 있다.

03 다음 내용은 반항성 장애의 증상 중 어디에 해당되는가?

> - 종종 권위자의 요구나 규칙을 따르는 것에 적극적으로 반항하거나 거절한다.
> - 종종 일부러 타인을 괴롭힌다.

① 논쟁적/반항적 행동
② 분노/과민한 기분
③ 복수심
④ 재산파괴

04 간헐적 폭발성 장애의 주요 증상에 해당한다.

04 다음과 같은 특징을 가진 장애는 무엇인가?

> - 공격적 발작을 하듯이 폭발적인 행동을 하기 전에 긴장감이나 각성상태를 먼저 느끼고 행동을 하고 나서는 즉각적인 안도감을 느낀다.
> - 공격적 행동으로 인해 동요하고 후회하며 당혹스럽게 느끼게 된다.
> - 이러한 문제로 인하여 직업상실, 학교적응 곤란(정학), 이혼, 대인관계의 문제, 사고, 입원, 투옥 등을 겪을 수 있다.

① 도벽증
② 간헐적 폭발성 장애
③ 품행장애
④ 적대적 반항장애

정답 03 ① 04 ②

05 다음 중 품행장애의 핵심증상으로 가장 적절하지 <u>않은</u> 것은?

① 사기 또는 절도

② 중대한 규칙위반

③ 논쟁적, 반항적 행동

④ 사람과 동물에 대한 공격성

06 다음 중 괄호 안에 들어갈 말이 순서대로 적절하게 묶인 것은?

> DSM-5에서는 적대적 반항장애의 3가지 핵심증상으로 분노/과민한 기분, 논쟁적/반항적 행동, (A)을(를) 제시하고 있다. 특히 그와 같은 행동패턴이 최소 (B)개월 이상 지속되어야 한다.

	A	B
①	규칙위반	1
②	복수심	6
③	공격성	3
④	재산파괴	12

07 다음 중 병적 도벽에 대한 설명으로 가장 적절하지 <u>않은</u> 것은?

① 훔치는 행위를 하면서 느끼는 긴장감, 만족감, 스릴감에 대한 유혹을 강하게 느낀다.

② 훔친 물건은 판매를 하거나 선물을 하는 등 즉시 처리한다.

③ 훔치는 물건보다는 훔치는 행위가 더 중요하다.

④ 훔치고 싶은 충동을 참을 수 없어 반복적으로 도둑질을 한다.

05 품행장애의 4가지 핵심증상에는 사람과 동물에 대한 공격성, 재산파괴, 사기 또는 절도, 중대한 규칙위반이 있다.

06 적대적 반항장애의 3가지 핵심증상으로 분노/과민한 기분, 논쟁적/반항적 행동, 복수심을 제시하고 있다. 특히 그와 같은 행동패턴이 최소 6개월 이상 지속되어야 한다.

07 병적 도벽은 물건을 훔치는 행위가 목적이기 때문에 판매를 하거나 선물을 하는 등의 행위와는 관계가 없다.

정답 05 ③ 06 ② 07 ②

08 반사회성 성격장애 진단을 받으려면 15세 이전에 품행장애 진단을 받은 경력이 있어야 한다.

08 다음 중 괄호 안에 들어갈 말이 순서대로 적절하게 묶인 것은?

어떤 사람이 18세가 되어 반사회성 성격장애로 진단을 받았다면, (A)세 이전에 (B)장애 진단을 받은 경력이 있는 것이다.

	A	B
①	10	간헐적 폭발
②	13	적대적 반항
③	12	주의력결핍 과잉행동
④	15	품행

제 16 장

신경인지장애

가장 큰 영광은 한 번도 실패하지 않음이 아니라 실패할 때마다 다시 일어서는 데에 있다.

- 공자 -

제**16**장 | 신경인지장애

DSM-5의 분류기준에서 신경인지장애는 주요 신경인지장애(Major Neurocognitive Disorder), 경도 신경인지장애(Mild Neurocognitive Disorder), 섬망(Delirium)의 하위유형으로 분류된다. 특히 주요 신경인지장애와 경도 신경인지장애는 기존의 치매에 해당하는 신경인지장애를 증상의 심각도에 따라 구분한 것이다.

주요 신경인지장애 및 경도 신경인지장애의 하위유형
① 알츠하이머 질환(Alzheimer's Disease)
② 전측두엽퇴행증(Frontotemporal Lobar Degeneration)
③ 루이체병(Lewy Body Disease)
④ 혈관질환(Vascular Disease)
⑤ 외상성 뇌손상(Traumatic Brain Injury)
⑥ 물질 및 약물사용(Substance/Medication Use)
⑦ HIV 감염(HIV Infection)
⑧ 프리온병(Prion Disease)
⑨ 파킨슨병(Parkinson's Disease)
⑩ 헌팅턴병(Huntington's Disease) 등

제1절 | 섬망

1 의의 기출

(1) 원래 DSM-IV의 분류기준에서 섬망, 치매, 기억상실장애 및 기타 인지장애(Delirium, Dementia and Amnestic and Other Cognitive Disorders)의 하위유형으로 분류되었다. 그러나 DSM-5에서는 신경인지장애(Neurocognitive Disorders)의 하위유형으로 분류된다.

(2) DSM-5에 따른 섬망은 주의장애(예 주의기울임·집중·유지 및 전환능력의 감소)와 자각장애(예 환경에 대한 시남력감소)를 핵심증상으로 한다.

(3) 기억, 언어, 현실판단 등 인지기능에서의 일시적인 장애를 나타내는 경우로, 그 증상은 단기간(보통 몇 시간 혹은 며칠)에 걸쳐 나타나며, 하루 중 그 심각도가 변동하는 경향이 있다.

(4) 보통 노년기에 흔히 나타나는 장애로, 의식이 혼미해지고 현실감각에 혼란을 보이며, 시간 및 장소에 대한 인식의 장애가 나타난다.

(5) 섬망은 일련의 증상이 급격하게 나타났다가 그 원인이 제거되는 경우 증상이 갑자기 사라지는 경우가 대부분이다.

(6) DSM-5에서는 과도한 물질사용이 섬망의 주요원인인 것에 착안하여, 이를 물질중독섬망(Substance Intoxication Delirium), 물질금단섬망(Substance Withdrawal Delirium), 약물치료로 유도된 섬망 (Medication-Induced Delirium)으로 구분하도록 명시하고 있다.

제2절   주요 신경인지장애

1 의의

(1) 인지적 영역, 즉 복합주의력(Complex Attention), 실행기능(Executive Function), 학습 및 기억력 (Learning and Memory), 언어능력(Language), 지각-운동기능(Perceptual Motor), 사회인지(Social Cognition) 등에서 한 가지 이상 과거수행수준에 비해 심각한 인지적 저하가 나타나 일상생활을 독립적 으로 영위하기 힘든 경우 진단된다.

(2) 인지적 결함이 일상활동의 독립성을 방해하는 경우이다. 그로 인해 물건 값 지불하기, 투약 관리하기 등과 같은 복합적인 일상의 도구적 활동에서 최소한의 도움을 필요로 한다.

2 DSM-5의 주요진단기준

(1) 한 가지 이상의 인지영역(복합주의력, 실행기능, 학습 및 기억력, 언어능력, 지각-운동기능 또는 사회인 지)에서 이전의 수행수준보다 현저한 인지기능상의 저하가 다음에 근거하여 명백히 나타난다.

> • 인지기능상의 현저한 저하가 나타난 것에 대한 자기자신, 정보제공자, 임상가의 관심
> • 표준화된 신경심리검사도구 혹은 그것이 없는 경우 정량적인 임상사정도구에 의해 입증된 인지수행 상의 실질적인 손상

(2) 인지적 결함이 일상활동의 독립성을 방해한다.

     예 물건 값 지불하기, 투약 관리하기와 같은 복합적인 일상의 도구적 활동에서 최소한의 도움이 필요함

(3) 인지적 결함이 섬망의 맥락에 한정하여 발생하지 않는다.

(4) 인지적 결함이 다른 정신장애[예 주요우울장애, 정신분열증(조현병)]로 더 잘 설명되지 않는다.

> ※ 병인에 따라 다음 중 하나를 명시할 것
> - 알츠하이머병(Alzheimer's Disease)
> - 전측두엽퇴행증(Frontotemporal Lobar Degeneration)
> - 루이체병(Lewy Body Disease)
> - 혈관질환(Vascular Disease)
> - 외상성 뇌손상(Traumatic Brain Injury)
> - 물질/약물사용(Substance/Medication Use)
> - HIV 감염(HIV Infection)
> - 프리온병(Prion Disease)
> - 파킨슨병(Parkinson's Disease)
> - 헌팅턴병(Huntington's Disease)
> - 다른 의학적 상태(Another Medical Condition)
> - 다중적 병인(Multiple Etiologies)
> - 명시되지 않음(Unspecified)

제3절   경도 신경인지장애

1 의의

(1) 주요 신경인지장애에 비해 증상의 심각도가 비교적 경미하여 일상생활을 독립적으로 영위할 수 있는 경우 진단된다.

(2) 인지적 결함이 일상활동의 독립적 능력을 방해하지 않는 경우이다. 그로 인해 물건 값 지불하기, 투약 관리하기 등과 같은 복합적인 일상의 도구적 활동이 보존되지만, 더 많은 노력, 보상전략 혹은 조정이 필요할 수 있다.

2 DSM-5의 주요진단기준

(1) 한 가지 이상의 인지영역(복합주의력, 실행기능, 학습 및 기억력, 언어능력, 지각-운동기능 또는 사회인지)에서 이전의 수행수준보다 경미한 인지기능상의 저하가 다음에 근거하여 명백히 나타난다.

> • 인지기능상의 경미한 저하가 나타난 것에 대한 자기자신, 정보제공자, 임상가의 관심
> • 표준화된 신경심리검사도구 혹은 그것이 없는 경우 정량적인 임상사정도구에 의해 입증된 인지수행상의 약화된 손상

(2) 인지적 결함이 일상활동의 독립적 능력을 방해하지 않는다(즉 물건 값 지불하기, 투약관리하기와 같은 복합적인 일상의 도구적 활동이 보존되지만, 더 많은 노력, 보상전략 혹은 조정이 필요할 수 있다).

(3) 인지적 결함이 섬망의 맥락에 한정하여 발생하지 않는다.

(4) 인지적 결함이 다른 정신장애[예 주요우울장애, 조현병(정신분열증)]로 더 잘 설명되지 않는다.

01 DSM-5에서 주요 신경인지장애의 하위유형(Etiological Subtype) 에 해당하지 <u>않는</u> 것은?

① 알츠하이머병
② 피크병
③ 루이체병
④ 파킨슨병

02 경도 신경인지장애의 특징으로 볼 수 <u>없는</u> 것은?

① 일상생활을 독립적으로 영위할 수 있다.
② 일상의 도구적 활동이 보존된다.
③ 인지적 결함이 일상 활동의 독립적 능력을 방해하지 않는다.
④ 학습 및 기억력(Learning and Memory), 언어능력(Language), 지각-운동기능(Perceptual Motor), 사회인지(Social Cognition) 등에서 한 가지 이상 과거 수행수준에 비해 심각한 인지적 저하가 나타난다.

03 섬망의 핵심증상에 해당하지 <u>않는</u> 것은?

① 주의기울임 능력의 감소
② 환경에 대한 지남력 감소
③ 집중·유지 및 전환능력의 감소
④ 환각

---

01 DSM-Ⅳ에서는 피크병(Picks Disease) 을 치매의 원인 중 하나로 간주하여 피크병에 기인한 치매(Dementia due to Picks Disease)를 하위유형으로 분류한 바 있으나, DSM-5에서는 이 를 정식으로 포함하고 있지 않다.

02 ④는 주요 신경인지장애의 특징으로 볼 수 있다.

03 DSM-5에 따른 섬망은 주의장애(예) 주 의기울임·집중·유지 및 전환능력의 감소)와 자각장애(예) 환경에 대한 지남 력 감소)를 핵심증상으로 한다.

정답 (01 ② 02 ④ 03 ④)

04 DSM-5에서는 과도한 물질사용이 섬망의 주요원인인 것에 착안하여, 이를 물질중독섬망(Substance Intoxication Delirium), 물질금단섬망(Substance Withdrawal Delirium), 약물치료로 유도된 섬망(Medication-Induced Delirium)으로 구분하도록 명시하고 있다.

04 **DSM-5에 의한 섬망의 하위유형이 <u>아닌</u> 것은?**

① 물질중독섬망
② 물질내성섬망
③ 물질금단섬망
④ 약물치료로 유도된 섬망

05 섬망은 하루 중 그 심각도가 변동하는 경향이 있다.

05 **다음 중 섬망에 대한 설명으로 가장 적절하지 <u>않은</u> 것은?**

① 하루 중 증상의 변화는 크게 나타나지 않는다.
② 기억, 언어, 현실판단 등 인지기능에서 일시적인 장애를 보인다.
③ 보통 노년기에 흔히 나타나는 장애이다.
④ 증상은 몇 시간 또는 며칠에 걸쳐 나타난다.

06 주요 및 경도 신경인지장애 하위유형에는 알츠하이머병, 전측두엽퇴행증, 루이체병, 혈관질환, 외상성 뇌손상, 물질/약물사용, HIV 감염, 프리온병, 파킨슨병, 헌팅턴병 등이 있다.

06 **다음 중 주요 및 경도 신경인지장애 하위유형으로 적절하지 <u>않은</u> 것은?**

① 물질/약물사용
② 후두엽변성
③ 프리온병
④ 외상성 뇌손상

정답 04 ② 05 ① 06 ②

07 주요 신경인지장애에서 손상을 입을 수 있는 인지영역으로 볼 수 <u>없는</u> 것은?

① 학습 및 기억력

② 실행기능

③ 언어능력

④ 단순주의력

08 다음 중 주요 신경인지장애와 경도 신경인지장애의 진단에서 차이를 보이는 부분은 무엇인가?

① 임상의 등 환자를 잘 아는 자의 정보제공 여부

② 독립적 생활영역

③ 손상을 입는 인지영역

④ 섬망과 함께 경험하는지 여부

07 주요 신경인지장애에서 손상을 입을 수 있는 인지영역은 복합주의력, 실행기능, 학습 및 기억력, 언어능력, 지각-운동기능, 사회인지 등이다.

08 주요 신경인지장애와 경도 신경인지장애의 진단에서 일상 활동의 독립성을 방해하는지 여부가 큰 차이를 보인다.

정답 07 ④ 08 ②

SD에듀와 함께, 합격을 향해 떠나는 여행

부록

최종모의고사

어떤 것이 당신의 계획대로 되지 않는다고 해서 그것이 불필요한 것은 아니다.

– 토마스 에디슨 –

제한시간: 50분 | 시작 ___시 ___분 – 종료 ___시 ___분

ㄹ 정답 및 해설 250p

01 정상행동과 이상행동을 구별하는 기준 중 특정범위에서 벗어나게 될 시 이상행동으로 간주하는 것은?

① 무능력 또는 역기능
② 예측불가능성
③ 개인의 주관적 고통
④ 통계적 기준

02 모든 정신장애는 신체질환과 마찬가지로 신체적 원인에 의해서 생겨나는 일종의 질병이라고 보는 이론은?

① 정신분석적 이론
② 행동주의적 이론
③ 인지행동적 이론
④ 생물학적 이론

03 신경발달장애에 대한 설명으로 옳지 않은 것은?

① 뚜렛장애는 1개 이상의 음성틱과 2개 이상의 운동틱을 보인다.
② 주의력결핍 및 과잉행동장애의 필수증상은 부주의 또는 과잉행동–충동성이다.
③ 하위유형인 신경인지장애는 아동기에 나타나는 대표적인 장애이다.
④ 발달기에 시작되는 장애로 전형적으로 초기 발달단계인 학령전기에 발현되기 시작한다.

04 다음 증세를 보이는 경우 어떤 장애와 관련이 있는가?

> 회사원 김씨는 판에 박힌 업무에 스트레스도 많아 늘 힘들다고 느끼며 살아왔다. 며칠간 야근을 하고 지친 몸으로 전철을 타고 퇴근하던 어느 날, 갑자기 몸에 힘이 쭉 빠지고 정신이 멍해지고 가슴이 답답하고 숨이 막히는 것 같았다. 이러다가 곧 죽을 것만 같은 극심한 공포감이 엄습하는 일을 경험했다.

① 범불안장애
② 강박장애
③ 사회불안장애
④ 공황장애

05 강박 및 강박 관련 장애에 대한 설명으로 옳지 <u>않은</u> 것은?

① 신체이형장애는 신체적으로 정상임에도 불구하고 자신의 신체 일부가 추하거나 기형이라고 믿는다.

② 수집광은 물건을 수집하고자 하는 압도적인 욕구에 강하게 시달린다.

③ 손씻기, 숫자세기, 순서매기기 등은 강박장애의 강박사고이다.

④ 피부벗기기장애는 대다수가 여성인 경향이 있다.

06 다음 증상에 해당하는 장애유형은?

> • 주요한 생활사건에 대한 적응실패로 나타나는 정서적 또는 행동적 증상을 말한다.
> • 부적응 증상이 스트레스 사건이 발생한 3개월 이내에 나타난다.
> • 가족의 죽음, 심각한 질병, 이혼, 사업의 실패와 같은 갑자기 발생하는 사건과 학교입학 및 졸업 등과 같은 발달과정에서 겪는 것도 있다.

① 선택적 함구증

② 적응장애

③ 애착장애

④ 외상 후 스트레스 장애

07 정신장애의 분류체계 중 DSM-5의 특징에 해당하지 <u>않는</u> 것은?

① 정신장애에 대한 최신연구결과를 반영하고 있다.

② 다축체계의 진단체계를 도입하였다.

③ 사용자의 접근성 및 임상적 유용성을 고려하였다.

④ 범주적 진단체계의 한계로 인해 등장하게 되었다.

08 다음 중 불안장애에 해당하지 <u>않는</u> 것은?

① 선택적 무언증

② 사회불안장애

③ 특정 공포증

④ 자폐 스펙트럼 장애

09 다음 중 간헐적 폭발장애의 내용으로 옳은 것은?

① 부모나 선생님과 같은 권위적인 대상에게 적대적 행동을 보이는 것

② 공격적 충동이 조절되지 않아 심각한 파괴적 행동으로 나타나는 것

③ 남의 물건을 파괴하는 행동, 그 나이에 지켜야 할 규칙들을 어기는 것

④ 남의 물건을 훔치고 싶은 충동을 참지 못해 반복적으로 도둑질을 하는 것

10 사회불안장애에 대한 설명으로 옳은 것은?

① 공포스러운 사회적 상황이나 활동상황에 대한 회피, 예기불안으로 일상생활, 직업 및 사회적 활동에 영향을 받는다.

② 뱀이나 공원, 동물, 주사 등을 공포스러 워 한다.

③ 터널이나 다리에 대해 공포반응이 일어나 는 경우이다.

④ 생리학적으로 부교감신경계의 활성 등의 생리적 반응에서 기인한다.

11 DSM-5에 따르면, 성기능부전에 해당하지 않는 것은?

① 사정지연
② 변태성욕장애
③ 남성 성욕감퇴장애
④ 발기장애

12 DSM-5의 성불편증에 대한 설명으로 가장 거리가 먼 것은?

① 성인의 경우 반대 성을 지닌 사람으로 행 동하며 사회에서 그렇게 받아들여지기를 강렬하게 소망한다.

② 자신의 생물학적 성과 성역할에 대해 지 속적으로 불편감을 느낀다.

③ 아동에서부터 성인에 이르기까지 다양한 연령대에서 나타날 수 있다.

④ 동성애자들이 주로 보이는 장애이다.

13 DSM-5의 분류기준에 의한 불안장애(Anxiety Disorders)의 주요 하위유형에 해당하지 <u>않는</u> 것은?

① 분리불안장애
(Separation Anxiety Disorder)

② 선택적 무언증 또는 선택적 함구증
(Selective Mutism)

③ 강박장애(Obsessive-Compulsive Disorder)

④ 특정 공포증(Specific Phobia)

14 특정 공포증(Specific Phobia)에 대한 내용 으로 옳지 <u>않은</u> 것은?

① 단순공포증(Simple Phobia)이라고도 부 른다.

② 특정 공포증의 유형은 '동물형 > 혈액-주 사-손상형(상처형) > 자연환경형 > 상황 형' 순으로 많이 나타난다.

③ 특정 공포증의 치료에는 체계적 둔감법 과 노출치료가 효과적인 것으로 보고되 고 있다.

④ 어떠한 특정한 공포대상이나 상황에 노출 되는 경우 심각한 두려움과 비합리적인 회 피행동을 동반하는 공포증의 한 유형이다.

15 공황장애(Panic Disorder)의 진단과 주요 증상에 대한 내용으로 옳지 <u>않은</u> 것은?

① DSM-5에서는 공황장애의 주요증상으로서 공황발작의 11가지 증상들을 제시하고 있으며, 그중 2가지 이상이 나타나야 진단이 가능하다고 규정하고 있다.

② 공황발작의 증상은 급작스럽게 나타나 10분 이내에 최고조에 도달하며, 대개 10~20분 동안 지속된 후 사라진다.

③ 발작이 없는 중간시기에는 그와 같은 증상들이 다시 나타날지 모른다는 예기불안(Anticipatory Anxiety)을 느끼기도 한다.

④ 공황발작은 급작스러운 두려움과 공포감이 불시에 비정기적으로 나타나 강렬한 불안을 동반한다.

16 다음의 강박장애에 대한 내용 중 괄호 안에 들어갈 말이 알맞게 연결된 것은?

> • (A)은(는) 반복적이고 지속적인 사고, 충동 또는 심상이 장애가 진행되는 어느 순간에 침입적이고 원치 않게 경험되며, 대다수에게 현저한 불안과 고통을 유발한다.
> • (B)은(는) 불안이나 고통을 예방 또는 감소시키고, 어떤 두려운 사건이나 상황을 방지하기 위한 것으로 반복적인 행동이나 정신적인 활동으로 나타나게 된다.

	A	B
①	강박사고	강박행동
②	강박증상	강박활동
③	강박신념	강박행동
④	강박믿음	강박상황

17 다음 중 DSM-5에서의 외상 후 스트레스 장애(Posttraumatic Stress Disorder)의 진단기준에 해당하는 내용을 모두 고른 것은?

> ㄱ. 다른 사람으로부터 거리감 혹은 소외감을 느낀다.
> ㄴ. 긍정적인 감정(예 행복감, 만족감 혹은 사랑의 감정)을 지속적으로 느끼지 못한다.
> ㄷ. 자기 자신, 타인 혹은 세상에 대한 과장된 부정적 신념이나 기대를 지속적으로 나타낸다.
> ㄹ. 체중조절을 하지 않음에도 불구하고 체중에 의미 있는 감소(예 1개월 이내에 신체의 5% 이상 체중변화가 나타남)가 나타나거나, 거의 매일 식욕감소 또는 증가를 느낀다.
> ㅁ. 거의 매일 불면에 시달리거나 과도한 수면을 한다.

① ㄱ, ㄴ
② ㄱ, ㄴ, ㄷ
③ ㄱ, ㄴ, ㄷ, ㄹ
④ ㄱ, ㄴ, ㄷ, ㄹ, ㅁ

18 외상 후 스트레스 장애의 대표적인 심리적 유형 중 다음의 경우는 어디에 해당하는가?

> 외상사건과 관련된 기억이나 감정이 반복적으로 의식영역 속에서 재경험됨으로써 강렬한 심리적 고통이나 생리적 반응을 유발한다.

① 침투증상
② 회피반응
③ 인지・감정의 부정적 변화
④ 각성의 변화

19 다음의 이상심리학의 역사에 관한 내용 중 옳지 <u>않은</u> 것은?

① 히포크라테스(Hippocrates)는 체액론(Humor Theory)에서 이상행동은 신체적 요인의 불균형으로 인한 것이라고 주장하였다.
② 중세유럽은 이상행동에 대한 인도적인 치료의 필요성을 강조한 시기였다.
③ 필립 피넬(Philippe Pinel)은 정신질환자의 인권을 중시하고 이들에 대한 도덕적 치료를 주장하였다.
④ 20세기 초는 신체적 원인론(Psychogenic Perspective)과 심리적 원인론(Somatogenic Perspective)이 대립한 시기였다.

20 정신질환에 대한 생물학적 접근에 따르면 다음의 역할을 하는 신경전달물질은 무엇인가?

> • 쾌락 및 행복감과 관련
> • 혈압조절 및 중뇌의 정교한 운동조절
> • 부족 시 파킨슨병
> • 과다 시 정신분열증

① 세로토닌(Serotonin)
② 노르에피네프린(Norepinephrine)
③ 글루타메이트(Glutamate)
④ 도파민(Dopamin)

21 아래 사례의 경우 어떤 심리장애로 볼 수 있는가?

> 이 아이는 여행을 싫어해서 가족끼리 여행이 있으면 꼭 집에 있으려고 한다. 여행을 아주 좋아하는 아이의 부모는 아직 중학생인 아이를 두고 여행을 다니기도 그렇고 그렇다고 여행을 가지 않기도 그렇다. 아이의 두 동생은 여행을 아주 좋아하기 때문이다. 부모는 아이가 이야기한 여행을 가지 않으려고 하는 이유가 이해되지 않는데 어릴 때 여행을 갔을 때 뱀을 본 적이 있다라는 것이다. 아무리 뱀이 나오지 않는 곳으로 여행을 가게 된다고 해도 아이는 계속 떼를 쓴다.

① 분리불안상애
② 공황장애
③ 사회불안장애
④ 특정 공포증

22 DSM-5에서 공황장애(Panic Disorder)의 특징을 모두 고른 것은?

> ㄱ. 어지럼증
> ㄴ. 몸이 떨리고 땀 흘림
> ㄷ. 호흡이 가빠지고 숨이 막힐 것 같은 느낌
> ㄹ. 미쳐버리거나 통제력을 상실할 것 같은 느낌

① ㄱ, ㄴ
② ㄴ, ㄷ
③ ㄷ, ㄹ
④ ㄱ, ㄴ, ㄷ, ㄹ

23 DSM-5에서 지속성 우울장애의 주요증상으로 옳지 <u>않은</u> 것은?

① 식욕부진 또는 과식
② 활력저하 또는 피로감
③ 자존감저하
④ 6개월 이상 지속된 우울증상

24 우울장애와 관련된 이론 중 다음에서 설명하는 것은 무엇인가?

> • 사람이 스트레스 장면에 처하는 경우 일차적으로 불안감을 느끼며, 그 장면을 통제할 수 없음을 깨닫는 경우 우울해진다고 주장한다.
> • 실험대상이었던 개에게서 우울증과 관련된 신경전달물질인 노르에피네프린(Norepinephrine)이 감소된 사실은 이것과 우울증이 밀접하게 연관되어 있음을 반영한다.

① 정신분석이론
② 학습된 무기력이론
③ 귀인이론
④ 카테콜라민 가설

25 조현병의 진단기준 중 다음 〈보기〉의 김군이 보이는 증상에 해당하지 <u>않는</u> 것은?

> ─ 보기 ─
> 김군은 최근 애인과 헤어진 이후로 정부기관에서 나를 감시하고 내가 애인과 헤어지도록 공작을 했다는 말을 하며 방에 들어가 사람들을 만나려 하지 않고, 가끔 뭔가를 중얼거리며 알아들을 수 없는 말들을 하고 있다. 한번은 하나님이 모든 문제를 해결해주겠다고 자신에게 약속했다며 경상도에 있는 특정 산으로 오라고 말씀하셨다고 말했다.

① 환각
② 음성증상
③ 와해된 행동
④ 망상

26 다음 증상은 망상장애 중 어떤 하위유형과 관련된 것인가?

> 나군은 최근에 TV에 나오는 연예인 A양이 자신을 유혹하기 위해 자신만 보면 눈웃음을 치고 어쩔 줄 몰라 한다고 말하고 있다.

① 질투형　　　② 피해형
③ 과대형　　　④ 색정형

27 다음 증상을 보일 경우 진단 가능한 진단명으로 가장 적절한 것은?

> 대학교 4학년인 고양은 졸업을 앞둔 최근 1년 동안 거의 모든 일상 활동에 재미를 느끼지 못하고 있고, 잠을 잘 이루지 못하고 있으며, 자주 피로감을 호소하고 있다. 또한 공부를 하려고 해도 집중이 안 돼서 잘 외워지지 않는다고 고통을 호소한다. 가끔은 '내가 죽으면 누가 슬퍼해줄까' 하는 생각에 잠긴다고 보고하기도 하다

① 지속성 우울장애
② 주요우울장애
③ 파괴적 기분조절부전장애
④ 월경 전 불쾌감장애

28 편집성 성격장애 환자가 갖는 신념으로 가장 적절하지 <u>않은</u> 것은?

① 잡아먹히지 않으려면 조심해야 한다.
② 내가 잘되는 것을 시기하고 방해하는 무리는 늘 있다.
③ 사람들은 사악한 속성이 있다. 모두 그걸 감추고 산다.
④ 내 본모습을 알면 사람들은 나를 싫어하고 거부할 것이다.

29 다음 중 자기애성 성격장애 증상으로 가장 적절하지 <u>않은</u> 것은?

① 세상에서 가장 고귀하고 아름다운 사랑이 무엇일지 고민하는 데 많은 시간을 보낸다.
② 자신은 무척 고귀해서 사람들이 그렇게 대우해야 한다고 주장한다.
③ 자신이 주최한 파티가 아님에도 불구하고 항상 중심에 있으려 하며 관심을 받기를 원한다.
④ 자신의 아이디어는 노벨상을 받은 사람들 정도만 검증 가능하다고 주장한다.

30 다음 중 회피성 성격장애 증상으로 가장 적절하지 **않은** 것은?

① 가족 이외에는 친하게 지내는 사람들이 없다.
② 소개팅에 나가면 낯선 사람과 어떻게 할지 몰라 하는 자신이 우스꽝스러워 보일까봐 절대 소개팅을 하지 않는다.
③ 회의 때 상사가 자신이 말하는데 인상을 쓴 것을 보고 자신의 보고가 상사의 맘에 들지 않았다는 생각에 아무것도 못한다.
④ 새로운 사람을 만나서 거절당하느니 만나지 않겠다는 생각을 한다.

31 다음 〈보기〉의 송군은 어떤 장애에 가깝다고 할 수 있는가?

┌ 보기 ┐
고등학생인 송군은 교통사고로 다리를 다쳐서 3개월 정도 목발을 집고 다녔다. 최근 정형외과에서는 더 이상 목발이 필요 없다고 얘기를 하고 있음에도 송군은 걷기가 힘들다며 계속 절뚝거리고 목발이 필요하다고 호소하고 있다.
└────────────┘

① 질병불안장애
② 신체증상장애
③ 전환장애
④ 꾀병

32 다음 중 호소하고 있는 증상의 내용이 나머지와 **다른** 장애로 볼 수 있는 것은?

① 지양은 자신이 소화가 안 되는 증상을 보니 위암이 걸린 것이 확실하다고 말하며 며칠을 잠을 못자고 있다.
② 김할아버지는 요즘 소화기능이 많이 떨어져서 못 먹겠다고 하면서도 병원에 가서 진찰을 받자고 하면 '곧 죽을 텐데 뭐 하러 병원에 가냐'라고 하며 거부하고 있다.
③ 양씨는 이번에 받은 내시경 검사에서 용종이 발견될 것이고 용종이 많으면 암으로 발전한다는 생각에 잠을 이루지 못하고 있다.
④ 박양은 최근 종합검진을 받으며 구강에 돌기를 발견하고 목소리가 나오지 않는 증상을 경험하고 있다.

33 다음 중 해리성 정체감 장애 증상으로 가장 적절하지 **않은** 것은?

① 무당인 민씨는 가끔 신접하여 평소와는 다른 목소리와 표정을 짓곤 한다.
② 회사 부장인 정씨는 요즘 들어 회식을 하고 나면 그 때 일을 기억하지 못하곤 한다.
③ 자동차를 고치는 공씨는 이해할 수 없지만 며칠씩 기억이 없곤 한다.
④ 심리치료를 받기 위해 내방한 조씨는 최면을 걸면 쉽게 최면에 빠져든다.

34 다음 중 해리성 기억상실에 대한 설명으로 가장 적절하지 않은 것은?

① DSM-IV의 해리성 둔주가 해리성 기억상실로 통합되었다.

② 개인의 자전적 정보가 상실되는 특징을 보인다.

③ 사회적으로나 직업적으로 극심하게 고통스럽지는 않다.

④ 학습한 정보는 대체로 유지되는 경향을 볼 수 있다.

35 다음 증상을 보이는 아동에게 진단을 내린다면 가장 적절한 진단명은 무엇인가?

> 올해 초등학교에 입학한 강군은 2~3개월 전부터 몰래 숨어서 종이를 먹거나 벽지를 뜯어서 먹는 행동을 하고 있다. 선생님이 발견하고 타이르기도 하고 혼을 내기도 하지만 점점 더 숨어서 그런 행동을 반복하다

① 되새김장애

② 폭식장애

③ 이식증

④ 신경성 폭식증

36 다음 내용은 신경성 식욕부진증의 원인 중 무엇에 대한 설명인가?

> 음식섭취를 지속적으로 거부하면 고통을 완화시키기 위해 뇌에서 스스로 엔도르핀을 분비하여 고통을 중화시키게 되고 이를 반복적으로 경험하여 음식섭취 거부에 집착하게 된다.

① 설정점이론

② 사회적 강화이론

③ 왜곡된 지각이론

④ 자가중독이론

37 다음 중 물질 관련 및 중독장애에 대한 설명으로 가장 적절하지 않은 것은?

① 물질 관련 장애에서 어떤 물질은 금단증상이 없는 물질도 있다.

② 유도장애에는 중독과 금단이 있다.

③ DSM-IV의 의존과 남용은 사용장애로 통합되었다.

④ 행위중독이라고 부르는 장애는 현재 게임중독뿐이다.

38 다음 중 지적 장애에 대한 설명으로 가장 적절하지 <u>않은</u> 것은?

① 지적 장애 중 가장 높은 비율을 차지하는 것은 경도이다.

② 지능검사에서 70 미만이면 진단할 수 있다.

③ 주요 원인으로는 유전자 이상, 태내 환경 이상, 출산 후 아동기 질환 등이 있다.

④ 진단 내에 차원적 분류를 적용하였다.

39 다음 중 적대적 반항장애의 주 증상 분류가 <u>다른</u> 하나는 무엇인가?

① 초등학생인 하군은 친구들이 조금만 협조적이지 않아도 소리를 지르고 화를 낸다.

② 초등학생인 추군은 학급에서 정한 규칙을 자신은 따를 수 없다며 무시한다.

③ 초등학생인 진군은 모둠에서 좋은 성적을 받지 못한 책임을 다른 친구에게 돌린다.

④ 초등학생인 심군은 수업시간에 담임선생님과 사소한 문제로 논쟁을 자주 벌인다.

40 다음 증상은 신경인지장애의 인지손상 영역 중 어느 영역 손상에 해당하는가?

> 한씨 할아버지는 TV가 켜져 있는 상태에서 대화를 하면 말을 거의 알아듣지 못하고, 활동을 보조해주는 도우미 선생님의 이름을 들어도 기억하지 못하고, 지방에 있는 아픈 친구에게 찾아가야 한다고 말하면서도 어떻게 갈 거냐고 물으면 한참 동안 생각하지만 결국 적절한 답을 하지 못한다.

① 집행기능
② 학습과 기억
③ 언어
④ 복합적 주의

제한시간: 50분 | 시작 ___시 ___분 – 종료 ___시 ___분

🔑 정답 및 해설 255p

01 조현병 스펙트럼 및 기타 정신병적 장애의 핵심증상이 <u>아닌</u> 것은?

① 망상
② 환각
③ 와해된 사고(언어)
④ 우울삽화

02 양극성 및 관련 장애에 대한 설명으로 옳지 <u>않은</u> 것은?

① 유형으로는 제Ⅰ형 양극성 장애, 제Ⅱ형 양극성 장애, 우울장애가 해당된다.
② 제Ⅰ형 양극성 장애는 적어도 하나의 조증삽화와 이에 더해 몇 번의 경조증삽화와 주요우울삽화를 경험한다.
③ 조증삽화와 경조증삽화 모두 비정상적이고 지속적으로 고양되고, 과민하고, 팽창된 기분을 특징으로 한다.
④ 제Ⅰ형 양극성 장애는 증상들이 최소 1주간, 제Ⅱ형 양극성 장애는 최소 4일간 지속되는 경우에 진단된다.

03 다음 중 우울장애에 속하지 <u>않는</u> 것은?

① 주요우울장애
② 지속성 우울장애
③ 파괴적 기분조절부전장애
④ 과다수면장애

04 이인성 장애에 대한 설명 중 옳지 <u>않은</u> 것은?

① 자신의 생각, 감정, 감각, 신체 또는 행위에 관해서 생생한 현실로 느끼지 못하고 그것과 분리되거나 외부관찰자가 된 경험을 뜻한다.
② 수초에서 수년간 지속되기도 하며, 생명을 위협하는 급작스러운 상황에서 순간적으로 나타나기도 한다.
③ 뇌의 이상이나 약물중독과 무관하게 기억장애가 발생한다.
④ 현실검증력까지 손상이 된다.

05 신체증상 및 관련 장애에 관한 설명으로 옳지 <u>않은</u> 것은?

① 신체증상장애, 질병불안장애, 전환장애, 인위성 장애 등을 포함한다.

② 질병불안장애는 심각한 병에 걸렸다는 집착이 6개월 이상 지속된다.

③ 전환장애는 심리적 요인과 연관된 명확히 설명하기 어려운 증상이나 결함이 수의적 운동기능 또는 감각기능에 영향을 미친다.

④ 인위성 장애는 현실적 이득이나 목적, 명백한 외적 보상이 존재한다.

06 급식 및 섭식장애에 관한 설명 중 옳지 <u>않은</u> 것은?

① 되새김장애는 음식섭취를 제한하여 체중을 최소한의 정상수준이나 그 이상으로 유지하기를 거부한다.

② 신경성 폭식증은 체중이 증가하는 것을 막기 위한 반복적이고 부적절한 보상행동(예 스스로 유도한 구토, 이뇨제, 관장약, 금식)을 보인다.

③ 폭식장애는 부적절한 보상행동(예 스스로 유도한 구토, 이뇨제, 관장약, 금식)을 보이지 않는다.

④ 신경성 식욕부진증은 심각히 낮은 체중임에도 불구하고 체중증가와 비만에 대한 극심한 두려움이 있다.

07 알코올 관련 장애에 대한 설명으로 옳지 <u>않은</u> 것은?

① 하위유형으로 알코올 중독, 알코올 금단, 알코올 유도가 있다.

② 알코올 사용장애는 금단, 내성, 절망감이 포함된 행동과 신체증상들의 집합이다.

③ 알코올 중독은 알코올을 섭취한 직후에 공격적 언쟁, 주의력 및 판단력 기능손상 등 탈억제 상태가 된다.

④ 알코올 금단은 계속 마시던 알코올을 중단했을 때 여러 가지 신체·생리적 또는 심리적 증상이 나타난다.

08 다음과 같은 특징을 보이는 경우에 해당하는 성격장애는?

- 실제적이거나 가상적인 유기를 피하기 위해 필사적으로 노력한다.
- 급작스러운 감정의 기복으로 인해 만성적인 공허감과 권태감, 우울감을 느낀다.
- 반복적으로 자해나 자살의 위협을 보이며, 실제 자해행위를 시도한다.
- 극단적인 심리적 불안정성, 즉 대인관계나 자아상, 정동에 있어서 불안정성을 보인다.

① 반사회성 성격장애

② 히스테리성 성격장애

③ 편집성 성격장애

④ 경계성 성격장애

09 신경인지장애에 대한 설명으로 옳은 것은?

① 섬망은 매우 장시간에 걸쳐 발생한다.
② 주요 및 경도 신경인지장애의 원인은 말초신경계에서 찾을 수 있다.
③ 섬망 환자는 의식, 특히 지남력은 매우 정상적이다.
④ 인지장애는 정신적인 처리과정에 이상이 생긴 것으로 일시적 혹은 영구적인 뇌의 기능장애와 관련이 있다.

10 전환장애(Conversion Disorder)의 유형 중 다음의 특징을 가지는 것은?

> 신체균형이나 협응기능의 이상, 신체 일부의 국소적 마비 또는 쇠약, 발성불능에 따른 불성증(Aphonia), 음식을 삼키지 못함 등

① 운동기능의 이상
② 감각기능의 이상
③ 경련 또는 발작
④ 통각기능의 이상

11 DSM-5 분류기준에서 조현병 스펙트럼 및 기타 정신병적 장애를 그 증상의 심각도에 따라 낮은 수준에서 높은 수준으로 배열할 경우 심각도가 가장 높은 것은?

① 조현형장애
② 망상장애
③ 단기정신증적 장애
④ 조현정동장애

12 조현병(Schizophrenia)의 증상 및 해당 양상이 올바르게 연결된 것은?

① 망상 : 감퇴된 정서적 표현 또는 무욕증
② 환각 : 자신과 세상에 대한 왜곡된 양상의 견고하고 지속적인 신념
③ 와해된 언어 : 혼란스럽고 비논리적이며 지리멸렬한 언어
④ 와해된 행동 : 현저하게 왜곡된 비현실적 지각

13 조현병(Schizophrenia)의 양성증상의 특징으로 옳지 않은 것은?

① 정상적·적응적 기능의 과잉 또는 왜곡을 나타냄
② 스트레스 사건에 의해 급격히 발생함
③ 약물치료에 의해 호전되며, 인지적 손상이 적음
④ 유전적 소인이나 뇌세포 상실에 의한 것으로 추정함

14 다음에서 설명하고 있는 것은 무엇인가?

> • 다른 정신질환과 달리 사회적 · 직업적 기능이 비교적 유지되는 양상을 보인다.
> • 누군가 자신을 미행한다거나, 독을 먹이려고 한다거나, 자신의 배우자가 부정하다는 등 현실에서 발생할 수 있는 상황과 연관된다.

① 망상장애(Delusional Disorder)
② 반사회성 성격장애(Antisocial Personality Disorder)
③ 편집성 성격장애(Paranoid Personality Disorder)
④ 조현병(Schizophrenia)

15 불안이 높고 자기신뢰가 부족하며, 사람과의 관계에서 두려움을 갖는 행동을 주된 특징으로 하는 장애에 해당하는 것은?

① 편집성 성격장애(Paranoid Personality Disorder)
② 의존성 성격장애(Dependent Personality Disorder)
③ 히스테리성 성격장애(Histrionic Personality Disorder)
④ 자기애성 성격장애(Narcissistic Personality Disorder)

16 영(Young)이 제안한 경계성 성격장애의 양식 및 치료기술에서 다음의 내용과 관련되는 것은?

> • 환자는 처벌을 피하기 위해 혹은 자신을 좋게 보이도록 하기 위해 다른 사람들에게 자신의 정서적 욕구를 노출시키지 않는 한편 복종적인 행동을 한다.
> • 치료자는 환자로 하여금 정서가 발생할 때 이를 차단하지 않은 채 경험할 수 있도록 하며, 다른 사람들과 연결시켜 자신의 욕구를 표현하도록 돕는다.

① 버림받은 아동양식
② 성난 충동적인 아동양식
③ 처벌적인 부모양식
④ 분리된 보호자양식

17 DSM-5에서 강박성 성격장애(Obsessive Compulsive Personality Disorder)의 진단기준에 해당하지 <u>않는</u> 것은?

① 세부사항, 규칙, 목록, 순서, 조직, 시간계획에 집착하여 일을 큰 틀에서 전체적으로 보지 못한다.
② 완벽주의 성향으로 인해 오히려 과제를 완수하기 어렵다.
③ 일과 생산성에 지나치게 몰두하여 여가활동을 즐기거나 가까운 사람들과 즐거운 시간을 가지지 못한다(이는 분명한 경제적 필요성 때문이 아님).
④ 강박사고 혹은 강박행동 중 어느 하나가 존재하거나 둘 다 존재한다.

18 강박장애와 연관된 방어기제로 가장 거리가 먼 것은?

① 격리(Isolation)
② 반동형성(Reaction Formation)
③ 대치(Substitution)
④ 억압(Repression)

19 DSM-5에서 신경성 식욕부진증(Anorexia Nervosa)의 주요증상으로 볼 수 없는 것은?

① 필요한 양에 비해 영양분 섭취를 제한함으로써 나이, 성별, 발달수준, 신체건강의 맥락에서 현저한 저체중을 초래한다.
② 현저한 저체중 상태임에도 불구하고, 체중이 증가하거나 비만이 되는 것에 대한 극심한 두려움, 혹은 체중 증가를 막기 위한 지속적인 행동을 보인다.
③ 체중이나 체형의 경험방식에서의 장애, 자기평가에 있어서 체중이나 체형의 지나친 영향, 혹은 현재의 체중미달의 심각성에 대한 지속적인 인식부족을 나타내 보인다.
④ 폭식과 부적절한 보상행동이 평균적으로 최소 일주일에 1회 이상 3개월 동안 동시에 일어난다.

20 DSM-5에서 성불편증(Gender Dysphoria)에 대한 설명으로 적절하지 <u>않은</u> 것은?

① 성인의 경우 반대 성을 지닌 사람으로 행동하며 사회에서 그렇게 받아들여지기를 강렬하게 소망한다.
② 자신의 생물학적 성과 성역할에 대해 지속적으로 불편감을 느낀다.
③ 아동에서부터 성인에 이르기까지 다양한 연령대에서 나타날 수 있다.
④ 그 하위유형들이 성범죄의 대다수를 차지하고 있는 만큼 법적 구속의 대상이 될 수 있다.

21 다음 중 취약성-스트레스 모델에 대한 설명으로 옳은 것을 모두 고른 것은?

ㄱ. 이상행동은 유전적·생리적·심리적으로 특정장애에 걸리기 쉬운 개인적 특성과 스트레스 경험이 상호작용함으로써 발생한다.
ㄴ. 심리사회적 스트레스는 이상행동을 유발하는 원인으로, 동일한 불행한 사건을 경험한 사람은 동일한 이상행동을 나타내게 된다.
ㄷ. 각 개인은 저마다 성격이나 심리적 특성이 다르므로 불행한 사건에 대처하는 방식과 그 심리적 결과 또한 다르다.
ㄹ. 이상행동의 유발과정을 이해하기 위해 환경으로부터 주어지는 심리사회식 스트레스와 그에 내응하는 개인적 특성을 동시에 고려해야 한다고 주장한다.

① ㄱ, ㄴ　　　　② ㄷ, ㄹ
③ ㄱ, ㄴ, ㄷ　　④ ㄱ, ㄷ, ㄹ

22 DSM-5의 정신장애 분류범주에서 신경발달장애(Neurodevelopmental Disorders)에 해당하지 <u>않는</u> 것은?

① 의사소통장애(Communication Disorders)
② 특정 학습장애(Specific Learning Disorder)
③ 운동장애(Motor Disorders)
④ 주요 및 경도 신경인지장애(Major and Mild Neurocognitive Disorders)

23 범불안장애(Generalized Anxiety Disorder)의 특징에 해당하지 <u>않는</u> 것은?

① 불안의 대상이 분명하지 않은 부동불안(Free-Floating Anxiety)을 특징으로 한다.
② 일상생활의 다양한 상황이나 사건에서 만성적인 불안과 지나친 걱정으로 인해 현실적인 부적응 상태를 경험한다.
③ 주의집중을 하기 어렵고 쉽게 피로감을 느끼며, 지속적인 긴장으로 인해 두통, 근육통, 소화불량 등을 경험한다.
④ 어떠한 특정한 대상이나 상황에 노출되는 경우 심각한 두려움과 비합리적인 회피행동을 동반한다.

24 다음 중 광장공포증(Agoraphobia)이 나타나는 상황으로 옳지 <u>않은</u> 것은?

① 대중교통수단을 이용하는 상황
② 개방된 공간에 있는 상황
③ 사회적 상호작용 상황
④ 줄을 서 있거나 군중 속에 있는 상황

25 다음 중 품행장애의 주 증상 분류가 <u>다른</u> 하나는 무엇인가?

① 중학생인 김군은 친구들과 싸울 때 벽돌이나 쇠뭉치 등을 사용하여 어떻게 해서든 이기려 한다.
② 고등학생인 박군은 같은 학교 여학생들에게 성매매를 시킨 후 돈을 갈취하였다.
③ 고등학교를 자퇴한 이군은 앙심을 품은 선생님의 차 창문을 깨뜨렸다.
④ 중학교를 중퇴한 최군은 무리들과 어울리며 소매치기를 배웠다.

26 다음 중 간헐적 폭발장애 진단기준에 부합하는 내용으로 가장 적절하지 <u>않은</u> 것은?

① 분노를 표현할 때 TV에 핸드폰을 던진다.
② 진단할 대상이 6세 아동이다.
③ 미리 앙심을 품고 상대가 가장 좋아하는 것이 무엇인지 파악한다.
④ 화가 나자 들어본 적도 없는 욕을 퍼붓는다.

27 다음 증상을 보이는 아동에게 내릴 가장 적절한 진단명은 무엇인가?

> 초등학교 2학년인 조양은 친구들에게든 선생님에게든 배꼽인사를 해서 친구들이 의아해하고 있으며, 친구들과 말할 때와 선생님께 말할 때 존칭을 쓰고 안 쓰는 것을 혼란스러워 한다. 또한 여럿이서 토론을 할 때면 자신이 언제 말을 해야 할지 알지 못해서 한마디도 하지 못하는 경우가 많다.

① 자폐 스펙트럼 장애
② 아동기발병 유창성 장애
③ 언어장애
④ 실용적 의사소통장애

28 다음 중 성별불쾌감에 대한 설명으로 가장 적절하지 <u>않은</u> 것은?

① 아동보다 청소년 진단에 엄격한 기준을 적용한다.
② 동성애와는 전혀 관계가 없는 장애이다.
③ DSM-IV의 성정체감장애에 해당하는 장애이다.
④ 생물학적 성과 심리적 성의 불일치가 핵심이다.

29 다음 중 이인증/비현실감 장애의 진단기준으로 가장 적절하지 <u>않은</u> 것은?

① 최근 계속 꿈을 꾸는 듯한 기분이 든다.
② 어떤 경우에는 눈앞에 있는 차들이 아주 작게 느껴지기도 한다.
③ 증상은 있지만 사실이 아니라는 것을 알고 있으며 일상생활에 큰 어려움은 없다.
④ 자신의 감정이 메말라서 아무런 느낌이 느껴지지 않는 것 같다.

30 다음 중 반응성 애착장애와 탈억제성 사회적 유대감장애가 공통적으로 경험한 양육경험으로 가장 적절하지 <u>않은</u> 것은?

① 아동기 초기에 폭력적인 아빠의 영향으로 심한 신체적 학대를 경험했다.
② 방임으로 아동의 기본적인 감정적 요구에 지속적인 결핍이 있었다.
③ 아동은 많은데 돌봐줄 보호자는 적은 기관에서 성장하였다.
④ 아동이 어렸을 때 엄마가 장기입원을 해서 여러 사람이 돌아가며 아동을 돌봤다.

31 다음 중 6세 이하 아동의 외상 후 스트레스 장애 진단기준으로 가장 적절하지 <u>않은</u> 것은?

① 아동이 자신의 엄마가 사고로 인해 죽었다는 사실을 전해 들었다.
② 아동은 놀이를 할 때 반복해서 차 사고가 나서 사람이 죽는 놀이를 한다.
③ 아동이 차를 타고 이동을 할 때 큰 자가 가까이 다가오면 깜짝 놀라고 큰 소리를 지른다.
④ 아동의 증상이 나타난 것은 약 2주 전이다.

32 다음 중 괄호 안에 들어갈 적절한 숫자가 순서대로 짝지어진 것은?

> 급성 스트레스 장애 진단을 받기 위해서는 증상이 최소 (A)일에서 (B)개월까지 지속되어야 한다.

	A	B
①	1	1
②	1	3
③	3	1
④	3	3

33 다음은 강박장애의 인지적 원인에 대한 내용 중 무엇에 대한 설명인가?

> 중학생인 윤군은 친구가 밉다고 일기에 쓴 것만으로도 친구를 공격한 것처럼 죄책감을 갖는다.

① 사고-행위융합
② 사고억제의 역설적 효과
③ 침투적 사고에 대한 왜곡된 자동적 사고
④ 추론융합

34 다음 중 범불안장애 환자에 대한 설명으로 가장 적절하지 <u>않은</u> 것은?

① 과민한 기분상태가 늘 지속된다.
② 자신의 걱정을 완화하는 데 큰 어려움이 없다.
③ 일상적으로 대부분의 상황에서 안절부절 못하고 어찌 할 줄 몰라 한다.
④ 잠자리에 들어도 쉽게 잠이 들지 못한다.

35 다음 중 괄호 안에 들어갈 적절한 말이 순서대로 짝지어진 것은?

> 특정 공포증의 원인으로 이요인이론이란 특정 공포증이 처음 생기는 과정은 (A)으로 설명하고, 형성된 특정 공포증이 유지되는 과정에 대해서는 (B)으로 설명하는 이론이다.

	A	B
①	사회학습	고전적 조건형성
②	조작적 조건형성	사회학습
③	고전적 조건형성	조작적 조건형성
④	고전적 조건형성	사회학습

36 다음 중 분리불안장애의 특징에 대한 설명으로 가장 적절하지 <u>않은</u> 것은?

① 주로 18세 이전에 발병한다.
② 스스로 불안을 통제하는 것이 어렵다고 느낀다.
③ 이사, 취업, 결혼 등으로 인해 경험하기도 한다.
④ 애착대상으로부터 분리되거나 분리가 예상될 때 극심한 고통을 경험한다.

37 다음 중 제2형 양극성 장애 진단기준으로 가장 적절하지 <u>않은</u> 것은?

① 최소 1회 이상 경조증삽화를 경험한다.
② 조증삽화는 단 1회도 경험하지 않는다.
③ 최소 1회 이상 주요우울증삽화를 경험한다.
④ 성인과 아동에게는 서로 다른 기간이 적용된다.

38 정신장애에 대한 이론적 설명 중 다음은 무엇에 대한 설명인가?

> • 최근 뇌의 작용에 대한 직접적인 연구가 발달하면서 부각되고 있는 이론이다.
> • 체계이론의 영향을 크게 받았다.
> • 다차원적인 상호작용의 접근을 강조한다.

① 생물학적 이론
② 스트레스-취약성 이론
③ 인지행동이론
④ 생물심리사회적 이론

39 다음 중 신경전달물질의 이상과 그 결과를 연결한 것으로 가장 적절하지 <u>않은</u> 것은?

① 세로토닌 증가 - 공격성의 증가
② 노르에피네프린 부족 - 우울감 증가
③ 도파민 과다 - 환각 증상 증가
④ 감마아미노낙산 부족 - 불안 증가

40 DSM-IV에서 DSM-5로 바뀌면서 개정된 주요 개정사항으로 가장 적절하지 <u>않은</u> 것은?

① 주요우울삽화의 사별배제항목이 삭제되었다.
② 청소년 우울증이라고 불렸던 파괴적 기분조절부전장애가 우울장애로 새롭게 편입되었다.
③ ADHD의 진단기준 나이가 7세에서 12세로 확대되었다.
④ 자폐성 장애, 아스퍼거장애, 아동기 붕괴성 장애, 레트장애가 자폐 스펙트럼 장애 안에 통합되었다.

01	02	03	04	05	06	07	08	09	10	11	12	13	14	15	16	17	18	19	20
④	④	③	④	③	②	②	④	②	①	②	④	③	②	①	①	②	①	②	④
21	22	23	24	25	26	27	28	29	30	31	32	33	34	35	36	37	38	39	40
④	④	④	②	③	④	②	④	③	①	③	④	②	③	③	④	④	②	①	④

01 정답 ④

④ 통계적 기준을 적용했을 때 사람의 행동이 정상범위에서 벗어나는 경우 이상행동으로 판단한다. 정상범위에서 이탈된 하위, 상위 부분 모두가 이상행동으로 진단될 수 있다.
① 심리장애로 인해 어떤 목표를 추구할 수 없는 상태를 말하며, 알코올 중독을 예로 들 수 있다.
② 환경적인 스트레스에 예측 불가능한 반응을 할 때, 즉 상식에 어긋난 행동을 보일 때를 말한다.
③ 개인이 심리적 고통을 스스로 얼마나 느끼느냐에 따라 자신의 생각이나 행동으로 인해 스스로 고통받는 경우 이상행동이라고 판단한다.

02 정답 ④

① 정신분석적 이론은 방어기제의 부적절한 사용에 의해 이상행동이나 정신장애가 발생한다고 본다.
② 행동주의적 이론은 인간의 모든 행동은 환경과의 상호작용에 의해 학습된 것이고, 이상행동 또한 잘못된 학습에 기인한다고 본다.
③ 인지행동적 이론은 인간의 역기능적 사고와 신념 등 부적응적인 인지적 활동에 의해 이상행동이나 정신장애가 발생한다고 본다.

03 정답 ③

신경인지장애는 신경발달장애의 하위유형이 아닌 독립된 질환이다. 신경인지장애는 정신적인 처리과정에 이상이 생긴 것으로 일시적 혹은 영구적인 뇌의 기능장애와 관련이 있으며 주로 노년기에 나타난다.

04 정답 ④

예기치 못한 강렬한 불안, 즉 공황발작을 경험하는 장애로, 극심한 불안이 갑작스럽게 일어나는 공황발작을 지속적으로 경험할 때 공황장애라고 한다. 불안과 함께 신체증상 수반, 죽을 것 같다거나 미칠 것 같거나 끔찍한 일이 벌어질 것 같은 절박한 느낌이 든다.

05 정답 ③

강박행동
정서적 고통을 경감시키기 위해 규칙(혹은 강박사고에 대한 반응)을 따르는 반복적인 신체적, 또는 정신적 행동
예 손씻기, 순서매기기, 점검, 기도, 숫자세기, 단어 읊기 등

06 **정답** ②
① 선택적 함구증(무언증)은 어떤 특정한 상황에서만 다른 사람에게 전혀 대꾸를 하지 않으며 말을 하지 않는 것이다.
③ 애착장애는 다른 사람과의 관계를 두려워하거나 회피하는 억제형과 누구에게나 부적절하게 친밀함을 나타내는 탈억제형이 있다.
④ 외상 후 스트레스 장애는 충격적인 사건, 예를 들어 강간, 폭행, 교통사고, 자연재해, 가족이나 친구의 죽음 등을 경험한 후 불안상태가 지속적으로 나타나는 것이다.

07 **정답** ②
② 다축체계의 진단체계를 폐지하였다.

08 **정답** ④
DSM-IV의 분류기준에서 광범위한 발달장애의 하위유형으로 분류된 자폐성 장애는 자폐 스펙트럼 장애로 명칭이 변경되어 DSM-5에서 신경발달장애의 하위유형으로 분류된다.

09 **정답** ②
① 적대적 반항장애, ③ 품행장애, ④ 병적 도벽

10 **정답** ①
사회불안장애는 다른 사람들과 상호작용하는 사회적 상황을 두려워하여 회피하는 장애로, 사회공포증이라고 불리기도 한다.

11 **정답** ②
DSM-5에서는 성과 관련된 이상행동을 성기능부전, 성별 불쾌감, 변태성욕장애로 구분하여 이를 각각 독립된 장애범주로 제시하고 있다.

12 **정답** ④
성불편증은 동성의 사람에 대해 성적인 흥분을 느끼거나 성적인 욕구를 충족시키기 위해 성행위를 하는 동성애와 구분되어야 한다.

13 **정답** ③
DSM-IV의 분류기준상 불안장애의 하위유형에 포함되었던 강박장애와 외상 후 스트레스 장애(Posttraumatic Stress Disorder)는 DSM-5의 분류기준상 불안장애에서 제외되었으며 분리불안장애와 선택적 무언증이 새롭게 불안장애에 포함되었다.

14 **정답** ②
② 특정 공포증의 유형은 '상황형 > 자연환경형 > 혈액- 주사 – 손상형(상처형) > 동물형' 순으로 많이 나타난다.

15 **정답** ①
① DSM-5에서는 공황장애의 주요증상으로 공황발작의 13가지 증상들을 제시하고 있으며, 그중 4가지 이상이 나타나야 진단이 가능하다고 규정하고 있다.

16 **정답** ①
• 강박사고는 반복적이고 지속적인 사고, 충동 또는 심상이 장애가 진행되는 어느 순간에 침입적이고 원치 않게 경험되며, 대다수에게 현저한 불안과 고통을 유발한다.
• 강박행동은 불안이나 고통을 예방 또는 감소시키고, 어떤 두려운 사건이나 상황을 방지하기 위한 것으로 반복적인 행동이나 정신적인 활동으로 나타나게 된다.

17 정답 ②

ㄹ, ㅁ : 주요우울증삽화(Major Depressive Episode)의 진단기준에 해당하는 내용이다.

18 정답 ①

② 외상사건을 재경험하는 것이 고통스러우므로 그와 관련된 기억을 떠올리지 않기 위해 외상사건과 밀접하게 연관된 자극을 회피하려고 한다.

③ 외상사건의 주요내용 일부를 기억하지 못하거나 외상사건의 원인과 결과를 왜곡하여 받아들이는 등 외상사건과 관련된 인지와 감정에 있어서 부정적인 변화가 나타난다.

④ 평소 주의집중을 잘 하지 못하고 사소한 자극에도 짜증을 내거나 분노를 폭발하는 등 과민한 반응을 보인다.

19 정답 ②

② 중세유럽은 이상행동을 악마론적으로 접근하여 마녀사냥이 이루어지던 시기였다.

20 정답 ④

① 카테콜라민에 속하는 신경전달물질로 기분 조절, 식욕, 수면, 각성 등과 관련한 기능에 관여한다. 이것이 부족할 경우 우울증, 불안증 등이 생기는 것으로 보고되고 있다.

② 카테콜라민에 속하는 신경전달물질로 정서적 각성, 공포, 불안 등과 관련되어 있어 우울증과 연관되어 있는 신경전달물질로 보고되고 있다.

③ 기억과 관련된 중요한 흥분성 신경전달물질로 과잉공급되면 뇌를 과자극하여 편두통, 발작이 일어날 수 있다.

21 정답 ④

④ 특정한 대상이나 상황에 대한 비합리적 두려움과 회피행동을 지속적으로 나타내는 경우로 특정 공포증의 사례로 볼 수 있다.

22 정답 ④

공황발작의 13가지 증상
- 가슴이 두근거리거나 심장박동이 강렬하거나 또는 급작스럽게 빨라짐
- 땀 흘림
- 몸 떨림 또는 손발 떨림
- 숨이 가쁘거나 막히는 느낌
- 질식할 것 같은 느낌
- 가슴통증 또는 답답함
- 구토감 또는 복부통증
- 어지러움, 몽롱함, 기절상태의 느낌
- 몸에 한기나 열기를 느낌
- 감각이상(마비감이나 저린 느낌)
- 비현실감 또는 이인감(자기 자신으로부터 분리된 느낌)
- 자기통제를 상실하거나 미칠 것 같은 두려움
- 죽을 것 같은 두려움

23 정답 ④

④ 지속성 우울장애는 우울증상이 2년 이상 장기간에 걸쳐 지속되는 경우에 해당한다.

24 정답 ②

② 1975년 셀리그먼(Seligman)이 제기한 학습된 무기력이론은 개인의 수동적 태도 및 자신의 삶을 통제할 수 없다는 느낌이 이전의 통제실패 경험이나 외상을 통해 획득된다는 가정에 근거한다.

25 **정답** ③

정부기관이 자신을 감시한다는 것은 망상에 해당하고, 사람들을 만나려 하지 않는 것은 음성증상, 뭔가를 못 알아듣게 중얼거리는 것은 와해된 언어, 하나님이 자신에게 무슨 말을 했다는 것은 환청(환각)에 해당한다.

26 **정답** ④

색정형은 망상의 중심 주제가 다른 사람이 자신을 사랑하고 있다는 것일 경우 적용된다.

27 **정답** ②

성인의 경우 지속성 우울장애 진단을 하려면 지속기간이 2년은 되어야 한다.

28 **정답** ④

'내 본모습을 알면 사람들은 나를 싫어하고 거부할 것이다.'라는 신념은 회피성 성격장애 환자들이 흔히 갖는 신념이다.

29 **정답** ③

관심의 중심에 서고 싶어 하는 것은 연극성 성격장애의 주요 증상이다.

30 **정답** ①

가족 이외에 친하게 지내는 사람이 없는 것은 조현성 성격장애의 증상에 해당한다.

31 **정답** ③

전환장애 증상 중 운동기능 이상으로 볼 수 있다.

32 **정답** ④

목소리가 나오지 않는 증상은 전환장애 증상 중 운동기능 이상에 해당하며, 나머지는 질병불안장애 증상에 해당한다.

33 **정답** ②

알코올 과다섭취로 인한 일시적 기억상실은 해리성 정체감 장애가 아닌 알코올 중독으로 진단을 내려야 한다.

34 **정답** ③

해리성 기억상실의 증상은 사회적·직업적으로 또는 다른 중요한 기능 영역에서 임상적으로 현저한 고통이나 손상을 초래한다.

35 **정답** ③

이식증은 1개월 이상 비영양성 음식을 나이에 맞지 않게 먹는 행동을 보일 때 진단할 수 있다.

36 **정답** ④

생물학적 입장 중 자가중독이론에 대한 설명이다.

37 **정답** ④

행위중독이라고도 부르는 비물질 관련 장애는 현재 도박장애뿐이다.

38 **정답** ②

지적 장애는 표준화된 지능검사에서 70 미만을 받고, 적응 기능의 결함이 분명하게 드러나야 하며, 발달시기 동안 나타나야 진단이 가능하다.

39 정답 ①

적대적 반항장애의 주 증상은 분노/과민한 기분, 논쟁적/반항적 행동, 보복적 특성이다. ①은 분노/과민한 기분에 해당하고, 나머지는 논쟁적/반항적 행동에 해당한다.

40 정답 ④

해당 제시문은 4가지 신경인지영역 중 복합적 주의 영역에 손상이 발생했을 때의 증상이다.

01	02	03	04	05	06	07	08	09	10	11	12	13	14	15	16	17	18	19	20
④	①	④	④	④	①	①	④	④	①	④	③	④	①	②	④	④	④	④	④
21	22	23	24	25	26	27	28	29	30	31	32	33	34	35	36	37	38	39	40
④	④	④	③	③	③	④	①	③	①	④	③	①	②	③	②	④	④	①	④

01 정답 ④

조현병 스펙트럼 및 기타 정신병적 장애의 핵심적 특징으로는 망상, 환각, 와해된 사고(언어), 극도로 와해된 또는 비정상적 운동행동(긴장증 포함), 음성증상이 있다.

02 정답 ①

양극성 및 관련 장애에는 제Ⅰ형 양극성 장애, 제Ⅱ형 양극성 장애, 순환성 장애가 포함되어 있다.

03 정답 ④

과다수면장애는 수면−각성 장애유형에 해당된다.

04 정답 ④

이인증이나 비현실감을 경험하는 동안에 현실검증력은 손상되지 않은 채로 양호하게 유지된다.

05 정답 ④

인위성 장애는 명백한 외적 보상이 존재하지 않는다.

06 정답 ①

신경성 식욕부진증은 음식섭취를 제한하여 연령과 신장에 비하여 체중을 최소한의 정상수준이나 그 이상으로 유지하기를 거부한다.

07 정답 ①

알코올 관련 장애의 하위유형으로는 알코올 사용장애, 알코올 중독, 알코올 금단이 있다.

08 정답 ④

④ 경계성 성격장애의 증상에 해당하는 내용이다.

09 정답 ④

① 섬망은 단시간에 걸쳐 발생하고, 하루 중에도 심각도가 변동된다.
② 주요 및 경도 신경인지장애의 원인은 주로 중추신경계 내에서 찾아볼 수 있다.
③ 섬망 환자는 의식(지남력), 주의전환, 집중에 어려움을 보인다.

10 **정답** ①

전환장애의 유형 4가지
- 운동기능의 이상 : 신체균형이나 협응기능의 이상, 신체 일부의 국소적 마비 또는 쇠약, 발성불능에 따른 불성증, 음식을 삼키지 못함 등
- 감각기능의 이상 : 촉각 또는 통각의 상실, 갑작스러운 시력상실 또는 물체가 이중으로 보이는 이중시야, 소리를 듣지 못함 등
- 경련 또는 발작 : 급작스럽게 손발이 뒤틀리는 경련, 특이한 신체감각 등
- 복합적 증상(혼재증상) : 위 세 가지 유형의 이상증상들이 복합적으로 나타나는 경우

11 **정답** ④

심각도에 따른 조현병 스펙트럼 및 기타 정신병적 장애
정신분열증 또는 조현병(Schizophrenia)/분열정동장애 또는 조현정동장애(Schizoaffective Disorder) 등 > 정신분열형 장애 또는 조현양상 장애(Schizophreniform Disorder) > 단기정신증적 장애 또는 단기정신병적 장애(Brief Psychotic Disorder) > 망상장애(Delusional Disorder) > 분열형(성격)장애 또는 조현형(성격)장애[Schizotypal (Personality) Disorder]

12 **정답** ③

조현병의 증상
- 망상(Delusion) : 자신과 세상에 대한 왜곡된 양상의 견고하고 지속적인 신념
- 환각(Hallucinations) : 현저하게 왜곡된 비현실적 지각
- 와해된 언어(Disorganized Speech) : 혼란스럽고 비논리적이며 지리멸렬한 언어
- 와해된 행동 또는 긴장증적 운동(Grossly Disorganized or Catatonic Behavior) : 심하게 혼란스러운 행동 또는 근육이 굳은 것처럼 특정자세를 유지하는 행동

- 음성증상(Negative Symptoms) : 감퇴된 정서적 표현 또는 무욕증 등

13 **정답** ④

④는 음성증상의 특징에 해당하는 내용이다.

14 **정답** ①

① 망상장애는 망상 외의 별다른 기능적 손상을 보이지 않으며, 행동에 있어서도 특별한 이상을 나타내지 않는다. 그러나 의처증, 의부증 등과 같이 특정한 내용의 망상과 관련된 영역에서는 갈등을 나타내게 된다.

15 **정답** ②

C군 성격장애의 주요특징에 해당하는 내용이다.
① A군 성격장애
③·④ B군 성격장애

16 **정답** ④

① 환자는 무기력 속에서 완전히 혼자라고 느끼므로 자신을 돌봐줄 부모와 같은 존재를 강박적으로 찾는다. 치료자는 환자의 안정적 애착, 사랑, 공감, 진실한 자기표현 등 기본적인 정서적 욕구를 확인하고 수용하여 이를 충족시킬 수 있도록 돕는다.
② 환자는 부적절한 방식으로 분노를 표출하며 자살 위협을 하거나 자해 행동을 저지를 수 있다. 치료자는 한계를 설정하고 환자에게 자신의 분노를 다루고 욕구를 충족시키는 적절한 방법을 가르친다.
③ 환자는 자신의 진정한 감정을 표출하는 것 또는 어떠한 정서적 욕구를 지니는 것에 대해 자기처벌적인 양상을 보인다. 치료자는 환자로 하여금 처벌적인 부모의 메시지를 거부하고 자존감을 세우도록 돕는다.

17 정답 ④

④는 강박장애(Obsessive-Compulsive Disorder)의 진단기준에 해당하는 내용이다.

18 정답 ④

④ 억압(Repression)은 주로 해리성 기억상실 등의 장애와 관련된다.

19 정답 ④

④는 신경성 폭식증(Bulimia Nervosa)의 진단기준에 해당하는 내용이다.

20 정답 ④

④ 성도착장애(Paraphilic Disorders)의 특징으로 볼 수 있다.

21 정답 ④

ㄴ. 심리사회적 스트레스는 이상행동을 유발하는 원인이지만, 모든 사람들이 동일한 불행한 사건을 경험한다고 해서 동일한 이상행동을 나타내는 것은 아니다.

22 정답 ④

④는 신경인지장애(Neurocognitive Disorders)에 해당한다.

23 정답 ④

④ 특정 공포증(Specific Phobia)의 특징에 해당한다.

24 정답 ③

③ 사회공포증(Social Phobia)이 나타나는 상황에 해당한다.

25 정답 ③

③은 재산파괴에 해당하고, 나머지는 사람과 동물에 대한 공격성에 해당한다.
품행장애 주 증상 분류에는 사람과 동물에 대한 공격성, 재산파괴, 사기 또는 절도, 중대한 규칙위반이 있다.

26 정답 ③

간헐적 폭발장애의 공격적 폭발행동은 미리 계획된 것이 아니어야 한다.

27 정답 ④

해당 제시문은 언어적·비언어적 의사소통 기술의 사회적인 사용에 있어서 지속적인 어려움을 보이는 사회적(실용적) 의사소통장애의 예에 해당한다.

28 정답 ①

성별불쾌감의 진단에 있어서는 청소년 및 성인보다 아동에 대해 보다 엄격한 진단기준을 적용한다.

29 정답 ③

이인증/비현실감 장애는 증상으로 인해 사회적·직업적으로 또는 다른 중요한 기능 영역에서 임상적으로 현저한 고통이나 손상을 초래한다.

30 정답 ①

반응성 애착장애와 탈억제성 사회적 유대감 장애는 공통적으로 불충분한 양육의 극단적 형태를 애착경험의 박탈 형식으로 경험한다.

31 정답 ④

외상 후 스트레스 장애는 장애의 기간이 1개월 이상이어야 진단할 수 있다.

32 정답 ③

급성 스트레스 장애는 최소 3일에서 1개월 동안 증상이 지속되어야 진단 가능하고, 증상 발현이 1개월을 넘어가면 외상 후 스트레스 장애 진단을 한다.

33 정답 ①

사고-행위융합은 사고한 바의 것이 직접적인 행위와 다르지 않다고 믿는 경향을 말한다.

34 정답 ②

범불안장애 환자는 스스로 걱정을 통제하는 것이 어렵다고 느낀다.

35 정답 ③

이요인이론이란 특정 공포증의 형성에는 고전적 조건형성이, 유지 및 강화에는 조작적 조건형성이 영향을 미친다고 보는 이론이다.

36 정답 ②

스스로 불안을 통제하는 것을 어렵게 느끼는 것은 분리불안장애의 주된 특징이라고 볼 수 없다.

37 정답 ④

제2형 양극성 장애는 삽화의 기간 기준 외에 진단기간에 대한 기준이 없다.

38 정답 ④

생물심리사회적 이론은 다차원적 접근을 강조하고, 체계이론의 영향을 받았으며, 생물학적·심리적·사회적 요인을 종합적으로 고려해야 한다는 이론이다.

39 정답 ①

세로토닌의 감소는 우울감, 불안감, 공격성을 증가시킨다. 반면, 세로토닌의 증가는 식욕을 감소시키는 효과가 있다.

40 정답 ④

자폐성 장애, 아스퍼거장애, 아동기 붕괴성 장애는 자폐 스펙트럼 장애 안에 통합되었으나 레트장애는 배제되었다.

독학학위제 2단계 전공기초과정인정시험 답안지(객관식)

컴퓨터용 사인펜만 사용

★ 수험생은 수험번호와 응시과목 코드번호를 표기(마킹)한 후 일치여부를 반드시 확인할 것.

전공분야

성명

(1)		수			험		번		호	
2										

(2)
① ● ③ ④

① ② ③ ④ ⑤ ⑥ ⑦ ⑧ ⑨ ⑩
(수험번호 마킹 칸)

※ 감독관 확인란

(인)

관 리 번 호
(연번)

(응시자수)

답안지 작성시 유의사항

1. 답안지는 반드시 컴퓨터용 사인펜을 사용하여 다음 보기와 같이 표기할 것.
   보기 잘 된 표기: ●
   잘못된 표기: ⊗ ⊖ ⦸ ◐ ◖ ◗ ◑ ●
2. 수험번호 (1)에는 아라비아 숫자로 쓰고, (2)에는 ● "와 같이 표기할 것.
3. 과목코드는 뒷면 "과목코드번호"를 보고 해당과목의 코드번호를 찾아 표기하고,
   응시과목란에는 응시과목명을 한글로 기재할 것.
4. 교시코드는 문제지 전면의 교시를 해당란에 ● "와 같이 표기할 것.
5. 한번 표기한 답은 긁거나 수정액 및 스티커 등 어떠한 방법으로도 고쳐서는
   아니되고, 고친 문항은 "0"점 처리함.

과목코드 / 응시과목

교시코드 ① ② ③ ④

응시과목				
1	①	②	③	④
2	①	②	③	④
3	①	②	③	④
4	①	②	③	④
5	①	②	③	④
6	①	②	③	④
7	①	②	③	④
8	①	②	③	④
9	①	②	③	④
10	①	②	③	④
11	①	②	③	④
12	①	②	③	④
13	①	②	③	④
14	①	②	③	④
15	①	②	③	④
16	①	②	③	④
17	①	②	③	④
18	①	②	③	④
19	①	②	③	④
20	①	②	③	④
21	①	②	③	④
22	①	②	③	④
23	①	②	③	④
24	①	②	③	④
25	①	②	③	④
26	①	②	③	④
27	①	②	③	④
28	①	②	③	④
29	①	②	③	④
30	①	②	③	④
31	①	②	③	④
32	①	②	③	④
33	①	②	③	④
34	①	②	③	④
35	①	②	③	④
36	①	②	③	④
37	①	②	③	④
38	①	②	③	④
39	①	②	③	④
40	①	②	③	④

과목코드 / 응시과목

교시코드 ① ② ③ ④

응시과목				
1	①	②	③	④
2	①	②	③	④
3	①	②	③	④
4	①	②	③	④
5	①	②	③	④
6	①	②	③	④
7	①	②	③	④
8	①	②	③	④
9	①	②	③	④
10	①	②	③	④
11	①	②	③	④
12	①	②	③	④
13	①	②	③	④
14	①	②	③	④
15	①	②	③	④
16	①	②	③	④
17	①	②	③	④
18	①	②	③	④
19	①	②	③	④
20	①	②	③	④
21	①	②	③	④
22	①	②	③	④
23	①	②	③	④
24	①	②	③	④
25	①	②	③	④
26	①	②	③	④
27	①	②	③	④
28	①	②	③	④
29	①	②	③	④
30	①	②	③	④
31	①	②	③	④
32	①	②	③	④
33	①	②	③	④
34	①	②	③	④
35	①	②	③	④
36	①	②	③	④
37	①	②	③	④
38	①	②	③	④
39	①	②	③	④
40	①	②	③	④

독학학위제 2단계 전공기초과정인정시험 답안지(객관식)

컴퓨터용 사인펜만 사용

★ 수험생은 수험번호와 응시과목 코드번호를 표기(마킹)한 후 일치여부를 반드시 확인할 것.

전공분야

성명

수	험	번	호		

응시과목

과목코드

교시코드 ① ② ③ ④

응시과목

1	① ② ③ ④	21	① ② ③ ④
2	① ② ③ ④	22	① ② ③ ④
3	① ② ③ ④	23	① ② ③ ④
4	① ② ③ ④	24	① ② ③ ④
5	① ② ③ ④	25	① ② ③ ④
6	① ② ③ ④	26	① ② ③ ④
7	① ② ③ ④	27	① ② ③ ④
8	① ② ③ ④	28	① ② ③ ④
9	① ② ③ ④	29	① ② ③ ④
10	① ② ③ ④	30	① ② ③ ④
11	① ② ③ ④	31	① ② ③ ④
12	① ② ③ ④	32	① ② ③ ④
13	① ② ③ ④	33	① ② ③ ④
14	① ② ③ ④	34	① ② ③ ④
15	① ② ③ ④	35	① ② ③ ④
16	① ② ③ ④	36	① ② ③ ④
17	① ② ③ ④	37	① ② ③ ④
18	① ② ③ ④	38	① ② ③ ④
19	① ② ③ ④	39	① ② ③ ④
20	① ② ③ ④	40	① ② ③ ④

답안지 작성시 유의사항

1. 답안지는 반드시 컴퓨터용 사인펜을 사용하여 다음 보기와 같이 표기할 것.
   보기 잘된표기: ● 잘못된 표기: ⊗ ⊙ ● ○
2. 수험번호 (1)에는 아라비아 숫자로 쓰고, (2)에는 "●"와 같이 표기할 것.
3. 과목코드는 뒷면 "과목코드번호"를 보고 해당과목의 코드번호를 찾아 표기하고, 응시과목란에는 응시과목명을 한글로 기재할 것.
4. 교시코드는 문제지 전면 의 교시를 해당란에 "●"와 같이 표기할 것.
5. 한번 표기한 답은 긁거나 수정액 및 스티커 등 어떠한 방법으로도 고쳐서는 아니되고, 고친 문항은 "0"점 처리함.

※ 감독관 확인란

(인)

관 리 번 호

(연번) (응시자수)

독학학위제 2단계 전공기초과정인정시험 답안지(객관식)

★ 수험생은 수험번호와 응시과목 코드번호를 표기(마킹)한 후 일치여부를 반드시 확인할 것.

전공분야	

성명	

수험번호

(1)	2	ㅡ	ㅡ	ㅡ	ㅡ	

(2)

응시과목

과목코드	응시과목

교시코드 ① ② ③ ④

1	① ② ③ ④
2	① ② ③ ④
3	① ② ③ ④
4	① ② ③ ④
5	① ② ③ ④
6	① ② ③ ④
7	① ② ③ ④
8	① ② ③ ④
9	① ② ③ ④
10	① ② ③ ④
11	① ② ③ ④
12	① ② ③ ④
13	① ② ③ ④
14	① ② ③ ④
15	① ② ③ ④
16	① ② ③ ④
17	① ② ③ ④
18	① ② ③ ④
19	① ② ③ ④
20	① ② ③ ④
21	① ② ③ ④
22	① ② ③ ④
23	① ② ③ ④
24	① ② ③ ④
25	① ② ③ ④
26	① ② ③ ④
27	① ② ③ ④
28	① ② ③ ④
29	① ② ③ ④
30	① ② ③ ④
31	① ② ③ ④
32	① ② ③ ④
33	① ② ③ ④
34	① ② ③ ④
35	① ② ③ ④
36	① ② ③ ④
37	① ② ③ ④
38	① ② ③ ④
39	① ② ③ ④
40	① ② ③ ④

답안지 작성시 유의사항

1. 답안지는 반드시 컴퓨터용 사인펜을 사용하여 다음 [보기]와 같이 표기할 것.
   [보기] 잘된표기: ● 잘못된 표기: ⊙ ⊗ ① ◐ ○
2. 수험번호 (1)에는 아라비아 숫자로 쓰고, (2)에는 "●"와 같이 표기할 것.
3. 과목코드는 뒷면 "과목코드번호"를 보고 해당과목의 코드번호를 찾아 표기하고,
   응시과목란에는 응시과목명을 한글로 기재할 것.
4. 교시코드는 문제지 전면 의 교시를 해당란에 "●"와 같이 표기할 것.
5. 한번 표기한 답은 긁거나 수정액 및 스티커 등 어떠한 방법으로도 고쳐서는
   아니되고, 고친 문항은 "0"점 처리함.

※ 감독관 확인란

감 독 관 확 인 란	
(인)	

관 리 번 호	
(연번)	(응시자수)

독학학위제 2단계 전공기초과정인정시험 답안지(객관식)

컴퓨터용 사인펜만 사용

★ 수험생은 수험번호와 응시과목 코드번호를 표기(마킹)한 후 일치여부를 반드시 확인할 것.

전공분야

성 명

수 험 번 호

응시과목

과목코드

교시코드

답안지 작성시 유의사항

1. 답안지는 반드시 컴퓨터용 사인펜을 사용하여 다음 보기와 같이 표기할 것.
   보기: 잘 된 표기: ● 잘못된 표기: ⊗ ⊗ ◑ ○ ●

2. 수험번호 (1)에는 아라비아 숫자로 쓰고, (2)에는 "●"와 같이 표기할 것.

3. 과목코드는 "과목코드번호"를 보고 해당과목의 코드번호를 찾아 표기하고, 응시과목란에는 응시과목명을 한글로 기재할 것.

4. 교시코드는 문제지 전면의 교시를 해당란에 "●"와 같이 표기할 것.

5. 한번 표기한 답은 긁거나 수정액 및 스티커 등 어떠한 방법으로도 고쳐서는 아니되고, 고친 문항은 "0"점 처리함.

※ 감독관 확인란

(인)

관 리 번 호

(연번)

(응시자수)

SD에듀 독학사 심리학과 2단계 이상심리학

개정3판1쇄 발행	2024년 02월 07일 (인쇄 2023년 12월 20일)
초 판 발 행	2019년 03월 05일 (인쇄 2019년 01월 29일)
발 행 인	박영일
책 임 편 집	이해욱
편 저	이문식
편 집 진 행	송영진 · 김다련
표지디자인	박종우
편집디자인	김기화 · 남수영
발 행 처	(주)시대고시기획
출 판 등 록	제10-1521호
주 소	서울시 마포구 큰우물로 75 [도화동 538 성지 B/D] 9F
전 화	1600-3600
팩 스	02-701-8823
홈 페 이 지	www.sdedu.co.kr

I S B N	979-11-383-4770-5 (13180)
정 가	28,000원